教育部人文社会科学研究规划基金项目资助
题名：区域产业结构与经济、生态环境系统协同发展的演化研究
批准号：22YJAZH003

首都经济贸易大学出版资助

区域产业结构－经济－生态环境复合系统协同发展的演化研究

■ 曹　娜著 ■

U0832416

首都经济贸易大学出版社
Capital University of Economics and Business Press
·北 京·

图书在版编目（CIP）数据

区域产业结构－经济－生态环境复合系统协同发展的演化研究 / 曹娜著. -- 北京 : 首都经济贸易大学出版社, 2025. 3. -- ISBN 978-7-5638-3851-6

Ⅰ. F269.27

中国国家版本馆 CIP 数据核字第 2025KD3519 号

区域产业结构–经济–生态环境复合系统协同发展的演化研究
QUYU CHANYE JIEGOU-JINGJI-SHENGTAI HUANJING FUHE XITONG XIETONG FAZHAN DE YANHUA YANJIU
曹 娜 著

责任编辑 杨丹璇
封面设计 风得信・阿东 FondesyDesign
出版发行 首都经济贸易大学出版社
地　　址 北京市朝阳区红庙（邮编 100026）
电　　话 (010)65976483　65065761　65071505(传真)
网　　址 http://www.sjmcb.cueb.edu.cn
经　　销 全国新华书店
照　　排 北京砚祥志远激光照排技术有限公司
印　　刷 北京九州迅驰传媒文化有限公司
成品尺寸 170 毫米×240 毫米　1/16
字　　数 218 千字
印　　张 13.75
版　　次 2025 年 3 月第 1 版
印　　次 2025 年 3 月第 1 次印刷
书　　号 ISBN 978-7-5638-3851-6
定　　价 68.00 元

图书印装若有质量问题，本社负责调换
版权所有　侵权必究

前　言

40 多年来，中国经济的高速发展造成了资源、能源的过度消耗和环境的超载，能源紧缺、环境压力也制约着经济的高质量发展。中国面临着如何有效平衡经济可持续发展与降低能耗、保护环境的问题。中国经济已由高速增长阶段转向高质量发展阶段。为了贯彻新发展理念，有效缓解经济发展与资源能源、环境制约之间的矛盾，必须进行产业结构的优化和调整。党的十九大提出要实施区域协调发展战略，区域协调发展战略是实现我国经济高质量、可持续发展的重要举措。党的二十大指出，高质量发展是全面建设社会主义现代化国家的首要任务，要着力推进城乡融合和区域协调发展，推动经济实现质的有效提升和量的合理增长。“十四五”规划要求，产业高级化水平明显提高，区域发展协调性明显增强，生态文明建设实现新进步。随着中国经济发展进入新常态，区域发展也面临“大城市病”突出、资源环境超载等问题。在区域协调发展的重大战略要求下，区域产业结构与经济、生态环境能否协同，产业结构与经济、生态环境复合系统的动态演化机理是需要研究的重要议题。

随着一系列改善环境质量的政策的出台，中国各区域的产业结构发生了重大变化。同时，中国地域辽阔，由于自然资源、历史发展状况不同，地区间发展不平衡、不协调、不可持续的矛盾日益突出，各地区的经济发展、产业结构不尽相同，不同的产业和不同的区域对能源的需求和消费存在显著差异。选取合适的评价指标体系和评价方法衡量区域产业结构与经济、生态环境协同发展水平，可以更加全面、客观地认识中国区域产业结构与经济、生态环境协同发展的现状及差距，揭示中国区域产业结构与经济、生态环境协同发展水平的演变趋势，为推动高质量发展、加快区域协同发展提供依据。

本书从产业结构-经济-生态环境复合系统的角度出发，构建包含产业结构、生态环境、经济发展 3 个子系统的多层面、全方位的系统评价指标体系，丰富评价其协同发展水平的相关理论体系；以产业结构调整作为一项准自然实验，运用广义合成控制法研究产业结构调整对于经济、生态环境的政策影响，并进行区域异质性分析；利用莫兰指数测定空间自相关性，建立空间计量模型，分析产业结构调整对经济、生态环境的空间溢出效应；构建面板门槛效应模型，探讨产业结构调整对经济、生态环境的非线性影响；针对京津冀地区各城市的产业结构与生态环境、经济系统协调发展展开分析；对区域产业结构-经济-生态环境复合系统协同发展关系进行机理分析，从时间和空间两个维度分析复合系统的协调度；对各区域的协同发展水平加以分析，分析其地区差距，分析产业结构与生态环境、经济发展的时空动态演化机理；针对中国东部、西部、中部和东北四大地区以及各省份产业结构与生态环境、经济发展状况之间的互动关系展开研究，量化产业结构与生态环境、经济在时空动态演化中的耦合协调程度；探究区域产业结构-经济-生态环境复合系统协调度的空间差异性和动态分布演进，分析协调度的空间效应以及耦合协调度的影响因素。本书的研究内容可以丰富区域协同发展的理论和实践，为中国高质量发展提供理论支撑和决策参考。

本书得到了教育部人文社会科学研究规划基金项目“区域产业结构与经济、生态环境系统协同发展的演化研究”（22YJAZH003）的资助，在此深表谢意！本书得到首都经济贸易大学出版资助，特此感谢！感谢首都经济贸易大学管理工程学院武装老师、周晓磊老师、曹海青老师、刘雪勇老师，以及崔鑫磊、殷缘、李何悉尼等同学的支持和帮助！衷心感谢首都经济贸易大学、管理工程学院各级领导的支持和帮助！感谢首都经济贸易大学出版社老师的热情帮助和耐心指导！感谢家人的支持和帮助！

区域产业结构-经济-生态环境系统协同发展的演化研究工作任重而道远，影响因素比较复杂。因笔者才疏学浅，书中难免有纰漏或不妥之处，欢迎各位专家学者不吝赐教，提出批评与建议，笔者将十分感激！

目　录

第一章　绪论

第一节　研究背景与意义

一、研究背景

40 多年来，我国工业化水平明显提高，人民生活水平稳步提升。尤其是 21 世纪以来，我国经济进入高速发展的黄金时期，经济发展成就令人瞩目，人均收入也达到中等收入国家水平，人民生活水平实现质的飞跃。党的十九大提出，经济保持中高速增长，在提高发展平衡性、包容性、可持续性的基础上，到 2020 年国内生产总值和城乡居民人均收入比 2010 年翻一番，产业迈向中高端水平，消费对经济增长贡献明显加大，决胜全面建成小康社会。面对国内外复杂多变的环境，党中央、国务院团结带领全国各族人民，审时度势，有力实施宏观调控，积极应对风险挑战，加快结构调整步伐，不断改善人民生活，实现了经济持续稳定增长，为全面建成小康社会奠定了坚实基础。2022 年国内生产总值（GDP）达到 121 万亿元，同比增长 3.0%。2023 年是全面贯彻党的二十大精神的开局之年，面对复杂严峻的国际环境和艰巨繁重的国内改革发展稳定任务，国内生产总值达 1 260 582 亿元，比上年增长 5.2%。从表 1-1 可以看出，中国的国民总收入、国内生产总值、人均国内生产总值分别从 2009 年的 343 464.69 亿元、340 506.87 亿元、25 575.48 元增加到 2022 年的 1 197 250.4 亿元、1 210 207.2 亿元、85 698 元，分别增长了 248.58%、255.41%、235.08%。我国 GDP 增速从 2010 年的 17.8%降到 2015 年的 7.8%，2019 年和 2020 年的 GDP 增速分别为 10%和 2.5%，经济发展逐渐进入新常态阶段。

表 1-1　2009—2022 年中国国内生产总值

年份	国民总收入（亿元）	国内生产总值（亿元）	人均国内生产总值（元）
2009	343 464.69	340 506.87	25 575.48
2010	403 259.96	401 202.03	29 991.82
2011	472 115.04	472 881.56	35 181.00

续表

年份	国民总收入（亿元）	国内生产总值（亿元）	人均国内生产总值（元）
2012	516 282.10	518 942.10	38 420.00
2013	566 130.20	568 845.20	41 908.00
2014	634 043.40	636 138.70	46 629.00
2015	682 635.10	685 505.80	49 992.00
2016	741 140.40	744 127.20	53 980.00
2017	824 828.40	827 121.70	59 660.00
2018	896 915.60	900 309.50	64 400.00
2019	988 528.90	990 865.10	70 725.00
2020	1 008 782.50	1 015 986.20	72 000.00
2021	1 133 239.80	1 143 669.70	80 976.00
2022	1 197 250.40	1 210 207.20	85 698.00

资料来源：中华人民共和国国家统计局。

2013—2022年，我国国内生产总值从56.9万亿元增长到121万亿元，年均增长8.7%，按年平均汇率折算，我国经济总量达18万亿美元，稳居世界第二位，我国对世界经济增长的平均贡献率超过30%，居世界第一，中国如期打赢脱贫攻坚战，如期全面建成小康社会；居民人均可支配收入从16 500元增加到36 883元，形成了超4亿人的世界上规模最大、最具成长性的中等收入群体；中国社会消费品零售总额从23.8万亿元增长至44万亿元，稳居全球第二大消费市场、第一大网络零售市场和全球第二大进口市场的地位。党的十八大以来，财政收入保持较快增长，全国财政收入从2013年的约12.9万亿元增加到2022年的约20.4万亿元。尽管在这期间，中国的经济增速有所放缓，但总体上仍然保持了稳定的增长态势。尤其在2023年，尽管全球经济环境复杂多变，但中国的GDP增速仍然达到了3.0%。这种持续增长的经济态势不仅体现了中国经济的活力和韧性，也进一步揭示了中国经济的潜力和发展空间。党的二十大报告指出，从2012年党的十八大召开到2022年党的二十大召开这10年间，我国经济总量占世界经济的比重达18.5%，提高

7.2%，稳居世界第二位。

能源资源是国家经济和社会发展的重要物质基础，中国经济的飞速发展带动着对能源资源的需求高速增长，中国逐渐成为世界能源消费大国。自1978年实施改革开放以来，我国以经济建设为重心，生态环境保护也从此时开始走上正轨。1992年，全国各地建设经济开发区和工业开发区，经济迅速发展，但同时资源能源消耗快速增长，污染排放总量大幅度增加，此后带来了耕地占用、生态破坏和环境污染等严重问题。

全国一次能源消费总量已由2000年的14.6亿吨标准煤迅速增长到2021年的52.59亿吨标准煤，增长了2.6倍，于2010年超越美国，成为世界第一能源消费国。英国能源研究院The Energy Institute及其合作伙伴毕马威和科尔尼发布的第72个世界能源统计年鉴显示，2022年中国煤炭消费量为88.41艾焦（EJ），同比增长1%，占全球总消费量的54.8%。《中华人民共和国2023年国民经济和社会发展统计公报》显示，2023年能源消费总量为57.2亿吨标准煤，比上年增长5.7%。煤炭消费量增长5.6%，原油消费量增长9.1%，天然气消费量增长7.2%，电力消费量增长6.7%。煤炭消费量占能源消费总量的比重为55.3%，比上年下降0.7个百分点；天然气、水、核能、风能、太阳能等清洁能源消费量占能源消费总量的比重为26.4%，上升0.4个百分点；全国万元国内生产总值能耗比上年下降0.5%。全国用水总量从2000年的5 497.6亿立方米增加到2015年的6 103.2亿立方米，增加了11.02%，从2016年起用水量有所下降。从表1-2、表1-3可以看出，能源资源消费总量从2009年的30.66亿吨标准煤增长到2021年的52.59亿吨标准煤，增幅为71.53%。2009—2021年中国人均能源资源消费量，除了人均用水量之外，均处于增长状态。2021年，中国全国万元国内生产总值能耗为0.48吨标准煤/万元，人均能源总量为3 724千克标准煤，电力消费量为85 200.1亿千瓦小时，用水总量为5 920.2亿立方米，人均煤炭消费量为3 042千克，人均石油消费量为484千克，人均电力消费量为6 032千瓦小时，人均用水量为419.2立方米/人。2021年，我国能源生产稳定增长，能源利用效率持续提升，能源消费结构进一步优化，天然气、水电、核电、风电、太阳能发电等清洁能源消费占能源消费总量的比重提高，煤炭、石油占能源消费总量的比重下降。

表 1-2　2009—2021 年中国能源资源消费量

年份	全国万元国内生产总值能耗（吨标准煤/万元）	能源资源消费总量（万吨标准煤）	煤炭占能源消费总量的比重（%）	石油占能源消费总量的比重（%）	天然气占能源消费总量的比重（%）	电力消费量（亿千瓦小时）	用水总量（亿立方米）
2009	1.08	306 647	70.4	17.9	3.9	37 032.14	5 965.2
2010	1.03	324 939	68.0	19.0	4.4	41 934.49	6 022.0
2011	0.79	331 173	68.4	18.6	5.0	47 000.88	6 107.2
2012	0.76	361 732	66.6	18.8	5.2	49 762.64	6 131.2
2013	0.80	416 913	67.4	17.1	5.3	54 203.41	6 183.4
2014	0.76	425 806	65.6	17.4	5.7	57 829.69	6 094.9
2015	0.71	429 905	63.7	18.3	5.9	58 019.97	6 103.2
2016	0.59	435 819	62.0	18.5	6.2	61 205.09	6 040.2
2017	0.57	448 529	60.4	18.8	7.0	65 913.97	6 043.4
2018	0.56	471 925	59.0	18.9	7.6	71 508.2	6 015.5
2019	0.55	487 488	57.7	19.0	8.0	74 866.12	6 021.2
2020	0.55	498 314	56.9	18.8	8.4	77 620.17	5 812.9
2021	0.48	525 896	55.9	18.6	8.8	85 200.1	5 920.2

资料来源：《中国能源统计年鉴》、中经网数据库。

表 1-3　2009—2021 年中国人均能源资源消费量

年份	人均能源总量（千克标准煤）	人均煤炭（千克）	人均石油（千克）	人均电力（千瓦小时）	人均用水量（立方米/人）
2009	2 303	2 222	288	2 781	448.0
2010	2 429	2 334	323	3 135	450.2
2011	2 589	2 551	338	3 497	454.4
2012	2 678	2 611	353	3 684	453.9
2013	3 071	3 127	368	3 993	455.5
2014	3 121	3 017	380	4 133	446.7
2015	3 135	2 895	402	4 231	445.1

续表

年份	人均能源总量（千克标准煤）	人均煤炭（千克）	人均石油（千克）	人均电力（千瓦小时）	人均用水量（立方米/人）
2016	3 161	2 789	409	4 446	438.1
2017	3 235	2 782	424	4 676	435.9
2018	3 388	2 854	447	5 134	431.9
2019	3 488	2 876	462	5 356	430.8
2020	3 531	2 869	463	5 501	411.9
2021	3 724	3 042	484	6 032	419.2

资料来源：《中国能源统计年鉴》。

与此同时，能源资源的消耗也带来了环境的污染。从表 1-4 可以看出，2009—2021 年中国废水、化学需氧量、二氧化硫、烟（粉）尘、工业固体废物等主要污染物排放量比较大，我国的生态环境、人民的生活环境受到影响。中国经济发展曾以“速度”和“增长”为目标，工业化的快速发展过度消耗了大量资源和能源，并且企业和工厂产生了大量的废水、废气等污染物，严重破坏了环境的生态平衡和生态系统的恢复力及生产力，因此平衡和协调经济发展和生态环境间的关系成为亟待解决的问题。

表 1-4 2009—2021 年中国主要污染物排放量

年份	废水（亿吨）	化学需氧量（万吨）	二氧化硫（万吨）	烟（粉）尘（万吨）	工业固体废物（万吨）
2009	589.1	1 277.5	2 214.4		710.5
2010	617.3	1 238.1	2 216.15		498.2
2011	659.2	2 499.9	2 217.9	1 279	
2012	684.8	2 423.7	2 117.6	1 236	144.2
2013	695.4	2 352.7	2 043.9	1 278	129.3
2014	716.2	2 294.6	1 974.4	1 741	59.4
2015	735.3	2 223.5	1 859.1	1 538	55.8
2016		658.1	1 411.433		

续表

年份	废水（亿吨）	化学需氧量（万吨）	二氧化硫（万吨）	烟（粉）尘（万吨）	工业固体废物（万吨）
2017		608.9	963.7667		
2018		584.2	516.1		
2019		567.1	457.3		
2020		2 564.8	318.2		
2021		2 531	274.8		

资料来源：《中国能源统计年鉴》《中国环境统计年鉴》。

党的十八大以来，我国对生态文明建设和环境保护尤其重视，坚持人与自然和谐。党的十八大提出要着力构建现代化产业体系。党的十九大明确指出了我国经济向高质量阶段发展，而经济高质量发展是协调发展的内在要求。党的二十大提出加快产业结构调整优化，推动环境保护治理，建设现代化产业体系，促进区域协调发展。产业结构优化可提高资源配置效率和生产效率，推动传统产业向高端化和绿色化转型，推动经济从“量”向“质”转型，促进经济从“高速增长”向“高质量发展”转型，推动中国经济由“大而全”向“强而精”转型。

为了治理环境污染问题，中国投入了大量资金。表 1-5 展示了 2009—2021 年中国环境污染及治理投资额等信息。能源资源是人类赖以生存的重要物质基础，合理开发和利用能源资源已经成为一项迫切任务。调整能源资源消费结构，改进能源资源利用方式，提高能源资源利用率，加大可再生能源的研究和推广应用力度，是缓解能源资源瓶颈、减轻环境污染的有效途径。党的十八大指出，坚持节约资源和保护环境的基本国策，坚持节约优先、保护优先、自然恢复为主的方针，节约资源是保护生态环境的根本之策。我国积极推动能源资源生产和消费革命，控制能源资源消费总量，加强节能降耗，加强水源地保护和用水总量管理，推进水循环利用，建设节水型社会。《“十三五”节能减排综合工作方案》指出，当前，中国经济发展进入新常态，产业结构优化明显加快，能源资源消费增速放缓，资源性、高耗能、高排放产业发展逐渐衰减。但必须清醒认识到，随着工业化、城镇化进程加快和消费结构持续升级，中国能源资源需求刚性增长，资源环境问题仍是制约中国经济社会发展的瓶颈之一，节能减排依然形势严峻、任务艰巨。中国为治理环境污染，出台了《中华人民共和国环境保护法》《水污染防治行动计划》《中华人民共和国大气污染防治法》等法律法规。节能减排已成为国家发展战略目标，能源资源的匮乏和环境治理是制约中国经济发展的瓶颈，促进节能减排是中国可持续发展面临的长期而艰巨的任务。

表 1-5　2009—2021 年中国环境污染及治理投资额

年份	环境污染治理投资总额（亿元）	工业污染治理完成投资（亿元）	环境污染治理投资总额占国内生产总值的比例（%）
2009	4 525.30	442.60	1.33
2010	6 654.20	397.00	1.66
2011	7 114.00	444.40	1.50
2012	8 253.50	500.50	1.59
2013	9 516.50	867.70	1.67
2014	9 575.50	997.70	1.51
2015	8 806.40	773.70	1.28
2016	9 219.80	819.00	1.24
2017	9 539.00	681.50	1.15
2018	9 527.20	621.30	1.07
2019	9 515.40	537.80	0.99
2020	9 503.60	454.30	0.91
2021	9 491.80	335.20	0.83

资料来源：《中国能源统计年鉴》。

巨大的能源资源消费总量给能源资源供应、环境保护以及国际气候谈判带来了巨大的压力。中国是世界上最大的一次能源消费国，2021 年的一次能源消费量约为 157.65 艾焦。这远远超过了排名第二的美国。大多数一次能源燃料仍然来自石油和煤等化石燃料。从表 1-6 可以看出，中国一次能源人均消费量（111.8 吉焦/人）超过世界的平均水平（75.7 吉焦/人）。在巨大的能源消费需求面前，中国的能源使用效率一直较低。2014 年、2016 年，中国相继颁布《能源发展战略行动计划（2014—2020 年）》和《能源生产和消费革命战略（2016—2030）》，提出到 2030 年，能源消费总量控制在 60 亿吨标准煤以内。“十三五”时期，我国能源结构持续优化，低碳转型成效显著，非化石能源消费比重达到了 15.9%，而煤炭消费比重下降至 56.8%。近年来，中国大力推进能源结构调整，天然气、可再生能源等清洁能源比重不断提高。但是与国际水平比较，以煤为主的特征仍然十分明显。天然气及非化石能源占比均低于世界平均水平。我国能源“富煤、贫油、少气”的禀赋特点决定了以煤炭为主的能源生产和消费结构较长时期不会改变。到 2025 年，我国将基本实现工业化、城镇化，但工业生产规模仍将持续扩大，能源需求总量仍有增长空间。煤炭占我国化石能源资源的 90%以上，是稳定、经济、自主保障程度最高的能源。煤炭在一次能源消费中的比重虽然逐步降低，但在相当长时期内，主体能源的地位不会变化，煤炭在能源结构中仍占主导地位，碳减排压力巨大。2020 年 9 月，中国明确提出 2030 年“碳达峰”与 2060 年“碳中和”目标。

表 1-6　2022 年部分国家能耗和二氧化碳排放量对比

地区	一次能源消费量（艾焦）	一次能源人均消费量（吉焦/人）	二氧化碳当量排放（百万吨二氧化碳当量）
加拿大	14.14	367.8	591.4
中国	159.39	111.8	11 876.9
德国	12.30	147.5	652.4
日本	17.84	143.9	1 093.3
韩国	12.71	245.3	618.2
俄罗斯	28.89	199.7	2 024.0
英国	7.31	108.4	354.8
美国	95.91	283.5	5 297.7
世界	604.04	75.7	39 315.5

资料来源：2023 年《世界能源统计年鉴》。

随着国际压力的增强，中国节能减排的政策导向清晰。2016 年《巴黎协定》正式生效，中国将兑现二氧化碳排放 2030 年左右达到峰值并争取尽早达峰等一系列承诺。《“十四五”节能减排综合工作方案》提出：到2025年，全国单位国内生产总值能源消耗比2020年下降13.5%，能源消费总量得到合理控制，化学需氧量、氨氮、氮氧化物、挥发性有机物排放总量比2020年分别下降8%、8%、10%以上、10%以上；节能减排政策机制更加健全，重点行业能源利用效率和主要污染物排放控制水平基本达到国际先进水平，经济社会发展绿色转型取得显著成效；构建新发展格局，推动高质量发展，完善实施能源消费强度和总量双控、主要污染物排放总量控制制度，组织实施节能减排重点工程，进一步健全节能减排政策机制，推动能源利用效率大幅提高、主要污染物排放总量持续减少，实现节能降碳减污协同增效、生态环境质量持续改善，确保完成“十四五”节能减排目标，为实现碳达峰、碳中和目标奠定坚实基础。2022年1月29日印发实施的《“十四五”现代能源体系规划》是根据《中华人民共和国国民经济和社会发展第十四个五年规划和2035年远景目标纲要》编制的，主要阐明我国能源发展方针、主要目标和任务举措，是“十四五”时期加快构建现代能源体系、推动能源高质量发展的总体蓝图和行动纲领。“十四五”时期是为力争在2030年前实现碳达峰、2060年前实现碳中和打好基础的关键时期，在能源低碳转型方面，“十四五”时期，单位GDP二氧化碳排放5年累计下降18%。到2025年，非化石能源消费比重提高到20%左右，非化石能源发电量比重达到39%左右，电气化水平持续提升，电能占终端用能比重达到30%左右。在能源系统效率、节能降耗方面，“十四五”时期，单位GDP能耗5年累计下降13.5%。能源资源配置更加合理，就近高效开发利用规模进一步扩大，输配效率明显提升。电力协调运行能力不断加强，到2025年，灵活调节电源占比达到24%左右，电力需求侧响应能力达到最大用电负荷的3%~5%。中国以年均3%的能源消费增速支撑了平均6.6%的经济增长，是全球能耗强度降低最快的国家之一。中国超额完成到2020年碳排放强度下降40%至45%的目标，累计减排二氧化碳58亿吨，建成全球规模最大碳市场和清洁发电体系。

当前，中国仍处在工业化、城镇化和农业现代化快速发展的历史阶段，面临发展经济、改善民生、消除贫困、保护环境、应对气候变化的多重挑战，能源资源消耗还将继续刚性增长。能源资源短缺、气候变化和环境污染已经成为制约中国经济、社会可持续发展的瓶颈，能源资源供需矛盾日趋尖锐，节约能源资源、提高能源资源综合利用效率、减少污染物的排放是中国实现可持续发展的重要保障。为此，中国大力推进节能减排，节约资源和保护环境成为基本国策。党中央、国务院把节能减排作为调整经济结构、转变经济发展方式、推动经济社会可持续发展的重要抓手和突破口，找到节能减排与促进发展的合理平衡点，不断提高经济发展的质量和效益。习近平总书记指出，要加快推进节能减排和污染防治，给子孙后代留下天蓝、地绿、水净的美好家园。“十四五”时期，面对日趋严重的资源环境约束，必须牢固树立绿色低碳发展理念，以节能降耗工作为重点，构建资源节约、环境友好的生产方式和消费模式，不断提升可持续发展能力。

“十四五”时期是我国全面建成小康社会、实现第一个百年奋斗目标之后，乘势而上开启全面建设社会主义现代化国家新征程、向第二个百年奋斗目标进军的第一个五年。经济运行总体平稳，经济结构持续优化，国内生产总值突破 100 万亿元。1 亿农业转移人口和其他常住人口在城镇落户目标顺利实现，区域重大战略扎实推进。污染防治力度加大，主要污染物排放总量减少目标超额完成，资源利用效率显著提升，生态环境明显改善。我国已转向高质量发展阶段，制度优势显著，治理效能提升，经济长期向好，物质基础雄厚，人力资源丰富，市场空间广阔，发展韧性强劲，社会大局稳定，继续发展具有多方面优势和条件。同时，我国发展不平衡不充分问题仍然突出，重点领域关键环节改革任务仍然艰巨，创新能力不适应高质量发展要求，农业基础还不稳固，城乡区域发展和收入分配差距较大，生态环保任重道远，民生保障存在短板，社会治理还有弱项。“十四五”时期推动高质量发展，必须坚定不移贯彻创新、协调、绿色、开放、共享的新发展理念，坚持稳中求进工作总基调，以推动高质量发展为主题，坚持新发展理念，构建新发展格局。

在经济由高速增长阶段向高质量发展阶段转变的过程中，经济发展与生态环境的矛盾凸显，产业结构不合理，产业结构调整进程缓慢，资源消耗过大，环境污染日益严重，对我国实现可持续、高质量发展形成了较大制约和威胁。基于我国国情，在国民经济中，经济发展主要依靠大量消耗型、污染型企业和工厂，造成了生态环境污染，这是一种不可逆的环境污染。遵循长期形成的高污染、高排放的粗放型经济发展模式，我国经济资源未能得到合理配置和有效流通，产业结构不合理，生态环境破坏加剧，加上减速换挡等问题，使我国绿色经济的发展面临着严峻的挑战。产业结构优化作为我国产业转型的主要策略，对经济发展和生态环境保护有着重要意义，产业结构不合理不仅会导致经济发展缓慢，而且会给生态环境带来巨大压力。产业结构的转型升级有助于改变工业发展导致的高消耗、高污染现状，因此研究如何协调产业结构、经济发展和生态环境间的关系具有重要意义。

二、研究的理论和实际应用价值

中国经济的高速发展造成了资源、能源的过度消耗和环境的超载，能源紧缺、环境压力也制约着经济的高质量发展。中国面临着如何有效平衡经济可持续发展与降低能耗、保护环境的问题。我国经济已由高速增长阶段转向高质量发展阶段，因此要贯彻新发展理念，倡导绿色、环保、低碳的生活方式，持续推进产业结构和能源结构调整，大力发展可再生能源，努力兼顾经济发展和绿色转型。加快降低碳排放步伐，有利于引导绿色技术创新，提高产业和经济的全球竞争力。产业结构的优化和调整可以有效缓解经济发展与资源能源、环境制约之间的矛盾。党的十九大提出要实施区域协调发展战略，区域协调发展战略是实现我国经济高质量、可持续发展的重要举措。随着中国经济发展进入新常态，区域发展也面临大城市病突出、资源环境超载等问题。党的二十大指出，高质量发展是全面建设社会主义现代化国家的首要任务，要着力推进城乡融合和区域协调发展，推动经济实现质的有效提升和量的合理增长。

“十四五”规划提出，产业基础高级化水平明显提高，农业基础更加稳固，城乡区域发展协调性明显增强，生态文明建设实现新进步。国土空间开发保护格局得到优化，生产生活方式绿色转型成效显著，能源资源配置更加合理、利用效率大幅提高，单位国内生产总值能源消耗和二氧化碳排放分别降低 13.5%、18%，主要污染物排放总量持续减少，森林覆盖率提高到 24.1%，生态环境持续改善，生态安全屏障更加牢固，城乡人居环境明显改善。我国深入实施区域协调发展战略、区域重大战略、主体功能区战略、新型城镇化战略，优化重大生产力布局，构建优势互补、高质量发展的区域经济布局和国土空间体系。党的二十大提出加快发展方式绿色转型，并强调加快推动产业结构调整。我国经济增长与生态环境协调发展的关键路径是加快转变经济发展方式，调整产业结构，保护生态环境。在生态环境有限的承载能力内，为实现经济高质量发展，必须加快调整经济结构和转换经济发展方式，以促进中国产业结构向更加合理化、更加高级化方向调整。为此，中国制定了一系列产业结构调整政策。但是，产业结构调整是否具有一定的政策效应，是否对经济、生态环境具有影响，具有怎样的影响，仍是需要探索的难题。

本书围绕产业结构展开研究，将产业结构调整、经济增长与生态环境纳入同一分析框架中，综合分析产业结构调整对经济、生态环境的政策影响、空间效应及非线性影响；以产业结构调整政策效果为切入点，运用准自然实验分析其对经济、生态环境的影响，对产业结构调整机理进行剖析，充实产业结构调整相关理论；从产业结构调整的政策效应入手，研究其对经济、生态环境的影响作用，进一步剖析隐藏在其背后的一些深层次原因，对相关的理论研究有一定的价值，以丰富产业结构的调整。因此，探究产业结构调整对经济增长、生态环境的影响具有重大意义，能够为后续制定产业结构调整政策提供建议。

从现实意义来看，调整产业结构，将经济高质量增长与生态环境绿色发展“两手抓”，有助于实现可持续发展。本书通过明确产业结构调整的政策影响情况，把握好宏观层面的产业结构调整政策的整体效果，进一步分析微观层面的产业结构政策的异质性效果，分析产业结构调整对经济、生态环境的影响程度与作用机制，并检验产业结构调整对经济、生态环境的空间效应与门槛效应，为政府部门制定相关政策提供借鉴。这对于产业结构不断优化，推动经济、生态环境区域化、可持续发展，具有较强的实践意义。在区域协调发展的重大战略要求下，区域产业结构与经济、生态环境能否协同，产业结构与经济、生态环境复合系统的动态演化机理是需要研究的重要议题。

随着一系列改善环境质量的政策的出台，中国各区域的产业结构发生了重大变化。同时，中国地域辽阔，由于自然资源、历史发展状况不同，地区间发展不平衡、不协调、不可持续的矛盾日益突出，各地区的经济发展、产业结构不尽相同，不同的产业和不同的区域对能源的需求和消费存在显著差异。选取合适的评价指标体系和评价方法衡量区域产业结构与经济、生态环境协同发展水平，可以更加全面、客观地认识中国区域产业结构与经济、生态环境协同发展的现状及差距，揭示中国区域产业结构与经济、生态环境协同发展水平的演变趋势，为推动高质量发展、加快区域协同发展提供依据。

本书基于可持续发展和协调发展理论，总结分析了产业结构、经济发展和生态环境 3 个子系统之间的正面和负面影响，阐述了 3 个系统的现状和共同协调发展的必要性，从产业结构-经济-生态环境复合系统的角度出发，构建包含产业结构、生态环境、经济发展 3 个子系统的多层面、全方位的系统评价指标体系，丰富评价其协同发展水平的相关理论体系；通过系统的耦合协调研究，全面把握中国产业结构、经济发展和生态环境的耦合协调发展情况和时空分布格局，对实现产业结构转型、经济高质量发展和生态环境保护具有理论和借鉴意义。

目前我国产业结构正处于持续优化中，经济发展速度放缓并进入新常态阶段，生态环境虽然日益好转，但环境污染形势依旧严峻。而产业结构优化可以缓解经济发展和生态环境之间的矛盾，提高第三产业发展水平和科技创新能力，促进经济发展，减少工业化污染，提高环保能力，有利于生态环境的保护。因此，本书通过耦合协调度模型计算出产业结构、经济发展和生态环境 3 个子系统的协调水平。由于各区域发展不一致，还需对区域协调发展水平进行空间差异性分析，厘清来源并针对具体区域提出对应建议。本书对区域产业结构-经济-生态环境复合系统协同发展关系进行机理分析，从时间和空间两个维度分析复合系统的协调度；对各地区的协同发展水平加以分析，分析其地区差距，分析产业结构与生态环境、经济发展的时空动态演化机理；针对四大地区、各省份产业结构与生态环境、经济发展状况之间的互动关系展开研究，量化产业结构与生态环境、经济在时空动态演化中的耦合协调程度。在产业结构、经济发展和生态环境系统协调发展中，科技创新、地方政府行为等因素是否有效提升了 3 个系统的协调水平，需进一步展开研究。因此，建立计量模型寻找协调度的影响因素特别关键。本书针对不同指标，提出产业结构、经济发展和生态环境协调发展的建议与措施，以此为理论支撑应用于实践，促进区域协调发展。本书的研究内容可以丰富区域协同发展的理论和实践，为中国高质量发展提供理论支撑和决策参考。

第二节 国内外研究综述

国内外学者对产业结构与经济、生态环境复合系统协同发展的研究不多，但相关主题的研究比较多，更多学者侧重于产业结构及生态环境、经济发展两两之间关系的研究，主要集中于产业结构与经济发展之间的关系、产业结构与生态环境之间的关系、经济发展与环境之间的关系等方面。

一、产业结构和经济发展关系的研究

Kindleberger 和 Herrick（1985）研究了产业结构和区域经济增长之间的关系，认为在发达经济中产业结构调整升级已经成为经济持续增长的重要推动因素。他们按经济发展情况将研究地区划为发达地区和落后地区，分别对产业结构和区域经济增长建立投入产出模型。其研究表明，发达地区的产业结构调整是经济增长的重要因素。赵旭杰和郭庆旺（2018）基于劳动力市场视角分析与检验了产业结构变动与经济周期波动。车明好等（2019）认为，产业结构高级化可以推进经济增长，但二者间并不呈现线性关系，二者间的核心门限变量为产业结构合理化。范庆泉等（2020）研究了环境规制、产业结构升级对经济高质量发展的影响。Peneder（2002）利用28个经合组织国家的数据，将动态面板模型应用于由结构变量增强的标准增长模型，结果发现产业结构的变化是20世纪70年代经济发生巨大变革的主要原因。Maddison（2006）分析了40个经济体的经济历史增长状况，得出结论：特定产业结构的改变有助于经济增长。Hiroshi 等（2014）认为，经济增长和产业结构转型之间是相互促进的关系。McGregor 等（2016）也发现了产业结构对推动经济增长有着显著作用。衣保中等（2021）运用耦合理论对中国旅游业和区域经济发展的关系进行了分析，结果表明：中国旅游业和经济发展的综合发展水

平均有提升，两系统间的耦合协调度也逐渐从失调衰退阶段上升为协调发展阶段。张凯等（2021）构建了安徽省的旅游产业和区域经济耦合协调模型，研究表明，安徽省地级市旅游业和经济的耦合协调水平在时间上稳定，但空间上的差异较大。

二、产业结构与生态环境关系的研究

产业结构与生态环境关系的研究基本遵循 Grossman 和 Krueger 的思路。Kuznets（1955）曾提出经济增长和收入差距之间存在倒 U 形曲线关系，环境污染和经济增长之间的这种倒 U 形曲线也被称为环境库兹涅茨曲线。在随后的 20 年间，有大量的研究分别从理论和实证的角度对经济增长与环境污染之间的关系进行探讨。Grossman 等（1995）通过研究发现在不同的经济发展阶段，产业结构演变与环境污染水平之间呈现倒 U 形关系。李鹏（2015）采用 2004—2013 年中国的省际面板数据证实了环境污染排放总量与产业结构调整之间存在倒 U 形曲线关系。但是 Brajer 等（2011）研究发现产业结构的调整与环境污染之间不一定符合倒 U 形关系，结果取决于研究对具体污染形式的选择。Grossman 等（1995）认为经济活动以资源投入为途径促使产业结构转变，对生态环境产生影响，生态环境的保护力度受到产业发展水平的限制。Halseth（1998）认为影响区域生态环境的因素包括经济发展水平和产业结构，且实现经济可持续发展必须实现产业结构的优化。Llop（2007）利用投入产出法分析了西班牙的产业结构变动引起的环境质量的效应，认为产业结构转移优化利于减少环境污染。王翌秋等（2007）发现环境污染主要由工业造成，而第一产业的发展对环境污染呈现上升的趋势。Abdul 和 Mete（2011）表示环境质量会受产业结构影响，同时，环境质量的冲击会导致产业结构变化。卢雅珍（2014）以关中-天水经济区为研究对象，并通过耦合模型发现其产业和生态环境的耦合呈现 U 形关系。邹伟进等（2016）定量分析了我国产业结构与生态环境协调发展水平，结果显示：2000—2013 年，在产业结构转型的背景下，二者间的协调性由极端不协调逐渐升至弱协调水平。钟茂初、李梦洁、杜威剑（2015）基于中国省际面板数据的实证检验发现，环境规制与地区产业转移、结构升级均呈现 U 形关系。原毅军和谢荣辉（2014）研究了环境规制的产业结构调整效应。马丽梅、史丹（2017）基于空间环境库兹涅茨曲线研究了京津冀绿色协同发展进程。曹丽斌等（2017）研究了中国城市产业结构与 CO_2 排放的耦合关系。宋建、王静（2018）基于国际细分行业全要素生产率视角研究了环境污染对产业结构变动的传导机制。回莹、戴宏伟（2017，2019）进行了河北省产业结构对雾霾天气影响的实证研究，发现河北省产业结构和雾霾污染综合指数呈倒U形曲线关系；此外还研究了京津冀雾霾污染与产业结构、城镇化水平的空间效应。程中华等（2019）研究了产业结构调整与技术进步对雾霾减排的影响效应。陈立泰等（2020）研究了长江经济带城市群产业结构变迁对生态效率的影响。吴雪玲等（2021）针对临汾市生态文明和旅游产业不协调的问题，通过耦合协调关系实证分析发现，生态文明系统和旅游产业系统间的耦合协调水平处于上升状态，协调类型由极度失调上升至初级协调。

三、经济发展和生态环境关系的研究

Norgaard（1990）提出了协调发展理论，同时强调了生态环境与经济发展之间存在的相互适应性和相互反馈机制，强调了生态环境与经济发展的相互反馈机制，提出了协调发展体系构建的评价思想。Arrow等（1996）在基于国家促进经济增长时不考虑环境问题的条件下，对经济增长与环境质量的关系进行了探讨。Brock等（2004）运用内生经济增长和新古典增长模型探究了经济与环境协调发展的方法。Machiba、Zurich等（2010）指出，可以通过结构转变、生态创新等手段实现资源环境与经济的协调发展。邓淇中等（2018）通过耦合协调度模型分析了湖南省2003—2015年农业生态环境与经济增长的协调水平，并进行了时空差异与收敛性分析。程广斌等（2020）采用DEA模型分析了西北地区经济发展与生态环境的耦合协调发展情况，结果表明它们的耦合协调度处于上升状态。黄滢（2015）利用112座城市2003—2010年的大气污染浓度数据，考察了我国经济增长和环境污染之间的关系。吴传清和董旭（2016）的研究表明，经济发展水平、产业结构、能源消费结构、企业行为、对外开放程度、政府环境污染治理投资、资本-劳动禀赋结构、技术进步等是影响长江经济带全要素能源效率的主要因素。张孝晶（2020）以中部

6省为例，基于2008—2017年的面板数据，运用耦合协调度评价模型对区域经济社会与生态的协同发展进行了实证分析。杨晨钰婧、薛永基（2022）探索了黄河流域生态保护与农林经济发展的机理关系，发现部分地区农林经济发展与生态环境保护的相互促进的作用效果很好，二者协调发展处于良好水平，协调水平存在空间差异。黄丽莹（2021）从云南省省域和州市市域的角度探讨了农业的经济与生态环境协调发展水平，结果显示实现了失调到协调的转变，但其协调度仍然较低。史宝娟、孟立（2021）基于熵权法和耦合协调度模型分析了京津冀生态环境和经济发展的协调水平，结果表明京津冀的生态环境情况变好，经济发展水平提高，生态环境与经济发展的协调水平逐渐提高。

我国经济增长与生态环境协调发展的关键路径是加快转变经济发展方式，调整产业结构，保护生态环境。在生态环境有限的承载能力内，为实现经济高质量发展，必须加快调整经济结构和转换经济发展方式，以促进中国产业结构向更加合理化、更加高级化的方向调整。为此，中国制定了一系列产业结构调整政策。例如：2005年12月2日，经国务院批准，国家发展改革委发布《产业结构调整指导目录（2005年本）》（第40号令），产业结构调整指导目录由鼓励、限制、淘汰3类目录组成。2011年3月27日，国家发展改革委发布《产业结构调整指导目录（2011年本）》（第9号令）。2013年2月16日，《国家发展改革委关于修改〈产业结构调整指导目录（2011年本）〉有关条款的决定》（第21号）发布。2019年10月30日，国家发展改革委修订发布了《产业结构调整指导目录（2019年本）》。2021年12月30日，《国家发展改革委关于修改〈产业结构调整指导目录（2019年本）〉的决定》（第49号令）发布。《产业结构调整指导目录》的实施对加强和改善宏观调控、引导社会投资方向、促进产业结构调整发挥了重要作用。在中国，对于产业结构调整是否具有一定的政策效应，是否对经济、生态环境有影响，主要影响因素及对其影响作用的机理、影响的方式等，都缺乏深入的研究和剖析。这就需要我们通过建立系统、科学的研究框架，运用定性与定量相结合的研究方法，对其进行全面的研究分析。

综上所述，学者从各种角度分析了产业结构、经济发展和生态环境两两间的相互作用和协调发展情况，并且能够确定它们之间存在着相互促进或抑制发展的作用，但还存在一定的不足。一是鲜有学者研究产业结构与经济、生态环境三元复合系统的协同发展问题，指标选取和评价结果不全面。相关研究主要集中在产业结构及生态环境、经济发展等方面，侧重于产业结构与生态环境、经济两两之间发展问题的研究。产业结构优化对经济发展和生态环境的作用显著，第三产业的高比例会促进经济增长，而第二产业的发展对生态环境污染较大。因此，平衡三者之间的关系，实现产业结构、经济发展和生态环境3个子系统的协调发展，对社会发展具有重要意义。产业结构和生态环境、经济发展方面的评价指标较为单一，大部分把第二、三产业的比例或者产业结构合理化和高度化作为产业结构的指标，选择某一类污染物、GDP 衡量产业结构对生态环境、经济的影响。二是缺少对协调发展水平的空间分布格局和区域性差异的分析。中国各区域的产业结构经济和生态环境不尽相同，有必要对产业结构-经济-生态环境复合系统协调水平进行差异性研究。三是研究对象以某省份或区域为主，无法全面了解我国不同地区的协调发展水平。

以往对于产业结构与生态环境、经济发展关系的研究，没有从产业结构-经济-生态环境整个系统的角度出发，而且选取的产业结构、生态环境、经济指标不够深入、细致，宏观层面大于微观层面，忽略了产业结构与生态环境、经济发展是一个多层面、全方位、相互影响的复杂系统，只有系统内部的要素相互融合、协同，才能达到系统最优。同时，对产业结构调整与环境、经济发展关系的时空动态演化机理分析较少；缺少对各区域、各省份产业结构与经济、生态环境复合系统协同发展状态的全方位测度，没有对复合系统协同发展的地区差距进行系统的研究。本书将在国内外已有研究成果和课题组前期研究基础上，分析中国各地区产业结构与经济、生态环境复合系统协同发展水平的时空分布特征和演变趋势，旨在全面准确地测量区域高质量发展水平，为政府决策提供参考。

第三节　研究内容及研究思路

一、研究目标

本书从产业结构-经济-生态环境复合系统角度出发，研究产业结构与经济、生态环境协同发展的问题，探讨产业结构调整与经济发展、生态环境之间时空动态演化机制的关系；对中国 30 个省份（不含西藏、港澳台）及东部、东北、中部、西部四大地区的产业结构、经济发展、生态环境问题进行调查分析，研究产业结构调整对经济发展、生态环境的作用，找出产业结构、生态环境、经济发展的关键影响因素，确定产业结构-经济-生态环境系统评价指标体系，探讨产业结构、经济、生态环境三个子系统间的相互作用；探讨产业结构、生态环境、经济发展的时间和空间相关性及协同耦合的时空分布特征，为下一步制定针对性的政策提供参考。

二、研究内容

（1）区域产业结构-经济-生态环境复合系统的机理分析及其评价指标体系。

产业结构-经济-生态环境复合系统内各元素之间相互作用和相互影响，将复合系统分成 3 个子系统——产业结构子系统、经济子系统和生态环境子系统，并构建多层面的产业结构-经济-生态环境复合系统评价指标体系。

具体地，本书将产业结构调整作为一项准自然实验，梳理产业结构调整对经济、生态环境的影响，对内部错综复杂、相互联系和相互耦合的系统进行动态分析；采用计量模型考察产业结构与生态环境、经济发展的时间、空间互动特征，找出产业结构、生态环境、经济发展的关键影响因素，剖析复合系统作用的机理。

（2）区域产业结构-经济-生态环境系统的综合发展评价指数、耦合协调度时空分析。

本书用耦合度衡量系统之间的相关程度，用协调度衡量系统之间发展的相互匹配程度。具体地，选取熵值法和评价得分模型对各系统的综合发展指数进行测算，定量分析我国各区域的产业结构、经济发展和生态环境的综合发展水平；进而利用耦合协调度模型计算出的复合系统耦合协调度，量化复合系统的协调发展状况。

（3）区域产业结构与经济、生态环境的时空动态演化机制与区域差异。

本书利用马尔可夫链法探讨耦合协调度的动态演进规律，采用 GM（1，1）

灰色模型对未来10年的耦合协调发展情况进行预测；利用Dagum基尼系数对中国各区域产业结构、经济发展和生态环境系统的协调发展水平的相对区域差异进行测算；利用Kernel密度估计法研究中国不同地区的协调发展水平分布动态的演进过程，反映区域协调发展水平的绝对差异及其动态演化机制。

本书的总体框架如图1-1所示。

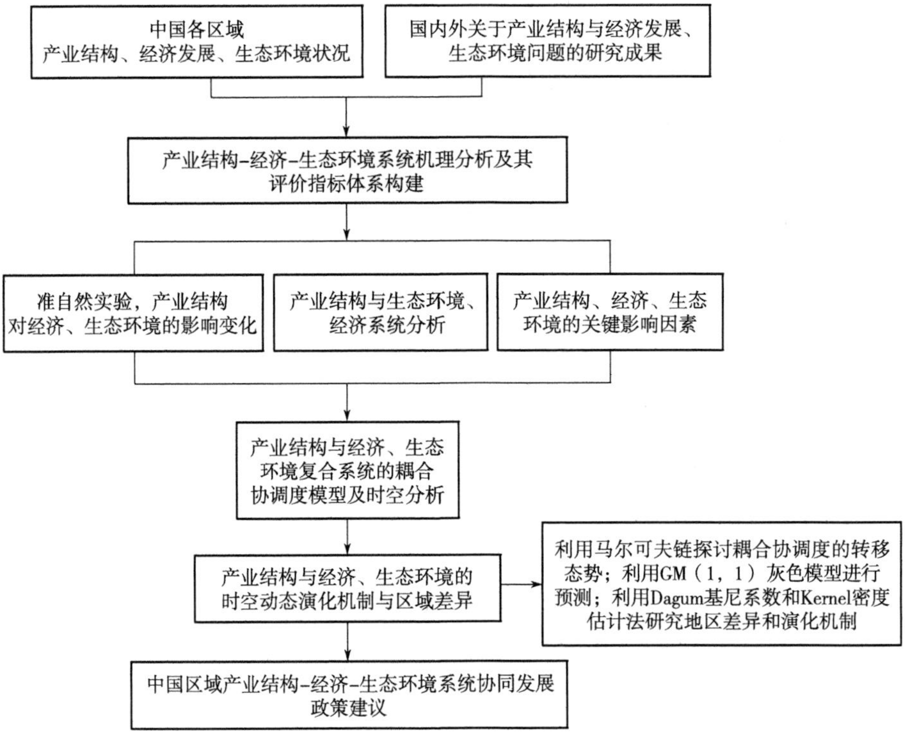

图1-1　总体框架

三、研究思路

首先，在文献研究的基础上，对各地区产业结构、经济发展、生态环境问题进行调查分析，梳理产业结构调整对经济、生态环境的影响，围绕产业结构展开研究，将产业结构调整、经济增长与生态环境纳入同一分析框架中，综合分析产业结构调整对经济、生态环境的政策影响、空间效应及非线性影响。采用计量模型找出产业结构、生态环境、经济发展的关键影响因素，剖析复合系统作用的机理。

其次，根据文献总结产业结构、经济发展和生态环境关系的国内外研究现状，说明3个子系统间的影响和协调关系，根据协调发展理论和复杂系统理论等基础理论和相关概念，构建区域产业结构-经济-生态环境系统评价指标体系。

再次，构建产业结构-经济-生态环境系统耦合协同度模型，利用耦合协调度模型测算产业结构、经济发展和生态环境复合系统的协调发展程度，探索3个子系统间的协调关系，对各地区产业结构-经济-生态环境系统协同发展程度进行测度，分析区域协调度差异性及来源，揭示其时空分异特征。

最后，探讨产业结构-经济-生态环境系统耦合协调发展的动态演进规律和转移态势，对复合系统未来的耦合协调发展情况进行预测，对中国各地区产业结构、经济发展和生态环境系统的协调发展水平的区域差异进行测算，为下一步制定针对性的政策提供参考。

四、研究方法

（1）通过文献及统计数据的调研，以及对国内外关于产业结构调整、经济与生态环境相关的文献分析与研究，借鉴文献中研究的观点、解决问题的思路和恰当的方法，了解国内外关于产业结构与生态环境、经济发展问题的研究成果，搜集各地区的产业结构、经济发展状态、生态环境等方面的资料和数据，为本书研究提供理论依据和数据支撑。

（2）将产业结构调整作为一项准自然实验，运用合成控制法梳理、归纳产业结构调整对于不同地区经济、生态环境的影响变化；对各地区的产业结构-经济-生态环境进行时间空间相关性检验，利用计量模型探讨产业结构、生态环境、经济的关联性，构建空间计量模型，分析产业结构调整对经济、生态环境是否具有空间效应；通过单位根检验和协整检验构建门槛模型，检验产业结构调整对经济、生态环境的门槛特征，以及产业结构调整对经济、生态环境在不同门槛条件下的非线性影响；建立产业结构与经济、生态环境的分析模型，反映系统要素的动态演化过程，对内部错综复杂、相互联系和相互耦合的系统进行分析，找出产业结构、生态环境、经济发展的关键影响因素，进行区域产业结构-经济-生态环境复合系统的机理分析及其评价指标体系的构建。

（3）采用熵值赋权法来构建产业结构-经济-生态环境系统，确定各个指标权重；利用评价得分模型测算系统的综合发展指数，定量分析我国各区域的产业结构、经济发展和生态环境的综合发展水平；进而利用耦合协调度模型计算出的复合系统耦合协调度，量化复合系统的协调发展状况，利用耦合度衡量产业结构-经济-生态环境复合系统内 3 个子系统之间的相关程度，用协调度衡量系统发展的相互匹配程度。耦合协调度模型适合分析不同子系统间的协调情况，体现出协调发展的好坏。耦合协调发展是系统间或系统内部在相互作用的基础上由简单到复杂的总体发展过程，应用该模型探讨产业结构、经济发展和生态环境的协调发展水平，耦合协调度的大小反映了系统耦合交互的协调程度。

（4）通过马尔可夫链法进一步探讨产业结构-经济-生态环境系统耦合协调度的动态演进规律，探析不同地区产业结构与经济、生态环境耦合协调度的转移态势；采用 GM（1，1）灰色模型对未来耦合协调发展情况进行预测；利用 Dagum 基尼系数测算中国各地区产业结构、经济和生态环境系统的协调发展水平的相对区域差异；利用 Kernel 密度估计法研究中国不同地区的产业结构-经济-生态环境系统协调发展水平分布动态的演进过程，反映区域协调发展水平的绝对差异及其动态演化机制。Dagum 基尼系数及其分解研究的是相对差异来源，但无法展现区域内省份绝对差异及其动态演进，因此可以利用 Kernel 密度估计法评价产业结构、经济发展和生态环境间协调发展的演进过程，还可以通过各区域协调发展水平每年的密度曲线分析分区域协调水平分布演变特征。空间自相关性分析和空间计量模型是空间数据分析和空间模型建立的两种常用方法，主要研究数据在空间上的相关性和依赖性，由于地区发展存在差异，因此引入空间方法对协调度进行分析。从整体和区域检验协调度在空间上的集聚性；接着通过构建空间计量模型，探究可以有效提升系统耦合协调度的外部相关因素，以其作为政策建议的依据。

本书研究路线如图 1-2 所示。

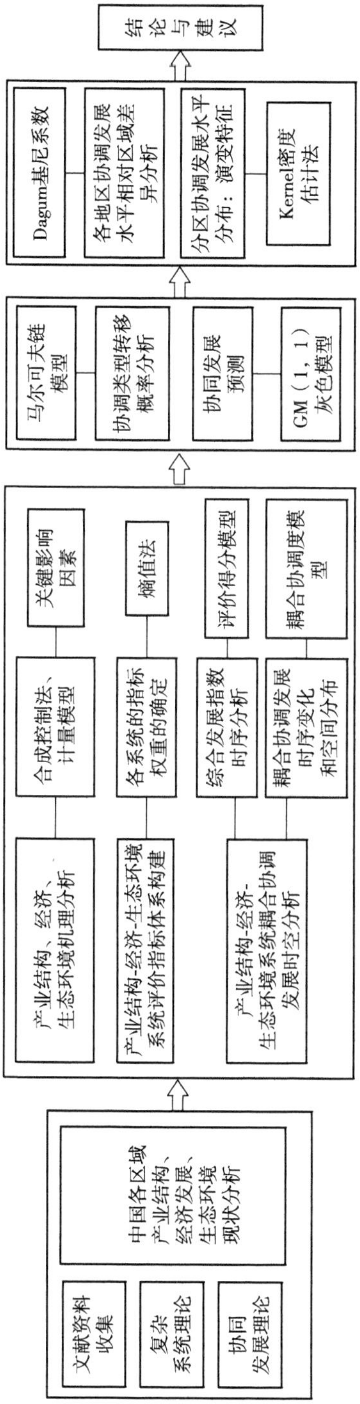

文献资料收集
复杂系统理论
协同发展理论
中国各区域产业结构、经济发展、生态环境现状分析
产业结构、经济、生态环境机理分析
合成控制法、计量模型
关键影响因素
产业结构-经济-生态环境系统评价指标体系构建
各系统的指标权重的确定
熵值法
产业结构-经济-生态环境系统耦合协调发展时空分析
综合发展指数时序分析
评价得分模型
耦合协调发展时序变化和空间分布
耦合协调度模型
马尔可夫链模型
协调类型转移概率分析
协同发展预测
GM（1，1）灰色模型
Dagum基尼系数
各地区协调发展水平相对区域差异分析
分区协调发展水平分布：演变特征
Kernel密度估计法
结论与建议

图1-2　研究路线

五、内容组织结构

本书根据文献总结了产业结构、经济发展和生态环境关系的国内外研究现状，说明了3个子系统间的影响和协调关系，根据协调发展理论和复杂系统理论等基础理论和相关概念，建立了产业结构、经济和生态环境系统的综合评价指标体系，利用耦合协调度模型测算3个系统的协调发展程度，探索3个子系统间的协调关系，并根据存在的问题提出建议；然后针对各区域的系统协调水平的不同，采用Dagum基尼系数分析区域协调度差异性及来源；接着利用Kernel密度估计曲线描述耦合协调度动态分布特征；最后利用空间计量模型进行耦合协调度影响因素分析，明确影响协调发展水平的因素，提出相应对策以促进产业结构、经济发展和生态环境3个子系统的耦合协调。

本书研究内容共分为七章，具体内容安排如下：

第一章为绪论。介绍了研究的背景、意义、内容和方法，总结了国内外对产业结构、经济和生态环境间关系的研究成果，最后针对本书的研究内容进行了说明。

第二章为相关概念与理论基础。主要对产业结构、经济发展、生态环境、产业结构调整等概念进行介绍，理论基础包含耦合协调度、生态经济学理论、可持续发展理论、环境库兹涅茨曲线理论和复杂系统理论等，对产业结构、经济发展和生态环境关系进行辨析；分析了我国产业结构、经济发展和生态环境的现状，为本书的研究提供了基础支撑。

第三章为产业结构调整对经济、生态环境的影响分析。将产业结构调整作为一项准自然实验，运用广义合成控制法研究产业结构调整对于经济、生态环境的政策影响。通过安慰剂检验和异质性分析，既可以有依据地检验产业结构调整的政策效应，又可以针对不同的城市群进行横向比较，深入分析产业结构调整在城市群层面对经济、生态环境的影响。以产业结构调整为自变量，以经济、生态环境综合水平为因变量，同时引入控制变量以尽量避免其他因素产生的影响误差，构建计量模型，进行基准回归，具体分析产业结构调整对经济、生态环境的影响。在此基础上，进行空间自相关检验，纳入空间因素，构建空间计量模型，进一步分析产业结构调整对经济、生态环境的空间效应。引入门槛变量，构建门槛模型，探究产业结构调整对经济、生态环境在不同门槛条件下的非线性影响，检验产业结构调整对经济、生态环境的门槛效应，分析产业结构调整作用效果的差异性。

第四章选取京津冀地区作为区域协调发展的重要代表，从区域产业结构-经济-生态环境复合系统的角度出发，构建了耦合协调的评价指标体系，利用耦合协调度模型、马尔可夫链和 GM（1，1）模型研究了京津冀地区 13 个城市产业结构、经济、生态环境的发展水平及协调关系的演变。

第五章主要分析了中国省域和四大区域产业结构、经济和生态环境三者的耦合协调关系。首先建立评价指标体系，利用综合发展指数模型和耦合协调度模型测得 3 个子系统的发展指数和复合系统的耦合度及耦合协调度；其次利用 Dagum 基尼系数分析耦合协调度相对差异性的原因及来源；最后采用 Kernel 密度估计法分析耦合协调度的动态分布特征，从绝对差异的角度分析各区域及整体的协调发展情况。

第六章为产业结构、经济发展和生态环境协调度影响因素分析。首先利用全局自相关检验确定协调度是否存在空间效应；其次通过局部自相关检验查看空间集聚现象；最后通过检验选取合适的空间计量模型进行协调度的影响因素分析。

第七章为结论和建议。主要对全书内容进行分析总结，根据结论提出相应的措施与建议。

第二章　产业结构、经济、生态环境概述

第一节　相关概念

一、产业结构

20 世纪 50 年代，随着日本讨论经济发展战略，“产业结构”这一概念出现，用来总结不同产业之间的关系。随着产业经济的发展和社会各部门分工的深化，产业结构概念逐渐清晰。产业广义上包括农业、工业和运输业等生产部门与行业，也包含为人民生活服务的商业、金融业和服务业等部门。而产业结构也称部门结构，指的是各生产部门或各部门内部的构成。

对产业结构的详细划分主要有 3 种分类方法：

（1）按照生产活动性质划分为物质资料部门和非物质资料部门。物质资料部门包含农业、工业和商业等创造实品物质的生产部门；非物质资料部门包含科学、文化和教育等不生产物质资料的生产部门。

（2）按照生产要素划分为劳动密集型产业、资本密集型产业和技术密集型产业。劳动密集型产业生产需靠大量劳动力，例如农业及服装、家具等制造业；资本密集型产业所需资本和劳动力成本高，例如石油化工和电力工业等。技术密集型产业对技术的依赖程度高。

（3）按照社会生产活动发展顺序划分为第一、二、三产业。第一产业的生产原料直接取自自然界，例如农业；第二产业是对资源进行加工的部门，例如工业和建筑业；第三产业是为生产和消费提供服务的部门，例如交通运输、批发和零售贸易等服务业。

本书的产业结构按照第三种分类标准划分，研究第一、二、三产业分别在地区国民经济中的占比及内在生产联系。目前我国产业结构还在不断优化中，总体呈现由第一、二产业向第三产业转移的特点。

二、产业结构调整

产业结构调整是指通过采取一系列措施对现有产业结构进行调整的过程。随着社会快速发展，简单的产业结构调整已不能满足生产需求。之前的产业结构调整，其目的只是快速推动经济增长，让各个行业板块之间达到供求平衡、良性发展的状态。而现阶段的产业结构调整，还应兼顾不可再生资源供求关系、创新驱动等产业结构调整在原有基础上的约束限制，推动经济发展方式向绿色发展转变，实现经济增长和生态环境保护的平衡发展。

三、产业结构高级化

产业结构高级化（Industrial Structure Upgrading，ISU）指产业结构体系从相对低级水平转变为相对高级水平的过程。产业结构高级化通常恪守着产业演变的法则。产业结构在一定区域内向更高层次演变，通常是由区域内经济发展阶段和生产力水平变化所带动的技术进步、竞争促进、需求拉动等因素的产业结构升级，如工业板块由农业主导向工业主导转变、工业生产重点向初级产品生产向高级产品生产转变等。产业结构高级化，即以技术含量高、效益高的产业带动其他产业的发展，使产业结构的整体层次上一个台阶，把原来低层次的主导产业置换出去，以进一步发展主导产业。引进新技术，对产业的质量也是一种提升。

四、产业结构合理化

产业结构合理化（Industrial Structure Rationalisation，ISR）指各个产业之间彼此互相协调的过程。产业结构合理化是由原来的结构不合理逐步转向相对合理的过程，是一个动态变化的过程。现阶段我国第一、二、三产业之间的相互关系处于比较不协调的状态，这就要求我们结合当前的资源供应和市场需求的现状，对产业结构不合理的地方进行调控，使各个产业之间的资源合理分布并得到最大限度的高效利用。当前理顺产业结构的内涵有以下几个特点：一是具有互补转换能力的产业之间具有相互协调、相互联系的作用；二是行业地位均衡，各行业组合搭配有理有据，有条不紊；三是行业之间的联系方式是互通的，也就是说可以产生不同行业之间互相推动的动力；四是供求平衡，供求协调平衡既包括结构框架协调，也包括总量平衡。

五、经济发展

经济发展就是国家或地区通过提高科学技术等一系列措施来提高人民生活水平及社会福利等。经济发展包含质量和数量两个方面的发展。质量的发展需要从多个方面进行，如改善人民生活质量和生态环境、提高人口素质和文化水平、保障社会经济稳定发展等；数量的发展即经济增长，是经济发展过程的物质基础，是最重要的一个方面，一般用 GDP 指标衡量经济发展。经济发展是一个动态过程，需要不断进行结构调整、科技创新，在这个过程中，既要注重经济增长规模，也要关注经济质量。经济发展不仅意味着国民经济规模的扩大，更重要的是社会生活素质的提高。所以，经济发展所涉及的内容远远超过了简单的经济增长，它具有更广泛的含义，其目的是满足人民物质、精神与文化需求，提高人们的生活质量。

显然，衡量一个国家的经济发展水平不能仅依赖 GDP，因此本书从贸易水平、经济效益和经济水平 3 个方面选取指标，以更好地反映我国的经济增长、经济增长带来的效益、买卖与交易水平。

六、生态环境

生态环境是指影响人类生存与发展的水、土、气候等资源的数量和质量的综合体，是一个与社会和经济的持续发展密切相关的复合生态系统。生态环境由生态和环境两个方面构成。生态是指生物体或生物群落与周围环境的关系；环境则是指人类生存和发展的物质和社会条件。两者既有区别又有联系，从学术研究层面来看，生态环境通常指各种与人类密切相关、影响人类生活的自然力量或功能的组合。生态环境与人类有密不可分的关系，相辅相成，相互影响。生态环境是人类社会产生的前提，同时制约人类活动和社会发展；人类生产活动的不节制和对自然资源的无限利用也会对生态环境产生不可逆的影响。Goodland 认为生态环境与人类社会生产活动的关系表现在两个方面：一是生态环境给人类经济活动提供了大量资源和能源。人类利用大自然中的可再生资源和不可再生资源进行二次加工生产，从而获取产品与服务。二是经济活动产生的废弃物排放到生态环境中。人类在产品及服务消费后不可避免地产生废弃物，这些废弃物会被排放到大自然中。

目前对于生态环境指标的度量，PSR 模型较成熟，该模型使用“压力—状态—响应”这一框架，压力指人类经济活动对环境的直接或间接影响，状态指生态环境的具体表现，响应指环境问题的解决策略等，比较全面地概括了生态环境的状况。

第二节　理论基础

一、耦合协调度

耦合最早源于物理学，主要是指不同系统之间具有动态关联关系，能够相互作用、相互影响的现象。我国草地农业科学家任继周教授在 1958 年首次将耦合概念引入农业领域并提出农业系统耦合，随后耦合逐渐被广泛应用到经济领域。复杂系统的子系统间的变化和发展相互影响、互为因果。在复杂系统中，子系统之间可能存在不同类型的耦合，如正向耦合、负向耦合等。本书中产业结构、经济和生态环境间的相互影响和作用都是不可忽视的耦合关系。

耦合度是用来描述两个或多个子系统之间相互作用和融合的程度。通常来说，耦合度越高，耦合关系越紧密，子系统间的相互影响程度越强。耦合度在产业结构、经济发展和生态环境的关系中被广泛应用，但它仅反映系统间的关联程度，不能反映这种关联程度的好坏，因此需要计算耦合协调度。

耦合协调度则是指在复杂系统中不同子系统之间存在的耦合关系的协调程度，它反映了系统的整体运行状态。耦合协调度可以用来衡量系统的稳定性和健康度，它包括两个方面：耦合强度和耦合方式。耦合强度指的是不同子系统之间的相互影响程度，耦合方式则是指这些相互影响是正向的还是负向的。例如，当经济发展的增长率过快，导致产业结构不均衡和生态环境被破坏时，三者的耦合协调度就会降低；反之，当产业结构、经济发展和生态环境间达到一定平衡时，耦合协调度就会相对较高。

二、生态经济学理论

由于生态环境与经济发展间有着密不可分的联系，经济的迅速发展使生态环境恶化成为当前各国需要解决的难题，而资源利用和生态退化既抑制了经济增长，又威胁到人类的身体健康和生活水平，因此为使生态环境和经济发展协调和可持续发展，国内外学者进行了深入研究，提出了生态经济学。早在1980年，我国经济学家许涤新就认识到了生态经济问题的重要程度，他认为，生态平衡规则与经济领域规则息息相关，如果想破坏生态以求经济效益，必会造成经济活动的失衡和中断。

生态经济学的研究内容包括：一是经济和生态系统间的相互影响机理；二是经济和生态环境协调和可持续发展；三是经济、社会、生态和自然环境复合系统的内在联系和规律。研究结果为资源保障、环境保护和经济发展提供了可参考的理论和方法。

生态经济学的特点包含内在联系互动性、区域差异性和长远战略性。内在联系互动性指利用生态经济系统内部的自我调节、事物联系的多样性和共生性达成系统平衡；区域差异性指不同的自然环境和生态条件导致不同区域的经济发展和生态环境不相同，因此若想平衡经济发展和生态保护，就需要因地制宜；长远战略性指生态经济学的目的不是短期效益，而是长期效益，例如需要关注环境保护和污染治理等有长远意义的问题，因为这是社会可持续发展的最终目标。

三、可持续发展理论

“可持续发展”（Sustainable Development）一词出现于1980年国际自然保护同盟的《世界自然资源保护大纲》：必须研究自然的、社会的、生态的、经济的以及利用自然资源过程中的基本关系，以确保全球的可持续发展。世界环境与发展委员会出版的报告《我们共同的未来》将可持续发展定义为：既能满足当代人的需要，又不对后代人满足其需要的能力构成危害的发展。《中国21世纪人口、环境与发展白皮书》首次把可持续发展战略纳入我国经济和社会发展的长远规划。

可持续发展理论产生于对经济和生态间关系的思考。广义地讲，可持续发展是一种长期性理论，旨在满足人类需求的同时，避免对人类满足其需求的能力构成威胁。1994 年，我国首次提出将可持续发展战略纳入社会发展长远规划。党的十五大将该战略作为现代化建设的必要战略之一。党的十六大又将其作为全面建设小康社会的目标之一。党的十九大中关于中国特色社会主义思想和基本方略、现代化国家新征程、建设美丽中国的论述均体现了可持续发展理论。党的二十大继续以绿色发展、人与自然和谐共处为目标。

可持续发展包含 3 个方面：经济、社会和生态可持续发展。经济可持续发展占首位，因为经济增长可以促进人民福祉的提升、国民财富的增加和国家实力的增强；社会可持续发展则以人类自身发展为中心，主要体现在人口管理、居住环境的改善、物质和精神文化水平的提升等方面；生态可持续发展是可持续发展的环境基础，在满足人们生活水平和经济增长的同时需保护人们赖以生存的生态环境，维持生态平衡。

（一）可持续发展的基本原则

1. 公平性原则

公平性原则是指机会选择的平等性，具有 3 个方面的含义：一是指代际公平性。二是指同代人的横向公平性。可持续发展不仅要实现当代人之间的公平，还要实现当代人与未来各代人之间的公平。三是指人与自然、其他生物之间的公平性。这是可持续发展与传统发展的根本区别之一。各代人之间的公平要求任何一代都不能处于支配地位，即各代人都有同样选择的机会空间。

2. 可持续性原则

可持续性原则是指生态系统受到某种干扰时能保持其生产率的能力。资源的持续利用和生态系统可持续性的保持是人类社会可持续发展的首要条件。可持续发展要求人们根据可持续性的条件调整自己的生活方式，在可能的范围内确定自己的消耗标准。因此，人类应做到合理开发和利用自然资源，保持适度的人口规模，处理好发展经济和保护环境的关系。

3. 和谐性原则

可持续发展就是要促进人类之间及人类与自然之间的和谐。如果我们能真诚地按和谐性原则行事，那么人类与自然之间就能保持一种互惠共生的关系，也只有这样，可持续发展才能实现。

4. 需求性原则

人类需求是由社会和文化条件确定的，是主观因素和客观因素相互作用、共同决定的结果，与人的价值观和动机有关。可持续发展立足于人的需求而发展人，强调人的需求而不是市场商品，是要满足所有人的基本需求，向所有人提供实现美好愿望的机会。

5. 高效性原则

高效性原则不仅是根据其经济生产率来衡量的，更重要的是根据人们的基本需求得到满足的程度衡量，是人类整体发展的综合和总体的高效。

6. 阶跃性原则

随着时间的推移和社会的不断发展，人类的需求内容将不断增加，需求层次将不断提高，所以可持续发展本身隐含着不断地从较低层次向较高层次的阶跃性过程。

（二）可持续发展理论的基本特征

可持续发展理论的基本特征可以归纳为经济可持续发展（基础）、生态（环境）可持续发展（条件）和社会可持续发展（目的）。

1. 可持续发展鼓励经济增长

可持续发展强调经济增长的必要性，必须通过经济增长提高当代人的福利水平，增强国家实力，增加社会财富。但可持续发展不仅要重视经济增长的数量，更要追求经济增长的质量。这就是说经济发展包括数量增长和质量提高两部分。数量的增长是有限的，而依靠科学技术进步，提高经济活动中的效益和质量，采取科学的经济增长方式，才是可持续的。

2. 可持续发展的标志是资源的永续利用和良好的生态环境

经济和社会发展不能超越资源和环境的承载能力。可持续发展以自然资源为基础，同生态环境相协调。它要求在保护环境和资源永续利用的条件下进行经济建设，保证以可持续的方式使用自然资源和环境成本，使人类的发展控制在地球的承载力之内。要实现可持续发展，必须使可再生资源的消耗速率低于资源的再生速率，使不可再生资源的利用能够得到替代资源的补充。

3. 可持续发展的目标是谋求社会的全面进步

发展不仅是经济问题，单纯追求产值的经济增长不能体现发展的内涵。可持续发展的观念认为，世界各国的发展阶段和发展目标可以不同，但发展的本质应当包括提升人类生活质量，提高人类健康水平，创造一个保障人们平等、自由、受教育和免受暴力的社会环境。这就是说，在人类可持续发展系统中，经济发展是基础，自然生态（环境）保护是条件，社会进步才是目的。而三者又是一个相互影响的综合体，只要社会在每一个时间段内都能保持经济、资源和环境的协调，这个社会就符合可持续发展的要求。显然，在新的世纪里，人类共同追求的目标，是以人为本的自然-经济-社会复合系统的持续、稳定、健康的发展。

（三）可持续发展的基本思想

1. 可持续发展不否定经济增长

经济发展是人类生存和进步所必需的，也是社会发展和保持、改善环境的物质保障。对发展中国家来说，发展尤为重要。发展中国家正经受贫困和生态恶化的双重压力，贫困是导致环境恶化的根源，生态恶化会加剧贫困。尤其在不发达的国家和地区，必须正确选择使用能源和原料的方式，力求减少损失、杜绝浪费，减轻经济活动造成的环境压力，从而实现具有可持续意义的经济增长。既然环境恶化的原因存在于经济过程之中，其解决办法也只能从经济过程中去寻找。急需解决的问题是研究经济发展中存在的误区，并站在保护环境特别是保护全部资本存量的立场上去纠正它们，使传统的经济增长模式逐步向可持续发展模式过渡。

2. 可持续发展以自然资源为基础，与环境承载能力相协调

可持续发展追求人与自然的和谐。可持续性可以通过适当的经济手段、技术措施和政府干预得以实现，目的是降低自然资源的消耗速度，使之低于再生速度。如形成有效的利益驱动机制，引导企业采用清洁工艺和生产非污染物品，引导消费者采用可持续消费方式，并推动生产方式的改革。经济活动总会产生一定的污染和废物，但每单位经济活动所产生的废物数量是可以减少的。如果经济决策中能够将环境影响全面、系统地考虑进去，可持续发展是可以实现的。“一流的环境政策就是一流的经济政策”的主张正在被越来

越多的国家所接受，这是可持续发展区别于传统发展的一个重要标志。相反，如果处理不当，治理环境退化的成本将是十分巨大的，甚至会抵消经济增长的成果。

3. 可持续发展以提高生活质量为目标，同社会进步相适应

单纯追求产值的增长不能体现发展的内涵。多年来，学术界关于“增长”和“发展”的辩论已达成共识。“经济发展”比“经济增长”的概念更广泛，意义更深远。若不能使社会经济结构发生变化，不能使一系列社会发展目标得以实现，就不能承认其为“发展”，就是所谓的“没有发展的增长”。

4. 可持续发展承认自然环境的价值

自然环境的价值不仅体现在环境对经济系统的支撑和服务上，也体现在环境对生命支持系统的支持上，应当把生产中环境资源的投入计入生产成本和产品价格之中，逐步修改和完善国民经济核算体系，即“绿色 GDP”。为了全面反映自然资源的价值，产品价格应当完整地反映三部分成本：资源开采或资源获取成本；与开采、获取、使用有关的环境成本，如环境净化成本和环境损害成本；由于当代人使用了某项资源而不可能为后代人使用的效益损失，即用户成本。产品销售价格应该是这些成本加上税及流通费用的总和，由生产者和消费者承担，最终由消费者承担。

5. 可持续发展是培育新的经济增长点的有利因素

通常认为，贯彻可持续发展要治理污染、保护环境、限制乱采乱伐和浪费资源，对经济发展是一种制约、一种限制。而实际上，贯彻可持续发展所限制的是那些质量差、效益低的产业。对这些产业做某些限制，恰恰是在为那些质优、效高，具有合理、持续、健康发展条件的绿色产业、环保产业、保健产业、节能产业等提供发展的良机，培育大批新的经济增长点。

（四）可持续发展的领域

为了全面推动可持续发展战略的实施，国务院印发了《中国 21 世纪初可持续发展行动纲要》（以下简称《纲要》）。这是进一步推进中国可持续发展的重要政策文件。《纲要》提出我国将在 6 个领域推进可持续发展。

第一，经济发展。要按照“在发展中调整，在调整中发展”的动态调整原则，通过调整产业结构、区域结构和城乡结构，积极参与经济全球化，全

方位逐步推进国民经济的战略性调整，初步形成资源消耗低、环境污染少的可持续发展国民经济体系。

第二，社会发展。要建立完善的人口综合管理与优生优育体系，提高人口素质，建立与经济发展水平相适应的医疗卫生体系、劳动就业体系和社会保障体系，大幅度提高公共服务水平，建立健全灾害监测预报、应急救助体系，全面提高防灾减灾能力。

第三，资源保护。要合理使用、节约和保护水、土地、能源、森林、草地、矿产、海洋、气候、矿产等资源，提高资源利用率和综合利用水平。建立重要资源安全供应体系和战略资源储备制度，最大限度地保证国民经济建设对资源的需要。

第四，生态保护。要建立科学、完善的生态环境监测、管理体系，形成类型齐全、分布合理、面积适宜的自然保护区，建立沙漠化防治体系，强化重点水土流失区的治理，改善农业生态环境，加强城市绿地建设，逐步改善生态环境质量。

第五，环境保护。要实施污染物排放总量控制，开展流域水质污染防治，强化重点城市大气污染防治工作，加强重点海域的环境综合整治。加强环境保护法规建设和监督执法，修改完善环境保护技术标准，大力推进清洁生产和环保产业发展。积极参与区域和全球环境合作，在改善中国环境质量的同时，为保护全球环境作出贡献。

第六，能力建设。要建立完善的人口、资源和环境的法律制度，加大执法力度，充分利用各种宣传教育媒体，全面提高全民可持续发展意识，建立可持续发展指标体系与监测评价系统，建立面向政府咨询、社会大众、科学研究的信息共享体系。

为了落实上述任务，《纲要》提出了6项保障措施。一是运用行政手段，提高可持续发展的综合决策水平。二是运用经济手段，建立有利于可持续发展的投入机制。三是运用科教手段，为推进可持续发展提供强有力的支撑。四是运用法律手段，提高全社会实施可持续发展战略的法制化水平。五是运用示范手段，做好重点区域和领域的试点示范工作。六是加强国际合作，为国家可持续发展创造良好的国际环境。

（五）我国在实施可持续发展战略方面面临的矛盾和问题

制约中国可持续发展的突出矛盾主要是：经济快速增长与资源大量消耗、生态破坏之间的矛盾，经济发展水平的提高与社会发展相对滞后之间的矛盾，区域之间经济社会发展不平衡的矛盾，人口众多与资源相对短缺的矛盾，一些现行政策和法规与实施可持续发展战略的实际需求之间的矛盾，等等。

亟待解决的问题主要有：人口综合素质不高，人口老龄化加快，社会保障体系不健全，城乡就业压力大，经济结构不尽合理，市场经济运行机制不完善，能源结构中清洁能源比重仍然很低，基础设施建设滞后，国民经济信息化程度依然很低，自然资源开发利用中的浪费现象突出，环境污染仍较严重，生态环境恶化的趋势没有得到有效控制，资源管理和环境保护立法与实施还存在不足。

随着经济全球化的不断发展，国际社会对可持续发展与共同发展的认识不断深化，行动步伐有所加快。中国应进一步发挥政府在组织、协调可持续发展战略中的作用，正确处理好经济全球化与可持续发展的关系，积极参与国际合作，维护国家的根本利益，保障国家的经济安全和生态环境安全，促进中国可持续发展战略的顺利实施。

（六）中国可持续发展的总体目标

中国可持续发展的总体目标是：中国可持续发展能力不断增强，经济结构调整取得显著成效，人口总量得到有效控制，生态环境明显改善，资源利用率显著提高，促进人与自然的和谐，推动整个社会走上生产发展、生活富裕、生态良好的文明发展道路。

第一，通过国民经济结构战略性调整，完成从“高消耗、高污染、低效益”向“低消耗、低污染、高效益”的转变。促进产业结构优化升级，减轻资源环境压力，改变区域发展不平衡，缩小城乡差别。

第二，继续大力推进扶贫开发，进一步改善贫困地区的基本生产、生活条件，加强基础设施建设，改善生态环境，逐步改变贫困地区经济、社会、文化的落后状况，提高贫困人口的生活质量和综合素质，巩固扶贫成果，尽快使尚未脱贫的农村人口解决温饱问题，并逐步过上小康生活。

第三，全面提高人口素质，建立完善的优生优育体系和社会保障体系，基本实现人人享有社会保障的目标；社会就业比较充分；公共服务水平大幅度提高；防灾减灾能力全面提高，灾害损失明显减少。加强职业技能培训，提高劳动者素质，建立健全国家职业资格证书制度。

第四，合理开发和集约高效利用资源，不断提高资源承载能力，建成资源可持续利用的保障体系和重要资源战略储备安全体系。

第五，全国大部分地区环境质量明显改善，基本遏制生态恶化的趋势，重点地区的生态功能和生物多样性得到基本恢复，农田污染状况得到根本改善。

第六，形成健全的可持续发展的法律、法规体系；完善可持续发展的信息共享和决策咨询服务体系；全面提高政府的科学决策和综合协调能力；大幅度提高社会公众参与可持续发展的程度；参与国际社会可持续发展领域合作的能力明显提高。

四、配第-克拉克定理

17世纪，英国经济学家威廉·配第（William Petty）第一次研究探讨了产业结构、劳动力流动和经济增长的内在联系，得出从事不同行业的劳动者收入在经济水平上产生差异的结论。配第对英、法、荷三国的经济结构进行了梳理，并在此基础上对其背后的形成因素进行了深入挖掘，发现商业、工业和农业的产值收入依次递减。配第还指出，直接影响劳动力转移的一个重要因素就是这种产业间产值收入的差异，劳动力会随着产值收入的浮动进行流动。基于这个研究发现，英国学者科林·克拉克（Colin Clarke）利用费雪的三次产业分类方法，摸索规律，通过对产业结构演变规律的归纳总结，进行了扩展研究。配第-克拉克定理的核心思想是，在经济发展的不同阶段，主导产业会依次交替。一方面，随着经济的发展，劳动力也会为了自身需求，逐步从第一产业依次向第二产业、第三产业转移。另一方面，随着劳动力的不断流动，越来越多的劳动力成为工人，致使工业在国民经济中所占的比重不断提高，最终会形成以第一、二、三产业从上至下依次减少的倒金字塔型的产业结构。配第-克拉克定理以三次产业分类法为基本框架，收入弹性差别和投资报酬（技术进步）的差别是其主要形成机制。

五、环境库兹涅茨曲线理论

20 世纪 40 年代，美国经济学家库兹涅茨（Kuznets）对经济增长的 3 个特点进行了分析和总结：第一，经济增长的数量特征体现在人口数量的高增长、产出产量的高增长和生产效率的高增长。第二，经济增长的结构特征表现为产业结构的转型。产业比重由第一产业占比最多转变为第二产业占比最多，最后达到第三产业的占比优势，产业结构的转变主要表现为产业结构比重的变化。第三，各国经济发展不平衡的特征在国际上已经有所表现。由于产业结构随经济发展变化而变化，库兹涅茨决定分析多个国家的国民收入和劳动力的总体情况。研究发现，对于产业增加值与其从业人员的比值，第一产业多数在 1 以下，相对于国民收入而言呈递减趋势；而第二、三产业大多在 1 以上，呈递增趋势。然而，工业化水平的差异性也会导致各个产业部门中不同劳动力的相对比重发生变化。第二产业对一国国民收入增长、国家的经济增长的贡献最为显著，尤其是人均国民收入的增长幅度，而第三产业对劳动力的吸纳作用更强，整体上工业生产总值在经济发展过程中呈现出 U 形的变化趋势。因此，在经济发展过程中，依据库兹涅茨曲线，潘纳约托（Panayotou，1966）进一步将体现经济发展的人均收入与生态环境质量放入同一研究曲线，绘制出反映二者关系的环境库兹涅茨曲线（Environmental Kuznets Curve，EKC）。

六、霍夫曼定理

20 世纪 30 年代，关于制造业中的消费数据、工业生产与生产资料、工业生产之间的比率关系，是德国经济学家霍夫曼在扩展研究工业化过程中的产业结构演变规律时测算出来的。研究发现，随着工业化进程的持续推进，工业化程度加深，霍夫曼比例将逐步下降。从理论上来说，工业化进程可以从早期的资本品工业落后到最后超过消费品工业占统治地位，按照霍夫曼比例（消费品工业与资本品工业的比值）等于 5、2.5、1 和小于 1 分为 4 个阶段。这就是著名的霍夫曼定理。该定理的核心思想是：第一阶段，资本品工业生产尚不发达，在工业化过程中，制造业以消费品工业为主；到了第二阶段，资本品生产的速度比消费品生产的速度更快，但规模依然排在第二位；进入第三阶段后，资本品工业规模不断扩大，并与消费品工业呈现出均衡的发展态势；到了第四阶段，资本品工业超越消费品工业，一家独大的局面就出现在前者上。

七、复杂系统理论

复杂系统理论是研究由多个相互作用的组成部分所构成的系统的行为、结构和演化规律的一种跨学科领域。其核心思想是将系统视为由多个部分组成的整体，这些部分之间的相互作用和反馈会影响整个系统的运行。这些部分通常被称为系统的“元素”，它们之间的相互作用和反馈被称为“动态过程”。研究目的就是揭示这些元素和动态过程之间的演化规律，从而更好地理解和管理这些复杂的互动过程。复杂系统理论中，通常将一个复杂系统分解为多个相互作用的子系统，以更好地理解系统的结构和行为。

在这个理论框架下，本书研究的产业结构、经济和生态环境可以被视为相互作用的 3 个子系统，它们共同构成了一个复杂的复合系统。产业结构的变化会对经济系统的运行产生影响，经济发展的质量和速度会直接影响生态环境的质量，生态环境的质量也会对经济发展和产业结构的调整产生影响。因此，综合考虑产业结构、经济和生态环境 3 个子系统间的相互作用和反馈，有利于我们深入了解整个复合系统的互动过程，为制定政策提供参考。

八、协调发展理论

20 世纪 70—80 年代，经济学家亚诺什·科尔奈针对社会主义经济问题提出了“只有和谐的增长才是健康增长”的协调发展理念。同时，我国也提出了协调发展并深入研究。我国提出的“统筹发展”和“科学发展观”正是协调发展理论在中国背景下的体现。协调指将各子系统作为一个整体，通过系统的相互作用与平衡充分发挥系统整体功能，从而达到系统相互促进发展的最佳状态；发展是指事物不断演变和壮大、新事物代替旧事物的过程。协调发展的目标就是整体水平的提高和全局的优化。在各系统发展的过程中，还要注重系统间的协同合作，不能为了经济发展牺牲生态环境和产业结构的合理性，否则会导致社会不可持续的发展。

第三节 产业结构、经济发展和生态环境关系分析

一、产业结构和经济发展关系分析

产业结构和经济发展的关系如图 2-1 所示。

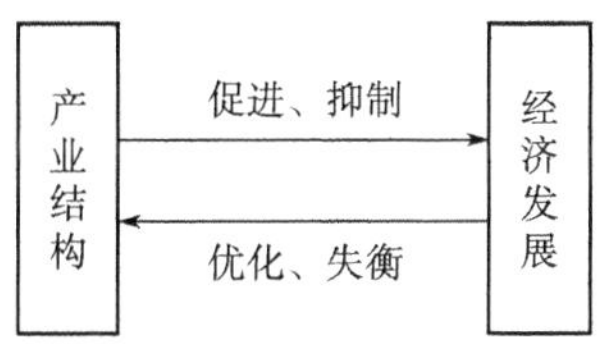

图 2-1 产业结构和经济发展的关系

对于产业结构对经济发展的影响，主要从产业结构合理化和高级化的角度进行分析。产业结构合理化即资源分配合理，产业间发展协调。只有资源配置有效，经济才会呈现增长趋势。产业结构越合理，资源配置和资源利用的效率越高，越有助于经济有序发展。同时，产业结构合理化有利于平衡市场的供给和需求，从而保证国民经济有效运行，利于经济增长；反之，产业结构不合理则会导致经济发展缓慢甚至抑制经济发展。产业结构高级化意味着内部产业结构发生根本性改变。例如，产业重心由农业向非农业产业的转变，劳动力由劳动密集型产业向知识和技术密集型产业转移，非农业产业生产效率明显高于农业，可提高国民经济水平。但是，产业结构高级化对经济发展的影响也存在负面效应。例如，新兴产业的产生必然会伴随新型技术的产生，若技术跟不上产业的发展，则会导致经济发展缓慢。经济发展过程中，技术与资金从农业逐渐流向非农业产业，导致要素分配改变产业结构不断变化且持续优化。同时，经济发展提升了居民生活水平，市场需求有所改变，而供应商会根据市场需求改变自己的供给策略，这样也会改变产业结构并促进产业结构升级。但过度追求经济增长可能导致资源过度集中在一些传统行业上，使得这些行业相对于其他新兴行业更有优势，而这些新兴行业又可能是未来的发展方向，以致产业结构失衡，影响经济长期发展。

二、产业结构和生态环境关系分析

产业结构和生态环境的关系如图 2-2 所示。

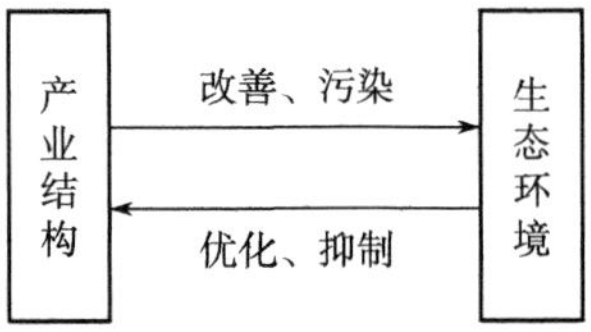

图 2-2　产业结构和生态环境的关系

产业结构与生态环境间存在着紧密联系，既相互促进又相互抑制。从产业结构对生态环境的影响角度看，不同的产业所需的自然资源种类不同且总量也不同，因此产业结构分配不合理会使资源利用失衡且某些自然资源也会迅速消耗，若消耗的为不可再生资源，则资源消耗到某种程度会抑制相应产业的发展；若资源的消耗带来重污染等问题，则生态环境会持续恶化。对于产业发展来说，第二产业对生态环境的破坏程度大于第一、三产业，因为许多重工业生产过程中需要的矿产和燃料较多，产生的污染物较多。第一产业以农业为主，资源集中在土地方面，若土地利用没有限度，例如农民为获得更多的土地资源来耕作而砍伐树木，就会出现土地沙漠化问题；化肥的无限使用也会破坏土壤结构，使土质变差，农作物产量下降。由于第三产业以服务业为主，因此资源消耗和污染排放相对较少，给生态环境带来的压力也相对较小。同时，第三产业若发展迅速，可能带来更加高级的技术，反过来应用于第二产业，可以有效减少资源消耗量和污染产生量。从生态环境对产业结构的影响角度看，若产生的污染超过了生态环境最大承载力，就会抑制产业结构的升级，这种相互抑制的恶性循环会使产业结构和生态环境同时向坏的方向发展。

总的来说，产业结构优化促使资源高效利用，减少污染排放，提高生态质量；不合理的产业结构破坏生态平衡，加剧环境恶化，尤其需关注工业产生的污染排放量。良好的生态环境促使产业结构优化，进而继续提高生态质量；生态环境恶化所需治理成本较高，致使资金、技术和人力流失，因此产业结构的优化难度增加，抑制经济发展。

三、经济发展和生态环境关系分析

经济发展和生态环境的关系如图 2-3 所示。

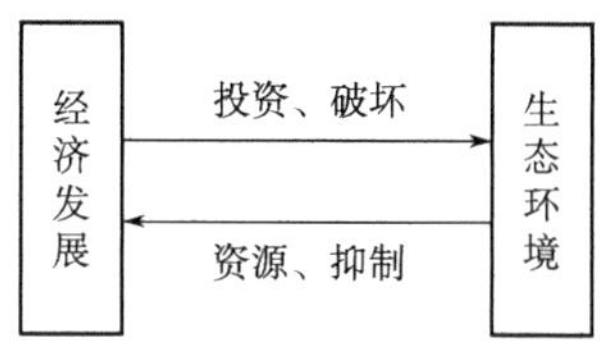

图 2-3　经济发展和生态环境的关系

经济发展不只是经济水平的提升，其过程还存在对生态环境的潜在影响，两者间既相互促进又相互约束。一方面，经济发展提高了人民收入水平，人们获得了更多的幸福感和获得感，使得国民整体生活水平得到了实质性的飞跃。但经济发展过程中的工业化必定会破坏生态环境，使水污染和大气污染等问题加剧，环境污染反过来又会抑制经济发展。另一方面，生态环境为经济发展提供大量资源和能源，推动经济发展，反过来经济发展为生态环境的治理提供大量资金、人力等必要的物质基础以及更加有效的技术措施，进而改善生态环境，经济发展与生态环境间形成良性循环。因此，在推动经济发展的同时需考虑生态环境，避免环境恶化，必须保证经济发展与生态环境保护相互协调，齐头并进。

四、产业结构、经济发展和生态环境关系分析

综上所述，产业结构、经济发展和生态环境之间存在着复杂的互动关系，具体如图 2-4 所示。

一方面，合理的产业结构对经济发展有着推动作用，经济高质量发展可以为环保产业提供环保技术等，推动环境保护和生态修复工作的开展，进而改善生态环境，而生态环境的改善反过来又可以为经济发展提供资源和能源，同时促进产业结构的优化，三者间可形成良性循环。另一方面，经济发展若只追求速度、不注重质量，则会消耗生态系统中的大量资源和能源，资源短

缺导致产业发展面临困境，难以保证经济的发展；同时，生态环境恶化会影响自然资源的可持续利用，进而给农业和渔业等产业的生产和发展带来负面影响，产业结构不合理则会抑制经济发展和生态环境的改善，进而形成恶性循环。因此，产业结构、经济发展和生态环境三者既相互促进又相互抑制，需要进行平衡和协调。

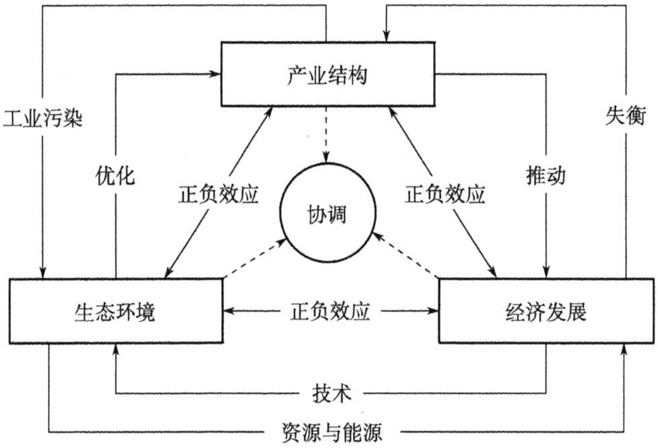

图 2-4　产业结构、经济发展和生态环境的关系

第四节　产业结构、经济发展和生态环境现状分析

前面对产业结构、经济发展和生态环境的概念和基本理论基础进行了说明，下面介绍我国产业结构、经济发展和生态环境的现状。产业结构主要从三次产业产值占比、三次产业就业人数占比、产业结构合理化与产业结构高级化 4 个角度进行说明，通过产业结构合理化和产业结构高级化两个指标展示我国产业结构合理化程度和产业发展趋势，通过三次产业产值占比和就业人数占比展示各产业及其从业人员的具体变动情况。经济发展方面，通过 GDP、居民可支配收入和研发（R&D）经费投入 3 个指标展示我国经济水平、居民生活水平和科研水平。生态环境方面，主要从工业源污染物排放量、能源消费总量和工业污染治理 3 个方面展示我国能源消耗、污染物排放和污染

治理水平情况。数据均来自《中国统计年鉴》《中国能源统计年鉴》和各省份统计年鉴等。

一、产业结构现状

（一）三次产业产值占比

三次产业指的是以农业为主的第一产业、以工业为主的第二产业和以服务业为主的第三产业，它们是一个国家或地区产业结构的基本组成部分。图 2-5 展现了中国 2009—2020 年的第一、二、三产业产值占比情况。

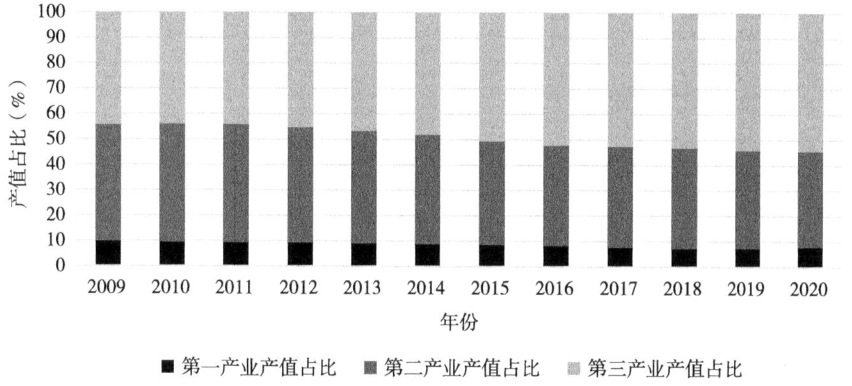

图 2-5　2009—2020 年中国三次产业产值占比情况（%）

2020 年，我国 GDP 高达 1 015 986 亿元，首次突破 100 万亿元，同比增长 2.3%；其中第一产业占比为 7.65%，第二产业占比为 37.82%，第三产业占比为 54.53%。三次产业的占比变化为：第三产业比重逐年上升，由 2009 年的 44.41%上升至 2020 年的 54.53%，增长 10.12 个百分点。2009—2019 年的第三产业产值增长速度上升，但 2020 年较 2019 年增速仅为 0.26%，且 2020 年与 2019 年比较，第三产业比重不升反降。近几年的第三产业比重均为 50%以上，超过了第一产业和第二产业产值的总和，成为我国经济发展的重要支柱。第二产业比重一直处于下降趋势，第一产业比重也在逐渐下降但幅度较小，近几年来维持在 7%~8%。三次产业结构由 2009 年的 9.64∶45.96∶44.40 变为 2020 年的 7.65∶37.82∶54.53。第一产业保持平稳；第二产业加快转型升级，由高速增长转为高质量增长，以创新驱动为主；第三产业以服务业为主，发展迅速，产业结构不断优化，转型升级效果明显。

（二）三次产业就业人数占比

三次产业就业人数占比可以提供关于产业结构和各产业就业情况的重要信息，有助于了解一个国家的劳动力市场情况。图 2-6 展现了我国 2009—2020 年三次产业的就业人数及其占比情况。

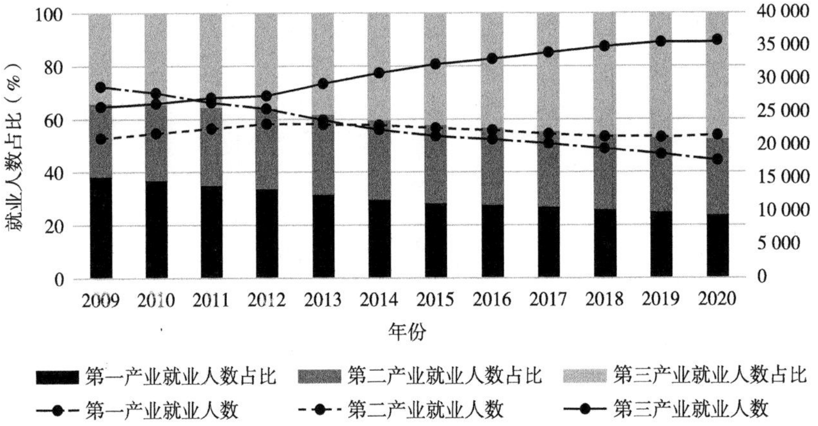

图 2-6 中国三次产业就业人数占比情况（2009—2020 年）

2020 年全国就业人数有 7.5 亿人，其中第一、二、三产业就业人数分别为 17 715 万人、21 543 万人和 35 806 万人，占比分别为 23.6%、28.7%和 47.7%。第一产业就业人数和占比呈下降趋势；第二产业就业人数呈先增后减的趋势，占比始终在 28%左右波动；而第三产业就业人数增长率较高，2009 年占全国就业人数的 1/3，到 2020 年几乎占全国就业人数的一半，尤其在 2012—2013 年增速较快。2011 年，第三产业就业人数首次超过第一产业，而在最近几年，该产业就业人数更是遥遥领先于第一、二产业，成为我国吸纳人才的支柱产业。2014 年，第二产业就业人数赶超第一产业，成为第二大吸纳人才的产业。

通过三次产业产值和就业人数的综合分析可以知道，第三产业的迅速发展是必然的。随着我国工业化和经济的持续发展，人们在原先单纯的物质需求的基础上增加了更加多元化的精神需求，如娱乐、教育和文化等。也正因为要满足这些需求，我国加快了以服务业为主的第三产业发展，不仅促进了经济增长，也为人们提供了更多的就业机会，吸纳了更多的人才。

（三）产业结构合理化

社会的发展催生新产业，产业结构随之变化。三次产业间的关系及配比逐渐合理化和高级化可以看作产业结构优化的过程，两者相互作用并影响。下面将从产业结构合理化和产业结构高级化两个方面分别介绍我国的产业结构优化情况。

产业结构合理化的目标是提高经济水平，通过科学技术创新和充分利用现有资源条件，对不合理的产业结构进行优化调整，实现产业要素间的协调。产业结构合理化指数采用泰尔指数表示，公式如下：

$$TL = \sum_{i=1}^{n}\left(\frac{Y_i}{Y}\right)\ln\left(\frac{Y_i/Y}{L_i/L}\right) = \sum_{i=1}^{n}\left(\frac{Y_i}{Y}\right)\ln\left(\frac{Y_i/L_i}{Y/L}\right) \tag{2-1}$$

其中，Y_i、Y、L_i、L 分别为第 i 产业产值、国内生产总值、第 i 产业就业人数、三次产业总就业人数；$\frac{Y_i}{L_i}$ 表示第 i 产业的劳动生产率。当经济处于均衡状态时，三次产业的劳动生产率相等，此时 $TL=0$。因此，TL 越接近 0，产业结构越趋于均衡和合理。

由图 2-7 可知，全国产业结构合理化指数由 2009 年的 22.75 下降至 2020 年的 10.1，说明产业结构资源配置越来越合理。尤其在 2019—2020 年，产业结构合理化指数大幅度降低，下降幅度达 55.6%，而其余年份的产业结构合理化指数变化幅度较小，可能是因为 2019 年末的新冠疫情影响到了产业结构的合理化程度。从区域角度看，2009—2020 年的区域产业结构合理化指数由小到大分别为东部、东北、中部和西部地区，表明东部和东北地区的产业结构最为合理，而西部地区最不合理。这是因为西部地区是我国主要的农业发展区域，第一产业就业人数较多，由于西部地区的历史条件和地理位置等原因，其工业化基础较东中部地区弱，故产业结构水平低，但西部大开发战略的实施促进了产业结构转型升级，使产业结构趋于合理化；东部地区基本处于沿海地段，对外贸易便利且发达，也是我国主要的工业基地。总之，我国四大地区的地理位置、历史条件和产业基础等都存在着较大的差异，因此各区域的产业结构存在明显差异。

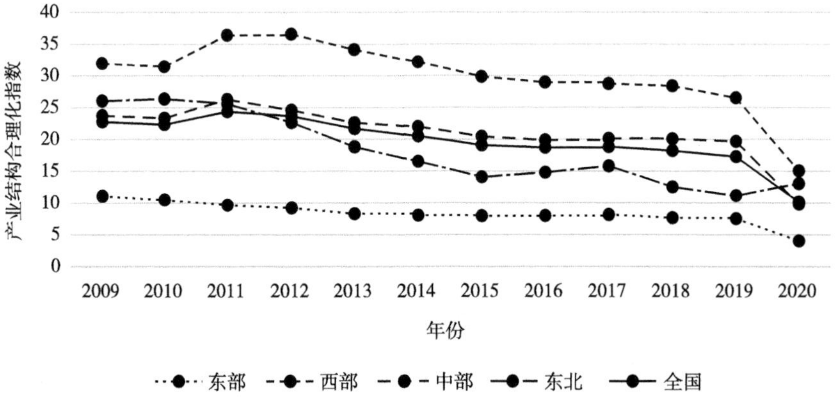

图 2-7　中国及四大区域产业结构合理化指数（2009—2020 年）

（四）产业结构高级化

产业结构合理化仅表示产业结构的合理化程度，并不能代表我国产业发展趋势，因此引入产业结构高级化概念，其可以展示产业结构的演进方向，即通过产业结构调整实现产业重心由第一产业向第二产业或第三产业转移的过程。产业结构高级化指数用第三产业产值与第二产业产值的比表示，该指数大，表示我国产业重心逐渐向着以服务业为主的第三产业转移。

由图 2-8 可知，产业结构高级化指数虽有波动，但呈上升趋势，说明我国的产业重心向第三产业转移。随着我国社会发展和科技水平的进步，传统产业正在加速转型，诞生很多新兴产业，第三产业的迅速发展是必然结果。若产业结构高级化指数小于 1，说明第三产业产值少于第二产业产值；若产业结构高级化指数大于 1，说明第三产业产值已经超过了第二产业产值。近 5 年来我国各区域及全国的产业结构高级化指数不断上升且均大于 1，说明第三产业产值已经远超第二产业产值，尤其是东部地区 2020 年的产业结构高级化指数已经大于 2，表明第三产业产值是第二产业产值的 2 倍以上。

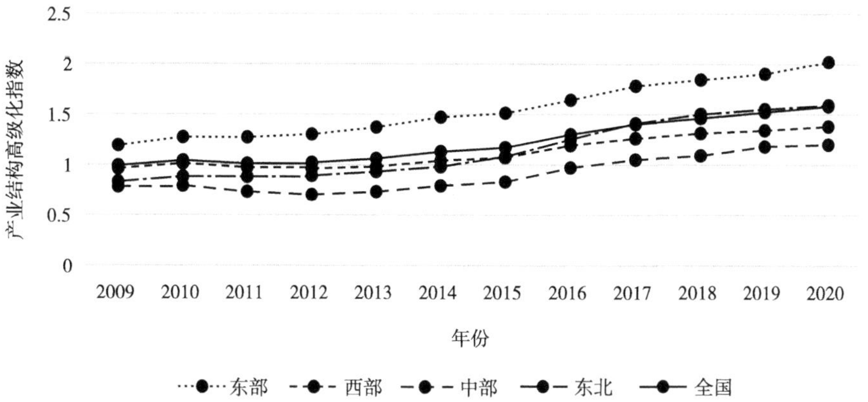

图 2-8　中国及四大区域产业结构高级化指数（2009—2020 年）

二、经济发展现状

（一）国内生产总值

国内生产总值（GDP）是衡量一个国家或地区经济活动总量的指标，GDP 越高，说明一个国家的经济越发达。图 2-9 展现了我国及四大区域 2009—2020 年的 GDP 发展趋势。

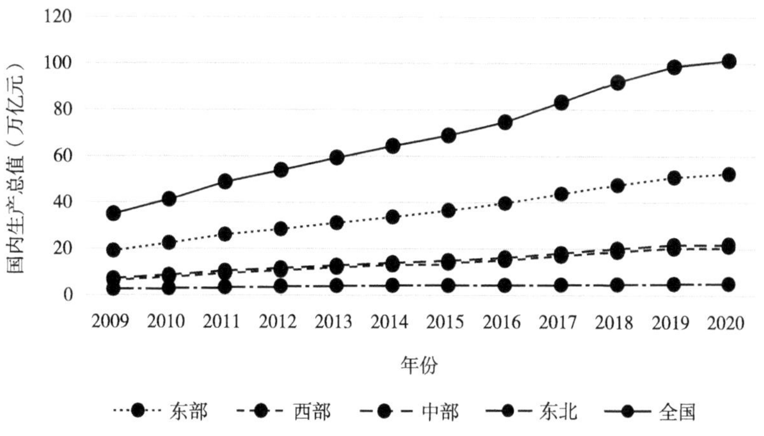

图 2-9　中国及四大区域国内生产总值（2009—2020 年）

2020 年，我国 GDP 达 1 013 567 亿元，同比增长 2.3%，是研究期内 GDP

增速最低的一年。总的来看，2010 年左右的 GDP 年增长速度在 9%~11%，而最近几年内，GDP 年增速放缓且处于下降状态，围绕在 6%左右，由此我国逐步进入经济增长新常态阶段。随着我国经济减速增长，有些学者认为，产业结构升级优化伴随着经济减速增长，表明我国经济将会在产业结构的调整中面临挑战和风险。四大地区的 GDP 明显逐年增加，从区域 GDP 占全国比例看，2020 年我国东部地区对全国 GDP 的贡献率高达 51.85%，超过全国经济总量的一半，其次是中部、西部和东北，GDP 占全国的比例分别为 21.75%、20.83%和 5.0%。从 GDP 年增速角度看，2020 年，东部地区 GDP 增速为 2.83%，高出全国平均水平 0.53 个百分点，属于全国经济发展较为发达的地区；中部和东北地区 GDP 增速分别为 1.91%和 1.33%，低于全国平均水平；而西部地区 GDP 增速最快，为 3.89%。

（二）居民可支配收入

居民可支配收入是指居民在一定时期内获得的总收入减去所支付的税费和社会保障费用后剩余的可支配部分，是评估个人、家庭和社会经济状况的重要指标之一。图 2-10 展现了我国城镇居民和农村居民的人均可支配收入及其年增长率，从中可以了解我国的城乡差距。

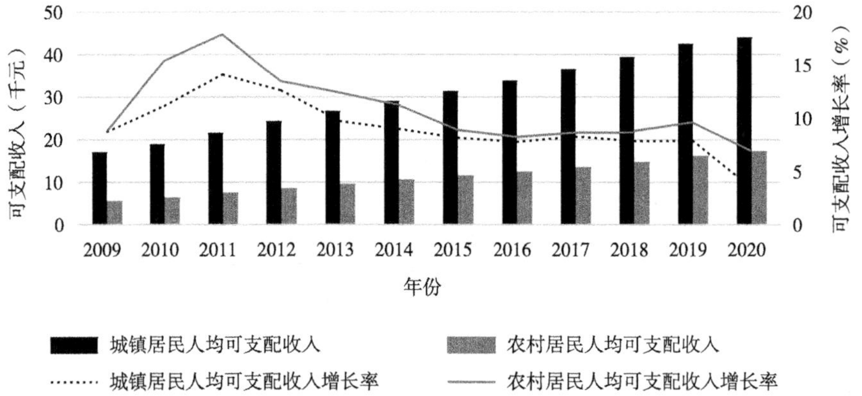

图 2-10　中国城镇与农村居民人均可支配收入（2009—2020 年）

2009—2020 年，我国城镇和农村居民的人均可支配收入均不断提升，但农村居民人均可支配收入的增长速度明显高于城镇居民，并且城镇居民与农村居民的人均收入比由 2009 年的 3.11 下降至 2020 年的 2.55，表明尽管农村和城镇间还存在很大差距，但这种差距正在不断缩小。2021 年中央一号文件提出，到 2025 年，脱贫攻坚成果巩固拓展，城乡居民收入差距持续缩小，增加农村收入成为重大战略。习近平总书记明确指出，新发展阶段必须将共同富裕作为重要目标。

（三）R&D 经费投入

R&D 经费投入是指一个国家、企业或组织在研究和开发活动上的资金支出。R&D 经费投入的增加可以推动技术创新，提升经济竞争力。图 2-11 展现了我国及四大区域 2009—2020 年的 R&D 经费投入情况。

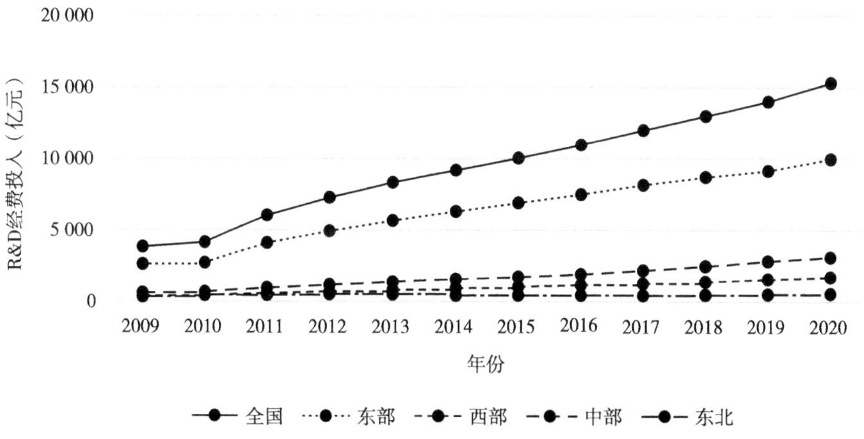

图 2-11　中国及四大区域 R&D 经费投入（2009—2020 年）

中国及四大区域的 R&D 经费投入逐年增加，全国经费投入已超 15 000 亿元。东部地区接近 10 000 亿元，是四大区域中研发投入和研发能力最高的区域。其次是中部、西部和东北地区，相比于东部地区而言，3 个区域的研发程度低，需继续加大创新和研发投入。2020 年，全国科研经费投入同比增长 9.36%，东北、西部和中部地区经费投入分别增长 10.49%、10%和 9.9%，高于全国平均水平；而东部地区增速为 9.02%，低于全国水平。这说明东部地区的研发投入和水平很高，同时其余三大区域紧跟东部地区，虽然差距还是很大，但在逐渐缩小。

三、生态环境现状

（一）工业源污染物排放量

为了解我国工业产生或排放的污染物总量和废物利用情况，本书选取了4种指标对其进行说明，分别为工业废水排放量、工业二氧化硫排放量、工业固体废物产生量和一般工业固体废物综合利用率（如表2-1所示）。

表2-1　中国工业源危险物排放量（2009—2020年）

年份	工业废水排放量（亿吨）	工业二氧化硫排放量（万吨）	工业固体废物产生量（万吨）	一般工业固体废物综合利用率（%）
2009	234	1 866	203 943	67.76
2010	238	1 864	240 943	67.14
2011	231	2 017	322 772	60.48
2012	222	1 911	329 044	61.53
2013	210	1 835	327 702	62.84
2014	205	1 740	325 620	62.75
2015	200	1 556	327 079	60.78
2016	196	771	371 237	56.84
2017	190	530	386 751	53.31
2018	186	447	407 799	53.18
2019	180	395	440 810	52.65
2020	177	318	367 546	55.45

相比于2009年，近几年的工业废水排放量明显下降，2019年和2020年的工业废水排放量分别达180亿吨和177亿吨，同比分别降低3.23%和1.67%。工业废水对我国的生态环境造成了很大的影响。一方面，工业废水流入湖泊河流，导致周围环境污染；另一方面，工业废水渗入地下，间接影响了当地居民的生活质量和身体健康。

工业二氧化硫排放量在2019年和2020年分别为395万吨和318万吨，同比分别降低11.63%和19.49%，我国污染防治措施效果明显。工业工程中的煤和石油等能源进行燃烧会直接产生二氧化硫，经过一系列的反应会生成酸雨，进而对我国土壤、水质、植物等产生直接影响，并间接影响人民身体健康。

我国工业化进程的不断推进致使更多的工业固体废物产生，由 2009 年的 203 943 万吨上升至 2019 年的 440 810 万吨，增幅高达 116.14%。

尽管我国的工业固体废物产生量一直在增加，但我国的一般工业固体废物综合利用率一直在降低，由 2009 年的 67.76%降至 2020 年的 55.45%，说明在工业固体废物利用方面，要尽量减少固体废物的排放量，合理利用废弃物，提升固体废物利用水平。

随着经济建设的持续推进，环境污染不可避免。本书选用的 284 个地级市 2015—2022 年废气污染物排放量如图 2-12 所示。可以看出，2022 年全国二氧化硫排放量为 260.8 万吨，氮氧化物排放量为 920 万吨，颗粒物排放量为 493.38 万吨，相较于 2015 年已大幅度下降。尽管污染物排放量呈逐年下降趋势，但产业结构亟待调整，生态环境亟待保护，污染排放量仍处于较高水平。

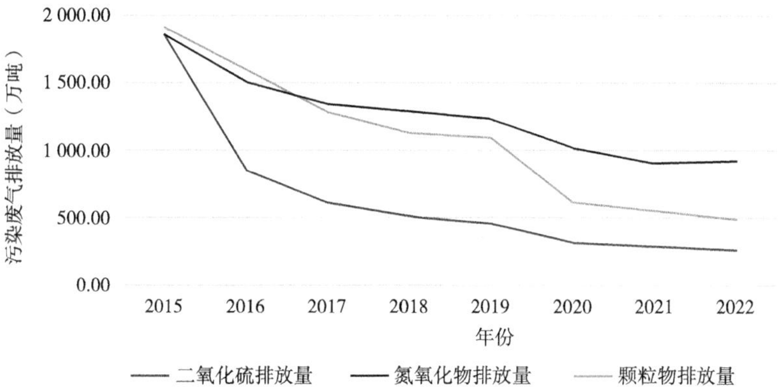

图 2-12　全国废气污染物排放量（2015—2022 年）

资料来源：《中国统计年鉴》《中国城市统计年鉴》。

（二）能源消费总量

能源消费总量是指一个国家或地区在一段时间内使用的总能源量。大量的能源消费通常伴随着温室气体排放、空气污染和其他环境问题。因此，较高的能源消费总量可能表明环境压力增加，减少能源消费总量对环境保护有着重要作用。图 2-13 展现了我国及四大区域 2009—2020 年的能源消费总量及变化趋势。

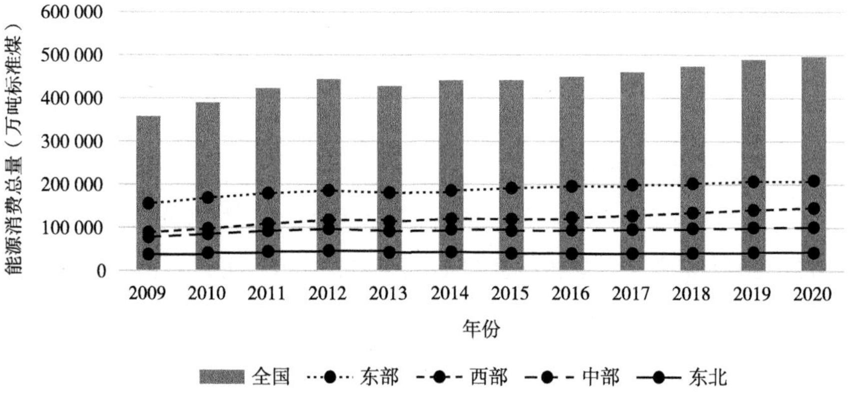

图 2-13　中国及四大区域能源消费总量（2009—2020 年）

2020 年我国能源消费总量为 496 461 万吨标准煤，同比增长 1.46%，而 2010 年同比增长 9.03%。虽然我国能源消费总量持续增长，但其增速变得越来越缓慢。

从区域角度看，东部地区主要包含京津冀、长三角和珠三角。其中，京津冀地区经济迅速发展，致使能源消费持续增长，能源紧张；长三角化石能源消费占比高，尤其是煤炭消费；珠三角是我国对外开放的重要地区，能源需求量较大。西部地区煤炭存储量约占全国的 70%，同时蕴含大量石油、天然气、水、光伏和太阳能等资源，是我国能源安全的重要基石。西部能源消费增速始终快于东部，这是因为东部地区的高耗能产业向西部转移，推动西部地区充分利用光伏和水、电能等可再生资源，继而东部减少对煤炭等化石能源的需求，降低碳排放，西部地区通过东部的产业转移将新能源转化为低碳发展优势，进一步促进区域间的协调发展。中部地区能源分配不平衡，但水资源丰富，是我国重要的水电基地。近年来，中部地区能源消费总量持续增长，且存在供不应求的问题。东北地区是我国重要的能源基地，能源生产和资源密集型行业占比高，化石能源消费高，但其产业链短，需依靠区域外市场拉动，缺乏主动调控。总之，我国能源方面的主要问题是能源结构不均衡，能源消费较高且新能源利用率低，容易致使环境恶化。因此，充分合理开发新能源可以减少环境污染，并且可以有效解决能源短缺问题。

万元 GDP 能耗是指每产生一万元 GDP 所消耗的能源量。该指标反映了我国经济发展对能源消费的依赖程度。图 2-14 展现了我国及四大区域 2009—2020 年的万元 GDP 能耗情况。

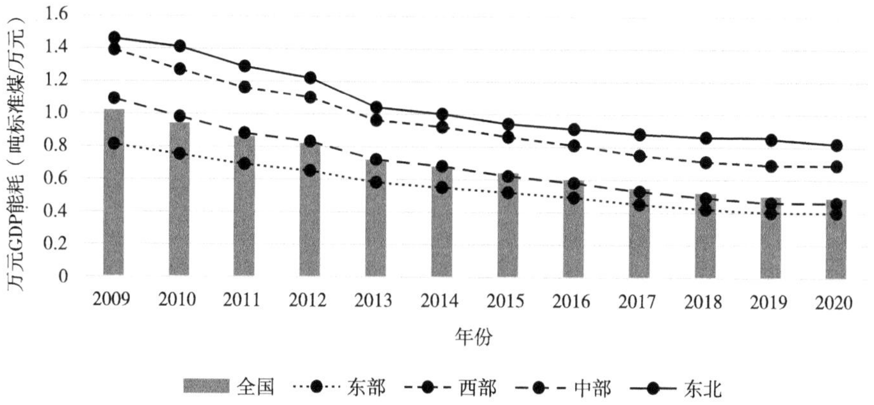

图 2-14　中国及四大区域万元 GDP 能耗（2009—2020 年）

从时间层面看，我国四大区域及全国的万元 GDP 能耗逐渐降低，2020 年其值均处于 1 吨标准煤/万元以下，说明我国生态文明建设取得了明显成就。同时，服务业对能源的需求远不如工业多，因此产业结构的优化从侧面降低了万元 GDP 能耗。从地理位置角度看，东北和西部地区的万元 GDP 能耗要高于中部和东部地区，但近几年的差距逐渐缩小。

（三）工业污染治理

工业污染治理投资总额是指在工业领域进行污染治理所投入的资金总量，它体现了对环境的关注和保护。图 2-15 反映了我国及四大区域 2009—2020 年工业污染治理投资总额情况。

2009—2014 年，全国及四大区域的工业污染治理投资总额均处于增加状态，在 2014 年达到顶峰，全国投资总额接近 1 000 亿元，东部地区突破 400

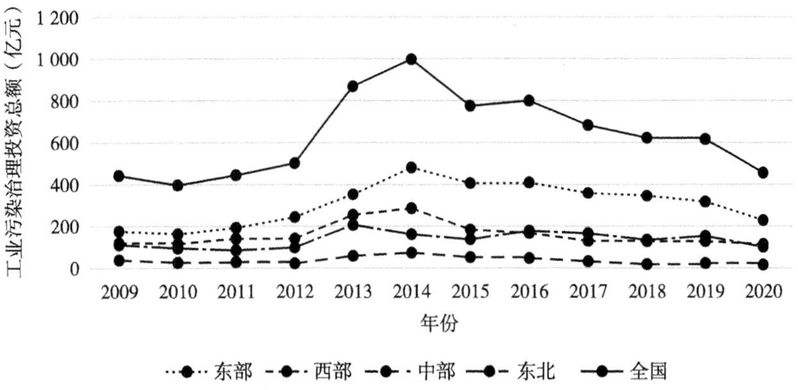

图 2-15　中国及四大区域工业污染治理投资总额（2009—2020 年）

亿元，这既说明我国对工业污染治理特别重视，也说明我国的污染程度十分严重。但在 2014 年之后，工业污染治理投资总额一直处于下降状态，可能是因为当一定的治理措施实施后，工业污染得到了一定程度的控制，因而可以适当减少污染所需的技术和资金投入。投资总额到了一定程度后投入增加的效益逐渐减弱，因此，治理投资会先增加后减少。

综上所述，目前我国第三产业占比已超过了全部 GDP 的一半，产业结构优化明显，促进了经济发展；同时第三产业的从业人员逐年增多，在 2020 年也几乎占据全国从业人员的一半，第三产业发展迅速。2020 年，国内生产总值突破百万亿元，并且由经济高速增长逐渐向高质量发展转变，人民生活水平不断提升，城乡差距逐渐缩小，经济增长进入新常态阶段。虽然我国生态环境状况有所改善，但固体废弃物综合利用率较低，不能很好地循环利用废弃物，还需进一步加强生态环境的治理。整体来说，我国产业结构、经济发展和生态环境均向好发展，但由于部分地区经济发展水平低，产业结构优化程度不高，高污染高排放企业排放超标现象仍然存在，在一定程度上抑制了技术创新，不利于产业结构、经济发展和生态环境的更好发展。因此，提高三者间的耦合协调发展水平并探讨协调发展的影响因素具有重要意义。

第三章　产业结构调整对经济、生态环境的影响

第一节 产业结构调整对经济、生态环境影响的理论

产业结构调整对一个国家或地区的经济、生态环境具有重要的影响。本章将产业结构调整、经济增长与生态环境纳入同一分析框架中，综合分析产业结构调整对经济、生态环境的政策影响、空间效应及非线性影响，并根据研究结果给出相应的政策建议。

产业结构调整的研究虽起步较早，并且已经形成了较为完整的理论体系，但是以政策效果为切入点，分析其对经济、生态环境影响的研究较少，从更为细微的分阶段和分区域的研究中总结和概括产业结构调整对经济、生态环境的影响及其变化的成果则更为缺乏。本书从产业结构调整的政策效应入手，尝试通过产业结构调整对经济、生态环境的国内外发展现状和趋势的分析，构建衡量经济、生态环境的评价体系，对丰富现有经济、生态环境具有一定的理论意义。同时，本章将产业结构调整作为一项准自然实验，研究其对经济、生态环境的政策效果，再分析影响经济、生态环境的重要因素，并从产业结构的高度化和合理化角度，运用计量回归分析的方法，研究其对经济、生态环境的作用机制，对于丰富产业结构调整的相关理论研究而言也具有一定的价值。

近年来，我国在践行绿色发展理念方面做出了充分的实践工作，虽然进步明显，但是随着经济不断发展，生态环境问题日益严重，二者的平衡仍然面临着严峻挑战，产业结构调整是突破瓶颈的一个重要战略之一。城市群是国家参与全球竞争和国际地域分工的重要空间载体，中国95%以上的城市群同时处于“一带一路”规划区间，是“一带一路”建设的主阵地。在这种背景下，研究城市群产业结构调整有助于提高城市群资源配置效率，引领城市群产业进入价值链中高端，实现城市群高质量发展。本章的研究目的就是通过对经济、生态环境的科学认识以及产业结构调整对经济、生态影响作用的定量分析，明确产业结构调整的政策总体情况，以及产业结构调整对经济、生态环境的影响程度和作用方式。所以，本章以产业结构调整的政策效应为

切入点，具体分析我国产业结构调整对经济、生态环境的影响，把握好宏观层面的产业结构调整政策的整体效果，进一步分析微观层面的产业结构政策的异质性效果，分析产业结构调整对经济、生态环境的影响程度与作用机制，并检验产业结构调整对经济、生态环境的空间效应与门槛效应，进一步剖析隐藏在其背后的一些深层次原因，提出具有重要战略意义的结论和对策建议。研究结论对于不断优化产业结构，推动经济、生态环境高质量、可持续发展，具有较强的指导意义和实践意义。

各产业部门之间均衡发展，促进产业结构向高级化、合理化发展，是产业结构调整平衡经济增长与生态环境的主要措施之一。对于产业结构调整的研究，经典理论包括配第-克拉克定理、霍夫曼定理与库兹涅茨法则。配第指出产业结构之间的差异是造成国民收入有出入的关键影响因素。Chenery 等认为，各地区的产业结构在经济社会发展的不同阶段也有差别。鲁济典（1979）认为，消费数据增长对经济意义重大，对生产资料亦是。杨坚白等（1980）指出，改革开放初期，中国产业结构存在第一产业与第二产业不相适应且重工业无法满足国民经济需要的问题。进入 21 世纪后，国内学者关于产业结构调整的研究，逐步从以前的阐述概念、摸索举措等宏观性的研究转向更加细致具体的第一、二、三产业的合理分配。金碚（2014）认为，“十一五”时期，中国总体上已经进入工业化中期阶段，产业转型是必然趋势。李江帆等（2014）认为，随着生产服务业的占比不断增大，生产服务业对产业结构的影响也越来越大。施生旭和童佩珊（2020）则运用 DPSIR-TOPSIS 模型对中国各地区在产业结构调整过程中存在的壁垒进行了评估。

部分文献采用单一维度指标衡量产业结构调整的评价测度研究。周昌林等（2007）从劳动生产率的角度进行测算，认为该系数提高受到限制的关键原因是第二产业对产业结构系数起决定性作用。马远（2010）则构建产业结构调整指标，以各地区第三产业增加值与第二产业增加值之比为主要依据。原毅军等（2014）也以第三产业增加值与第二产业增加值的相应对比程度来构造产业结构调整指标。杨海波（2018）利用第二产业和第三产业增加值之和占 GDP 的比重来对产业结构调整综合水平进行考核。韩军等（2022）从创新的产业结构调整幅度与调整质量的双重视角出发，对产业结构调整幅度与调整质量指数进行了测算，对区域创新绩效是否因产业结构调整而提升进行了研究。部分研究则构建综合指标体系对产业结构调整进行度量。黄亮雄等（2013）从幅度、质量、路径等各个维度建立了中国产业结构调整的4个综合评价指标。于斌斌（2017）用调整幅度构造产业结构变化幅度指标，用调整质量构造生产率高度化指标，用调整路径构造复杂度高度化指标和相似度指标，对近年来我国产业结构调整情况进行了全面考察。程翔等（2020）利用多变量综合指标测度方法，从合理化、高级化、国际化、普惠化等4个维度对省域内产业结构调整进行了测算考核。

研究者们对政策的理解角度各异，思路多样。例如：顾建光（2006）从政策目标着手，认为最主要的是政策目标的实现。而陈振明、薛澜（2007）则从政策行为来理解，更注重政策的实行过程。虽理解上百花齐放，但学者们都表示政策的实施确实给政府目标达成带来一定的积极作用。政策问题的性质和政策环境的性质都应该考虑到政策工具的选择。政策工具是政府宏观调控和战略规划在实际中实施的重要载体。

当前，相关文献着重探讨产业结构调整对经济或生态环境带来的单一性影响，即产业结构调整对经济的影响和产业结构调整对生态环境的影响。在产业结构调整对经济的影响作用研究方面，Peneder（2003）运用投入产出分析法，证明了经济快速提升的核心动力是产业结构的演进。De Silva（2011）则将产业划分成5个子类，并分别探讨了5个子类在经济发展中具有的特性。Chen等（2016）指出产业结构调整中经济绿色发展将是未来要解决的重要问题。梁隆斌（2008）认为决定其经济建设强度的是不同地区的产业结构构成水平。张唯实（2011）从产业结构对经济发展的层次和资源利用的程度两个角度出发，研究了产业结构调整对我国经济发展的影响。钱争鸣（2013）、李艳军（2014）运用面板Tobit模型研究了中国绿色经济生产效率的影响因素及影响机制。刘加林（2013）利用省域动态面板数据，证实了第二产业产值占GDP的比重对绿色经济发展的影响是显著的。陈生明（2017）发现了中国的科技创新驱动、产业结构的优化以及经济增长相互传导作用的时空效应。在产业结构调整对生态环境的影响作用研究方面，Theo等（2000）对产业结构调整与生态环境两者之间的联系与作用进行了分析，明确提出要在有限的资源范围内合理调整产业结构。Sheehan 和 Sun（2006）探究中国二氧化碳排放受产业结构优化的影响，结果显示前者对后者的减排起着关键性的作用。Zhang 和 Qi（2011）采用 SDA 模型发现第二产业升级优化能够有效节能减排。Mi 等（2016）采用数据包络分析法进行效率测算，发现对节能减排有利的是产业结构的调整。袁杭松等（2010）研究发现在产业结构演变与生态环境质量方面，产业结构演变对生态环境的影响尤为显著。徐成龙（2014）利用 LMDI 模型，研究降低三废的机制与效果，并实证检验了地区产业结构优化升级效果。韩永辉（2016）研究了产业结构调整对绿色效率作用的影响机制，通过构建面板模型，从集聚和相邻地区作用的角度进行了检验。祝丽云（2018）采用面板数据，基于京津冀地区城市的视角，实证分析了不同产业比重情况对大气污染的影响。王祖山等（2022）基于长江经济带市级数据，采用面板向量自回归模型，分析了产业结构调整与生态环境的关系，研究发现，无论是理顺产业结构还是提高产业层次，都在短期内起到促进生态环境发展的作用。

而近年来国家逐步转变经济发展理念，要求保持经济增长的同时使生态环境可持续发展，所以针对产业结构调整与经济、生态环境的综合研究也受到学者关注。Jin（2013）、Peng（2015）从全面性和长期性两个方面论证了产业结构调整对提高经济发展水平、改善生态环境具有不可替代的推动作用。王瑞鹏等（2013）通过 VAR 模型研究发现产业结构调整与环境污染之间保持着长期动态的均衡关系。王林海等（2014）认为必须加快转变经济发展方式，实现生态效益和经济效益双赢，才能坚持生态文明理念，进行产业结构调整。任保平等（2022）基于黄河流域产业发展及能源消耗现状，研究了“双碳”目标下黄河流域产业结构调整的限制瓶颈与发展路径。

现有研究成果较为全面，也为本章研究提供了有益借鉴。但是通过相关文献的梳理可知，现有研究仍存在以下不足：一是国内外学者的研究主要集中在产业结构调整对经济或生态环境单方面的影响上，同时研究产业结构调整对经济、生态环境二者的影响的文献较少，且产业结构调整对经济、生态环境影响的研究结果存在分歧。二是国内外学者的研究主要集中在产业结构调整对经济、生态环境的影响作用与机制上，分析落脚点在影响结果层面，而较少从政策层面切入，立足于政策评估分析，进行产业结构调整对经济、生态环境的影响因素的深入研究。三是大部分文献将长三角、黄河流域等某单一地区作为研究对象，或基于省域、市域面板数据研究，较少从城市群的视角进行整体把控与异质性分析结合。考虑到我国的实际情况，不同地区之间产业结构存在显著差异，研究产业结构对经济、生态环境的影响需要更为微观的研究视角。

基于上述研究不足，本章研究的主要问题包括：产业结构调整对经济、生态环境是否具有一定的政策效应？产业结构调整对经济、生态环境具体有什么样的影响，其影响程度如何？产业结构高级化和合理化在推动经济、生态环境可持续发展中分别具有什么样的影响，应同步推进还是选择有重点地加以实施？产业结构调整对经济、生态环境是否具有空间效应？产业结构调整对经济、生态环境是否具有门槛效应？产业结构调整对经济、生态环境在不同门槛条件下的非线性影响如何？是否只有产业结构调整跨越一定的门槛后，产业结构调整对经济、生态环境的影响效应才能够充分发挥？本章根据产业结构调整对经济、生态环境的政策效应与影响作用分析，得到相关实证结论，为推进经济、生态环境的可持续、高质量发展提出相关政策建议。

通过对国内外关于产业结构调整、经济与生态环境相关的文献分析与研究，借鉴文献中研究的观点、解决问题的思路和恰当的方法，笔者设计出本书的研究思路与框架，为后续研究奠定基础。本书采用多种方法相结合的实证分析法。第一，准自然实验。以产业结构调整作为切入点，采用广义合成控制法对产业结构调整对经济、生态环境的政策影响并从不同区域和不同城市群角度进行异质性分析，对不同地区产业结构调整对经济、生态环境的政策效应进行分析对比。第二，空间计量法。利用莫兰指数测定空间自相关性，构建空间计量模型，分析产业结构调整对经济、生态环境是否具有空间效应。第三，门槛模型。通过单位根检验和协整检验，构建门槛模型，检验产业结构调整对经济、生态环境的门槛特征，以及产业结构调整对经济、生态环境在不同门槛条件下的非线性影响。

由于产业结构调整在不同城市群的适用时间不同，本章使用异质性分析方法，针对不同地区、不同时间的产业结构调整对经济、生态环境的政策效应进行分析对比，有助于从不同层面探索产业结构调整对经济、生态环境的影响，为各地区经济、生态环境可持续发展提供策略。

本章主要围绕产业结构调整对经济、生态环境的影响展开研究。首先，从调整的质量、幅度两个维度出发，引入产业结构合理化和产业结构高级化两个指标对产业结构调整进行评估。构建经济、生态环境评价指标体系，并使用熵权法对指标体系进行测度分析，可以得到各个指标的权重与综合指标水平。以产业结构调整作为一项准自然实验为切入点，运用广义合成控制法研究2005—2022年产业结构调整对于经济、生态环境的政策效应，把握好宏观层面的产业结构调整政策的整体效果，进一步分析微观层面的产业结构政策的异质性效果。其次，构建计量模型，做基准回归分析，利用莫兰指数测定空间自相关性，纳入空间因素，建立空间计量模型，分析产业结构调整对经济、生态环境是否具有空间依赖性和相似的空间集聚路径，分析城市群间的空间效应及区域差异。再次，纳入门槛变量，构建门槛模型，检验产业结构调整对经济、生态环境的门槛特征，探究产业结构调整对经济、生态环境在不同门槛条件下的非线性影响，分析产业结构调整作用效果的差异性，进一步剖析隐藏在其背后的一些深层次原因。最后，通过实证结果分析得到具有重要意义的结论和政策建议。

第二节　产业结构调整对经济、生态环境的作用机制分析

一、产业结构高级化与合理化的关系

产业结构高级化和合理化通过协同演进从而实现产业结构调整。产业结构高级化与合理化的关系如表3-1所示。一方面，产业结构的高级化和合理化存在着本质的不同。产业结构高级化是为了产业结构从低级化向高级化转变，获取最优的经济效益；而产业结构合理化是为了加强产业间的协调能力，

合理配置生产要素，使各产业协调发展，快速高效地适应市场。另一方面，产业结构的合理化和高级化有不可分割的紧密联系，两者相互作用。产业结构合理化是产业结构高级化发展的前提，这要求产业结构的配置在接下来的发展中保有竞争力，从长期来看符合更高一级的生产发展需要；而在短期内，产业结构的合理化也可以使当下生产配置环境达到效率最优，为地区短期发展目标提供动力。产业结构合理化是产业结构高级化的重要基础，而产业结构高级化则是产业结构合理化的内在驱动力，产业结构高级化是将已有的产业结构推向更高层次的合理化。

表 3-1　产业结构高级化与合理化的关系

<table>
<tr><th>产业结构调整</th><th>核心内容</th><th>目的</th><th>地位</th></tr>
<tr><td rowspan="3">产业结构高级化</td><td>将发展重心从第一产业逐步转移到第二、三产业上</td><td rowspan="3">产业结构从低级化向高级化转变，获取最优的经济效益</td><td rowspan="3">内在驱动力</td></tr>
<tr><td>将发展重心从劳动密集型产业逐步转移到知识密集型、技术密集型、资本密集型产业上</td></tr>
<tr><td>将发展重心从制造初级产品逐步转移到制造中间产品和制造最终产品上</td></tr>
<tr><td rowspan="3">产业结构合理化</td><td>产业结构之间相互协调，具有较强的稳定性</td><td rowspan="3">加强产业间的协调能力，合理配置生产要素，使各产业协调发展，适应市场</td><td rowspan="3">重要基础</td></tr>
<tr><td>追求产业之间互补的关系，依据动态转变相互适应</td></tr>
<tr><td>协调适应市场的需求变动</td></tr>
</table>

二、产业结构调整对经济、生态环境的作用机制

产业结构调整对经济、生态环境的作用机制如图 3-1 所示。

从宏观层面可以看出，产业结构调整对经济和生态环境的影响，在产业结构调整过程中已经经历了 3 个阶段：产业结构不断调整阶段、产业结构效应发挥作用阶段和产业结构调整结果。产业结构调整通过其经济增长

和生态环境效应的高级化和合理化来发挥作用，并通过与之相伴的空间溢出效应来强化地区间的错综效应；经济增长速度的提高和生态环境的改善，最终都体现为产业结构调整带来的经济效应和生态环境效应，以及整体的优质发展。以下将从产业结构高级化、合理化的角度，以这 3 个阶段的产业结构调整过程为主线，分维度阐述产业结构调整对经济和生态环境的全局性影响机制。

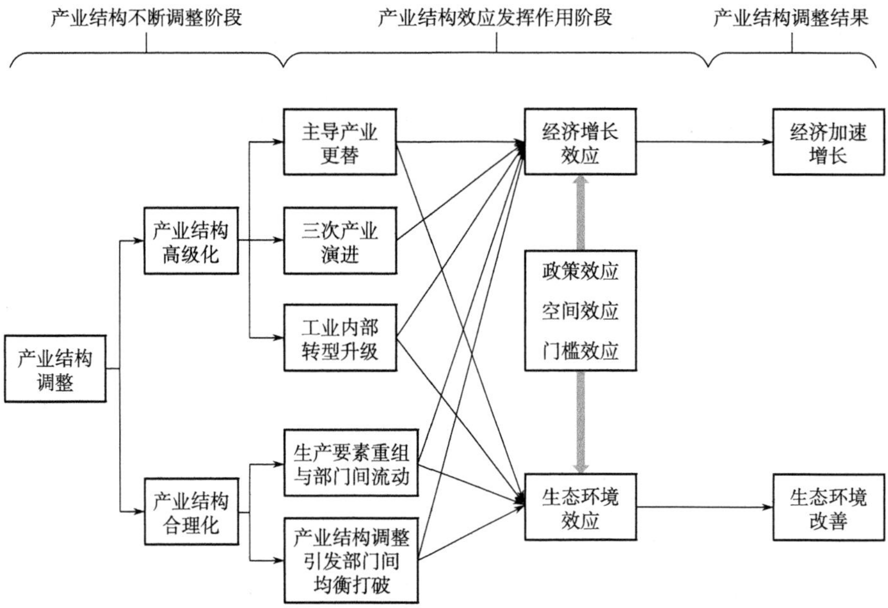

图 3-1　产业结构调整对经济、生态环境的作用机制

当重要的技术创新被某个特定的产业部门所接受时，该技术创新能够使这个产业部门逐渐发展壮大，并与其他产业部门产生错综复杂的经济联系，最后演变成一个新的经济增长点，这就是要用新兴产业不断淘汰落后产业。此外，技术创新也通过其“不合比例增长”的强劲扩散效应改变了原有整个经济的产业形态，并提高了包括能源资源有效利用在内的经济社会总体资源配置效率，最终在改善生态环境的同时提高国民经济增长速度。除了行业龙头的更替，产业结构高级化的过程也伴随着从低级到高级的三次产业内外兼修的过程。从产业内部改造提升的角度看，以高精尖技术和清洁化改造最终实现内部升级的是以能源、化工为代表的资本密集型产业。产业结构高级化一方面能够有效减少环境污染和能源消耗，另一方面使得产品的成本降低或品质提升，促进企业发展。为此，本章提出以下研究假设：

研究假设1：产业结构高级化对经济、生态环境均具有正向影响。

各生产部门在产业结构调整过程中的生产力差异，可能会引起投入要素自发的流动、重组，使产业间的结构扭曲程度越来越小，聚合质量越来越高，最终使全社会的生产力水平提高，生产要素从生产率低下的部门流向生产率更高的部门，产生“结构红利”。不断合理化的产业结构调整进程将使得生产要素集约的程度不断迈上新的台阶，从而进一步提高生产率。为此，本章提出以下研究假设：

研究假设2：产业结构合理化对生态环境存在负向影响，对经济增长具有促进作用。

城市、地区之间在资源要素、经济形势、产业布局等各个方面都存在差异，一项产业结构调整政策对不同地区经济、生态环境的影响也会因主观、客观因素而不同。为此，本章提出以下研究假设：

研究假设3：产业结构高级化对经济、生态环境的影响具有异质性，产业结构合理化对经济、生态环境的影响具有异质性。

由于城市间具有错综复杂的部门、地域经济联系，所以产业结构高级化对经济、生态环境的影响可能不仅仅是局部的影响。产业结构合理化对经济、生态环境的影响不但包括对本地区的直接效应，而且应包括空间溢出效应。为此，本章提出以下研究假设：

研究假设4：产业结构高级化、产业结构合理化对经济、生态环境的影响均具有空间溢出效应。

基于政策影响机制分析，产业结构高级化、产业结构合理化具体达到某一程度时会引起上述影响机制开始发挥作用。为此，本章提出以下研究假设：

研究假设5：产业结构高级化、产业结构合理化对经济、生态环境均具有门槛效应。

第三节　产业结构调整对经济、生态环境的政策影响

本节主要研究产业结构调整对经济、生态环境的政策影响。首先构建经济、生态环境评价指标体系，并使用熵权法对指标体系进行测度分析。其次将产业结构调整作为一项准自然实验，运用广义合成控制法研究 2005—2022 年产业结构调整对经济、生态环境的政策效应。实证分析时，通过安慰剂检验和异质性分析，有依据地检验产业结构调整的政策效应。

一、产业结构与经济、生态环境的测度

（一）产业结构高级化

付凌晖（2010）在 Moore 结构变动法基础上定义了一种新的衡量产业结构高级化的指标。因此，本书参考付凌晖（2010）的做法，定义产业结构高级化变化值 W 如下：

首先，把 GDP 按照三次产业划分为三部分，每部分增加值占 GDP 的比重作为空间向量中的一个分量。分别计算夹角 θ_1、θ_2、θ_3：

$$\theta_j = \arccos\left(\frac{\sum_{i=1}^{3}(x_{i,j} \cdot x_{i,0})}{(\sum_{i=1}^{3}(x_{i,j}^2)^{\frac{1}{2}} \cdot \sum_{i=1}^{3}(x_{i,0}^2)^{\frac{1}{2}})}\right) \tag{3-1}$$

其次，定义产业结构高级化指数 W 的计算公式如下：

$$W = \sum_{k=1}^{3}\sum_{j=1}^{k}\theta_j \tag{3-2}$$

由式（3-2）可知，W 越大，表明产业结构高级化指数越高。

（二）产业结构合理化

本书借鉴干春晖等（2011）的方法，采用泰尔指数测度产业结构合理化水平，其计算公式为：

$$ISR = \sum_{i=1}^{n}\left(\frac{Y_i}{Y}\right)\ln\left(\frac{Y_i}{L_i}\bigg/\frac{Y}{L}\right) \tag{3-3}$$

其中，i 为产业类型；Y_i、L_i 分别为第 i 类产业的产值、就业人数。ISR 值越大，经济发展偏离均衡状态、产业结构不合理的可能性就越大。

依据式（3-2）与式（3-3）计算出的产业结构合理化与产业结构高级化指数如图 3-2 所示。可以发现产业结构合理化水平近 5 年起伏较大，产业结构高级化指数整体呈稳步上升趋势，但随着产业结构不断调整，近些年有停滞不前甚至下降的趋势。这在一定程度上表明我们需要在产业结构调整研究方面有所突破。

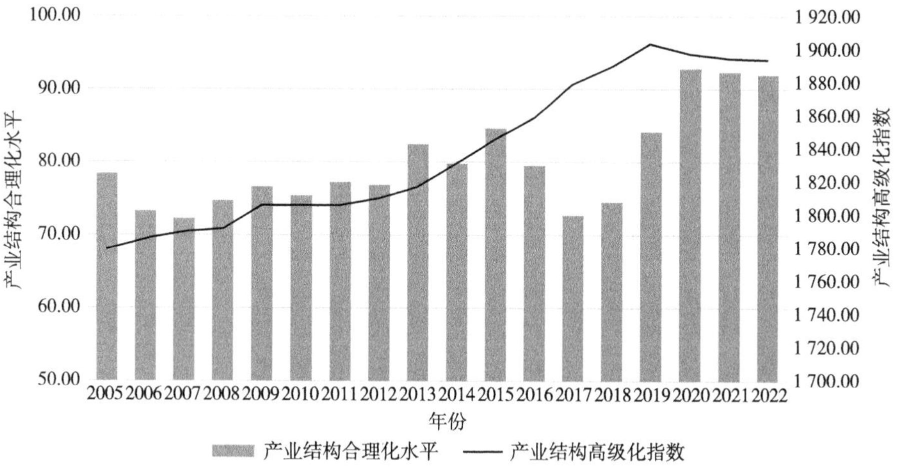

图 3-2 2005—2022 年产业结构合理化水平与产业结构高级化指数

资料来源：笔者依据《中国统计年鉴》计算。

（三）经济、生态环境评价指标体系构建

根据经济、生态环境概念界定及其复杂内涵，单一的衡量指标已经不满足于现有研究，且无法仅靠一个指标来确定产业结构调整对经济、生态环境的影响。所以，经济、生态环境是一个涉及基础、增长与效益等多方面的复杂系统，研究需选用综合指标来衡量经济、生态环境。

赋权法大致可分为主观赋权法和客观赋权法。主观赋权法下的权值由评价者主观判断所得，与评价者的研究经验和主观观点有关，评价者一般依据以往文献或者常规操作。客观赋权法的主要特点是利用客观程度较高、能够较好解释结果的信息之间的差异性来赋权重，例如因子分析法、主成

分分析法、熵权法等。作为一种客观赋权法，熵权法通过计算选取的各项指标的离散程度来判断其对综合指标的影响，离散度越大，表示对指标体系的影响力越强，权重也就越大。综合对比可得，熵权法能通过大量的样本数据计算得到最优权重，一定程度上可以规避主观因素的影响，所得到的指标权重更具有说服力。因此，本书采用熵权法确定指标权重，具体方法如下：

（1）选取 m 项指标，n 个样本个数。

（2）对数据进行标准化处理：

正向指标：
$$X_{ij} = \frac{x_{ij} - \min(x_{ij})}{\max(x_{ij}) - \min(x_{ij})} \tag{3-4}$$

负向指标：
$$X_{ij} = \frac{\max(x_{ij}) - x_{ij}}{\max(x_{ij}) - \min(x_{ij})} \tag{3-5}$$

（3）对标准化数据进行坐标平移：

$$Z_{ij} = X_{ij} + 1 \tag{3-6}$$

（4）计算第 j 个年度中第 i 个地区单项指标所占上级指标比重：

$$P_{ij} = \frac{Z_{ij}}{\sum_{i=1}^{n} Z_{ij}} \tag{3-7}$$

（5）计算第 j 个年度中单项指标的熵值：

$$e_j = -k\sum_{i=1}^{n} P_{ij}\ln P_{ij} \tag{3-8}$$

$$k = \frac{1}{\ln n} \tag{3-9}$$

（6）计算第 j 个年度中单项指标的权重：

$$W_j = \frac{g_j}{\sum_{i=1}^{n} g_j} \tag{3-10}$$

$$g_j = 1 - e_j \tag{3-11}$$

（7）计算第 i 个地区第 j 个年度单项指标的综合评分：

$$S_{ij} = \sum_{j=1}^{m} (W_j \times P_{ij}) \tag{3-12}$$

二、经济、生态环境评价指标选取说明

（一）生态环境综合指标（Ecological and Environmental Indicators，EEI）

本书参考崔木花（2015）、韩东（2021）、史宝娟（2021）等学者的做法，依托经济合作与发展组织和联合国环境规划署提出的“压力-状态-响应”（PSR）模型，同时兼顾数据可获得性，构建生态环境综合指标体系（如表3-2所示）。其中，生态环境状态反映一个地区生态环境和各类资源的人均水平；生态环境压力反映经济社会发展的环境成本和能耗情况；生态环境响应反映生态环境保护的成效。

表3-2　生态环境综合指标体系

一级指标	二级指标
生态环境状态	建成区绿化覆盖率（%）
	公园绿地面积（公顷）
	人均水资源量（立方米/人）
生态环境压力	工业废水排放量（万吨）
	工业二氧化硫排放量（吨）
	工业烟（粉）尘排放量（吨）
生态环境响应	生活垃圾无害化处理率（%）
	工业固体废物综合利用率（%）
	城市污水处理率（%）

（二）经济综合指标（Economic Comprehensive Indicators，ECI）

本书借鉴王祖山、姚欣雨（2022）的研究，从经济基础、经济增长、经济效益3个维度，同样兼顾数据可获得性，构建经济综合指标体系（如表3-3所示）。其中，经济基础反映一个地区经济资源、基础设施的平均水平；经济增长反映经济社会发展的基础成本；经济效益反映促进经济增长的民生成效。

表 3-3 经济综合指标体系

一级指标	二级指标
经济基础	城市建设用地面积占比（%）
	年末实有城市道路面积（万平方米）
	人口自然增长率（%）
经济增长	人均 GDP（元）
	人均固定资产投资额（元）
	社会消费品零售总额（万元）
经济效益	在岗职工平均工资（元）
	年末金融机构人民币各项存款余额（万元）
	外商投资实际使用金额（万美元）

三、经济、生态环境评价指标测度分析

本书基于传统发展的评价指标，并参考相关研究文献和官方政策文件，秉承系统性、科学性、层次性和获得性的原则，遴选出目标层、系统层和指标层 3 个层次，将经济综合指标与生态环境综合指标分别划分为 3 个维度，选取 18 个具体指标，构建综合评价指标体系，测度得出经济综合指标水平和生态环境综合指标水平（如表 3-4 所示）。

表 3-4 综合评价指标体系测度

目标层	系统层	指标层
经济综合指标	经济基础（0.422 6）	城市建设用地面积占比（0.032 4）
		年末实有城市道路面积（0.228 6）
		人口自然增长率（0.067 1）
	经济增长（0.397 9）	人均 GDP（0.092 0）
		人均固定资产投资额（0.042 5）
		社会消费品零售总额（0.223 7）
	经济效益（0.179 5）	在岗职工平均工资（0.035 3）
		年末金融机构人民币各项存款余额（0.036 4）
		外商投资实际使用金额（0.027 8）

续表

日标层	系统层	指标层
生态环境综合指标	生态环境状态（0.362 5）	建成区绿化覆盖率（0.020 8）
		公园绿地面积（0.035 4）
		人均水资源量（0.040 2）
	生态环境压力（0.428 4）	工业废水排放量（0.043 3）
		工业二氧化硫排放量（0.008 9）
		工业烟（粉）尘排放量（0.011 5）
	生态环境响应（0.209 1）	生活垃圾无害化处理率（0.029 9）
		工业固体废物综合利用率（0.012 2）
		城市污水处理率（0.012 0）

注：数据来源于《中国城市统计年鉴》；表中括号内数据为笔者运用熵权法计算所得指标权重。

在经济综合指标中，经济基础占比最大，其中年末实有城市道路面积贡献度最高；而经济效益占比最小，其中外商投资实际使用金额贡献度较低。因此，要大力完善基础道路设施，推动经济增长，同时要“走出去”，增加外商实际投资，促进与其他各国的贸易往来，谋求共同的经济效益。在生态环境综合指标中，生态环境压力占比最大，其中工业废水排放量居于首位；生态环境响应占比最小，其中城市污水处理率贡献最低。所以，要鼓励产业结构转型，减少工业废气、废水排放量，有效缓解生态环境压力；研究净水的创新技术，提升污水处理率与转化率，适当利用废水，积极应对生态环境响应。

本书依据上述综合指标体系，测得 2005—2022 年经济与生态环境综合指标水平，如图 3-3 所示。可以看出，经济综合指标水平前期逐步上升，发展到一定程度，增速逐渐放缓，后续从 2020 年开始加快增长。生态环境综合指标水平一直处于稳步上升状态，但近几年增速较缓。

四、基于准自然实验的政策效应研究方法

（一）广义合成控制法

评估公共政策实施效应的关键是有针对性地选择最合适的评估方法。目

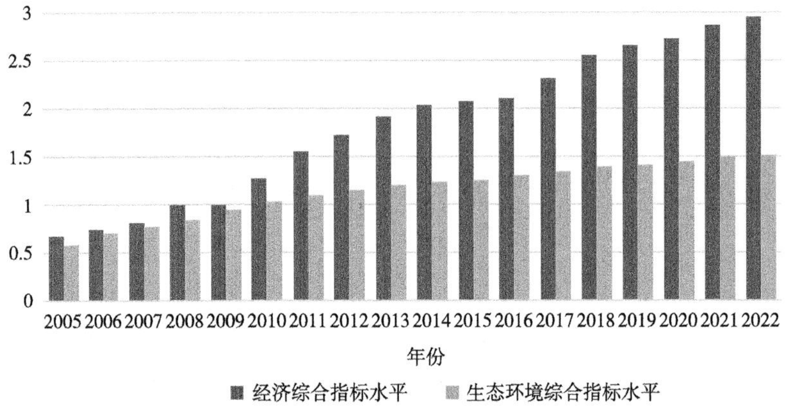

图 3-3 2005—2022 年经济与生态环境综合指标水平

资料来源：笔者依据《中国城市统计年鉴》计算。

前学者们评估政策效应采用的主要方法有双重差分法（Differences-in-Differences，DID）和合成控制法（Synthetic Control Method，SCM）。双重差分法虽能够消除部分变量对政策有效性的干扰，但需要严格遵循实验组与对照组具有共同发展趋势的规则。然而在现实中，平行趋势的假设难以成立和多种官方政策实行的复杂背景可能会引发内生性等问题。并且各个地区在经济发展和地理位置等方面存在显著差异，即使未实施产业结构调整政策，其经济、生态环境发展质量的平均结果也未必遵循平行趋势，如果直接将其列入对照组，可能会使结果产生较大偏差，无法精确把握实时动态变化，一定程度上限制了双重差分法的有效性与准确性。

为弥补双重差分法的不足，Abadie 等（2010）基于反事实视角下的框架，在 DID 基础上提出了合成控制法。合成控制法是主要用于对单个实验对象进行政策评价而改进的一种非参数方法。如果有多个实验对象，通常会对它们进行平均并合并到一个新的实验单元中，再使用合成控制法对新的单个对象进行分析，但这样就会忽略原本多个实验单元之间的异质性。鉴于 DID 和 SCM 的不足，Xu（2017）提出广义合成控制法（Generalized Synthetic Control Method），该方法具备以下优势：允许实验组的政策变量与个体、时间的异质性相关；实现均方误差最小化时，使用交叉验证法，避免大量的重复搜索。综合对比以上政策评估方法，针对产业结构调整政策的多个实验单元的现实情况，本书选用基于交互固定效应的广义合成控制法进行实证检验分析。

（二）模型设计

本书的研究样本包含 284 个地级市，将发布产业结构调整政策的地级市作为“实验组”，其余地级市作为“控制组”。根据上述描述，设定 treated 为分组变量，发布产业结构调整政策的城市赋值为 1，其余的城市赋值为 0。根据 Xu（2017）的研究，由于本书以产业结构调整为准自然实验，所有地区均有 T 期观测值，实验组地区 i 第一次受到政策效应影响的时间从（$T_{0i}+1$）期开始，也就是相对处理期的 0 期，而对照组在 T 期观测期内始终不受政策影响。这里假设所有实验组地区在 2011 年同时实施产业结构调整政策，即 $T_{0i}=T_0$。首先构建线性因子模型，具体表述如下：

$$Y_{it}=\delta_{it}D_{it}+X_{it}^{\mathrm{T}}\beta+\lambda_i^{\mathrm{T}}f_t+\varepsilon_{it} \tag{3-13}$$

其中，D_{it} 表示各地区实施产业结构调整政策的虚拟变量，若地区 i 在第 t 期实施产业结构调整政策，将其划分为实验组，则 $D_{it}=1$，否则划分为对照组，$D_{it}=0$；δ_{it} 表示地区 i 在第 t 期的产业结构调整政策效应；X_{it} 表示可观测的一系列控制变量；$\beta=[\beta_1, \beta_2, \cdots, \beta_k]^{\mathrm{T}}$ 为控制变量的系数向量；$\lambda_i=[\lambda_{i1}, \lambda_{i2}, \cdots, \lambda_{ir}]^{\mathrm{T}}$ 表示地区 i 的因子载荷向量；$f_t=[f_{1t}, f_{2t}, \cdots, f_{rt}]^{\mathrm{T}}$ 是影响经济、生态的不可观测时变共同因子向量；ε_{it} 为地区 i 在第 t 期相互独立的随机扰动项。

具体来说，假设地区 i 在第 t 期受到产业结构调整政策干预时的能源强度用 Y_{it}（1）表示，未受到产业结构调整政策干预时的能源强度用 Y_{it}（0）表示，即 $D_{it}=1$，反之则为 $D_{it}=0$，则有：

$$Y_{it}(0)=X_{it}^{\mathrm{T}}\beta+\lambda_i^{\mathrm{T}}f_t+\varepsilon_{it} \tag{3-14}$$

$$Y_{it}(1)=\delta_{it}+X_{it}^{\mathrm{T}}\beta+\lambda_i^{\mathrm{T}}f_t+\varepsilon_{it} \tag{3-15}$$

实验组地区 i 在第 t 期的个体处理效应为是否实施政策的效应之差，表示为 $\delta_{it}=Y_{it}$（1）$-Y_{it}$（0），那么实验组地区 i 在第 t 期（此时 $t>T_0$）的平均处理效应为：

$$ATT_{t>T_0}=\left(\frac{1}{N_{tr}}\right)\sum_{i\in\Gamma}[Y_{it}(1)-Y_{it}(0)]=\left(\frac{1}{N_{tr}}\right)\delta_{it} \tag{3-16}$$

其中，N_{tr} 代表实验组。

实验组地区 i 在第 t 期的政策效应估计结果体现为实际值与其估计的反事实值之差值：$\delta_{it}=Y_{it}(1)-\hat{Y}_{it}(0)$。其中 $\hat{Y}_{it}(0)$ 的模型估计过程如下：

由于可能还存在未观测到的遗漏因子，因此采用以均方误差最小化为原则的交叉验证法确定模型中所包含的因子数。首先，假定因子个数 r 是已知的，利用主成分法估计对照组数据，得到估计值：

$$(\hat{\beta},\ \hat{F},\ \Lambda_{co})=\underset{(\hat{\beta},\ \hat{F},\ \Lambda_{co})}{\operatorname{argmin}}\sum_{i=C}(Y_i-X_i\tilde{\beta}-\tilde{F}\tilde{\lambda}_i)^{\mathrm{T}}(Y_i-X_i\tilde{\beta}-\tilde{F}\tilde{\lambda}_i),$$

$$\text{s. t. } \tilde{F}^{\mathrm{T}}\tilde{F}/T=Ir,\ \Lambda co^{\mathrm{T}}\tilde{\Lambda}co=D \tag{3-17}$$

其中，D 为对角矩阵。

其次，基于 $(\hat{\beta},\ \hat{F})$ 和实验组政策实施前的样本，通过最小化处理结果的均方误差，可以估计实验组的因子负荷：

$$\hat{\lambda}_i=\underset{(\hat{\lambda}_i)}{\operatorname{argmin}}(Y_i^0-X_i^0\hat{\beta}-\hat{F}^0\tilde{\lambda}_i)^{\mathrm{T}}(Y_i^0-X_i^0\hat{\beta}-\hat{F}^0\tilde{\lambda}_i) \tag{3-18}$$

其中，上标为 0 表示政策实施前的阶段。

最后，基于 $(\hat{\beta},\ \hat{F},\ \hat{\lambda}_i)$ 估计得到实验组的反事实结果：

$$\hat{Y}_{it}(0)=X_{it}^{\mathrm{T}}\hat{\beta}+\hat{\lambda}_i\hat{f}_t,\ i\in\Gamma,\ t>T_0 \tag{3-19}$$

从而得到实施产业结构调整政策地区 i 在第 t 期的平均处理效应（ATT）估计为：

$$A\hat{T}T_t=\left(\frac{1}{N_{tr}}\right)\sum_{i\in\Gamma}[Y_{it}(1)-\hat{Y}_{it}(0)],\ t>T_0 \tag{3-20}$$

其中，处理效应的标准误通过参数 Bootstrap 方法估计得到。

式（3-20）得到的平均处理效应意味着在产业结构调整政策实施后实验组地区的实际与合成组之间的差值，也就反映了产业结构调整政策实施的效果。

（三）变量选取与说明

1. 解释变量

产业结构高级化（ISU）指数采用式（3-2）表示，产业结构合理化（ISR）指数采用式（3-3）表示。

2. 被解释变量

指标体系熵权法后的综合指标包括经济综合指标（*ECI*）和生态环境综合指标（*EEI*）。考虑到产业结构调整政策的实施时间和统计数据的可得性，选取2005—2022年我国的面板数据。由于《中国城市统计年鉴》中每年的城市个数均有差别，故从原本数据中的297个地级市剔除西藏等数据缺失的地区以及新疆吐鲁番等存在变动的13个地区。取2005—2022年《中国城市统计年鉴》中每一年都有的地级市作为样本，将数据缺失比较严重的地区剔除，并对剩余个体的缺失数据用插值法补全，最终确定284个地级市作为样本。

3. 控制变量

城镇化率（Urbanization Rate，UR）。我国注重城镇协调发展，平衡城镇之间经济增长与利用环境资源的关系。本书参考赵春燕（2019）的做法，以城市人数占人口总数的比例衡量城镇化率。

政府干预程度（Government intervention，GOV）。政府干预是指有关部门通过宏观手段，在总体上控制经济发展，以弥补市场失灵，保障经济运行平稳有效。本书参考赵丽芳、龙海军（2021）等的做法，采取一般公共预算支出占GDP的比重来衡量。

人力资本水平（Human Capital Level，HCL）。由于投资倾向于提高生产率，人力资本与经济增长成正相关。教育劳动力的过程是一种投入，但它不属于资本的投入，而属于人力资本方面的投入。本书参考姚羽希（2021）的做法，采用各地区本专科人数占总人口比重来衡量人力资本水平。

在进行实证分析之前，先要对面板数据进行描述性统计。分析结果如表3-5所示。

表3-5　各变量描述性统计

变量	观测值	均值	标准差	最小值	最大值
ECI	4 828	10.231	0.849	4.376	15.675
EEI	4 828	2.118	1.732	0.046	8.828
ISU	4 828	81.725	11.379	5.407	7.836
ISR	4 828	1 827.044	60.723	0.001	3.430

续表

变量	观测值	均值	标准差	最小值	最大值
UR	4 828	2. 172	1. 114	0. 046	21. 301
GOV	4 828	2. 739	1. 855	0. 649	39. 031
HCL	4 828	0. 667	0. 304	0. 110	4. 595

资料来源：笔者依据《中国城市统计年鉴》计算。下同。

五、产业结构调整对经济、生态环境的政策效应分析

（一）实证结果分析

表 3-6 与表 3-7 列出了广义合成控制法的模型估计结果。其中，模型（1）表示模型中只放入了政策变量，不包含任何控制变量的估计结果；模型（2）是在模型（1）的基础上加入所有控制变量的估计结果；模型（3）与模型（4）同理，二者其余条件均保持一致，并且都包含个体固定效应和时间固定效应。

表 3-6 展示了产业结构高级化对经济、生态环境的影响。根据估计结果可知，观测期内产业结构高级化对经济的平均处理效应为 0. 318，观测期内产业结构高级化对生态环境的平均处理效应为 0. 323，并且都在 10%的水平上显著，这表明产业结构高级化对经济、生态环境均具有一定的正向影响。对比模型（1）和模型（2），产业结构高级化对经济有显著的提升作用；对比模型（3）和模型（4），产业结构对生态环境的负向影响通过产业结构高级化扭转为正向影响。因此，产业结构高级化政策的正向影响明显。

表 3-6　产业结构高级化对经济、生态环境的影响

变量	*ECI*		*EEI*	
	模型（1）	模型（2）	模型（3）	模型（4）
ATT	0. 224 （3. 13）	0. 318* （6. 82）	-0. 157* （7. 30）	0. 323* （8. 32）
ISU	—	0. 172* （2. 11）	—	0. 234* （-4. 22）

续表

变量	ECI		EEI	
	模型（1）	模型（2）	模型（3）	模型（4）
UR	—	-1.026 (5.41)	—	-0.377* (1.77)
GOV	—	-0.171 2 (5.52)	—	0.821 (5.64)
HCL	—	-0.08* (-0.03)	—	-0.032* (-7.11)
样本量	284	284	284	284
个体固定效应	是	是	是	是
时间固定效应	是	是	是	是
实验组地区数	157	157	157	157
对照组地区数	128	128	128	128

注：*、** 和 *** 分别表示在 10%、5%和 1%的水平上显著。括号内数值为标准误。下同。

表 3-7 展示了产业结构合理化对经济、生态环境的影响。根据估计结果可知，观测期内产业结构合理化对经济的平均处理效应为 0.128，在 5%的水平上显著；观测期内产业结构合理化对生态环境的平均处理效应为-0.233，并且十分显著。这表明产业结构合理化对生态环境会产生负向影响，但对经济增长具有明显的促进作用。对比模型（1）和模型（2）可知，产业结构合理化对经济的影响有显著的提升；对比模型（3）和模型（4）可知，产业结构对生态环境在生态环境压力下的负影响，通过产业结构合理化反而显著加大了。因此，产业结构合理化政策对经济正向影响明显，但对生态环境的影响显著为负。

表 3-7　产业结构合理化对经济、生态环境的影响

变量	ECI		EEI	
	模型（1）	模型（2）	模型（3）	模型（4）
ATT	0.068** (2.52)	0.128** (2.43)	-0.221*** (-2.82)	-0.233*** (-3.08)

续表

变量	*ECI*		*EEI*	
	模型（1）	模型（2）	模型（3）	模型（4）
ISR	—	-0.106 (-1.43)	—	2.333*** (2.97)
UR	—	0.016*** (28.89)	—	0.015*** (3.62)
GOV	—	-0.019*** (-5.03)	—	-0.092** (-2.44)
HCL	—	0.090*** (6.32)	—	0.030 (0.34)
样本量	284	284	284	284
个体固定效应	是	是	是	是
时间固定效应	是	是	是	是

（二）安慰剂检验

利用假政策发生时间或试验组分析是安慰剂检验的基本原理，考察政策效应能否获得不同实验单元的相同结果。若在不同的虚构方式下，虚拟估计量的回归结果仍然显著，则说明研究结果在回归分析中是靠不住的。为了检验上文广义合成控制法的实证结果是否稳健，本书采取安慰剂检验进行分析。产业结构政策效应检验如图 3-4 所示，产业结构调整政策动态效应围绕 0 轴上下浮动，说明产业结构调整具有政策动态效应，实证结果稳健。

进一步地，为了排除实证分析的结果受到了其他政策或者随机性因素的影响，本书构建随机虚构处理组，观察政策虚拟变量的系数是否显著。本书先对数据进行分组，然后在每个组内的年份变量中随机抽取一个年份作为其虚拟政策时间，假设其他为控制组，依次重复进行 500 次，绘制出估计系数的分布情况以及 500 次回归中对应的 *P* 值图像，对安慰剂测试结果进行直观的展示。实证结果安慰剂检验结果如图 3-5 所示，安慰剂检验报告以近似服从均值为 0 的正态分布在 0 附近随机分布 500 个系数，估计值中多数 *P* 值大于 0.1，表明政策时间变量的虚构估计系数并不显著；并且其平行趋势都围绕在 0 轴附近，说明该方法结果可靠。

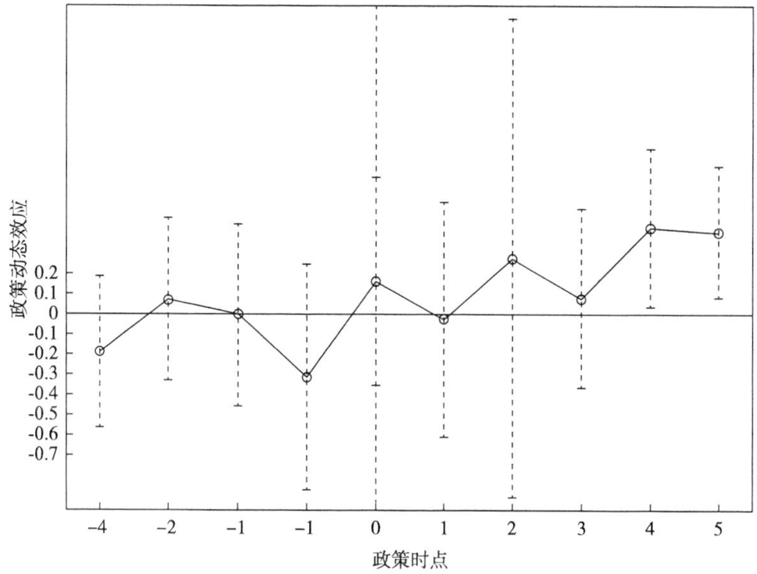

图 3-4　产业结构政策效应检验

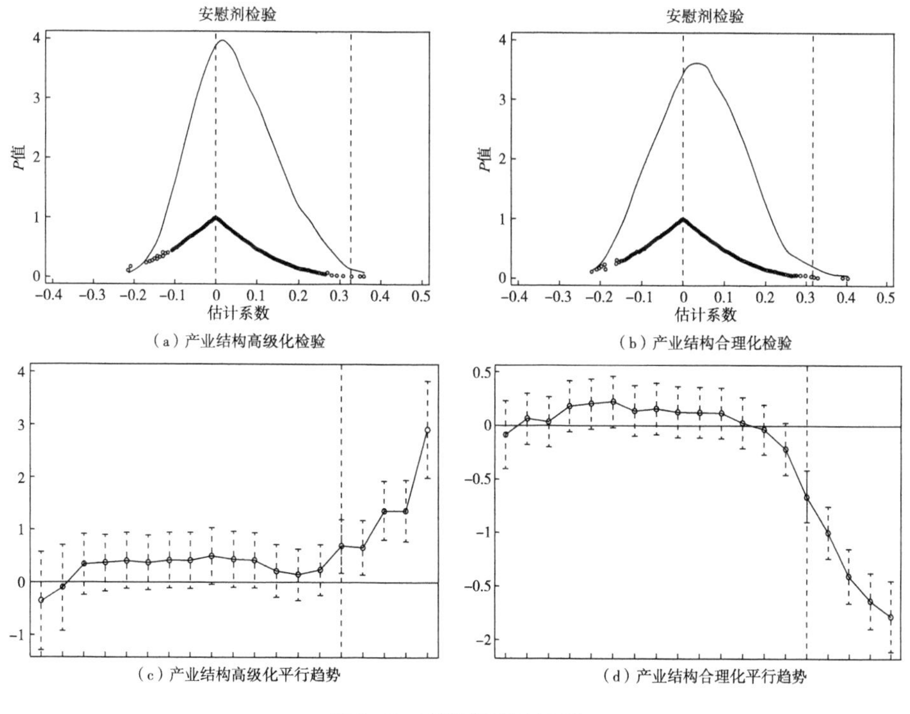

（a）产业结构高级化检验　（b）产业结构合理化检验

（c）产业结构高级化平行趋势　（d）产业结构合理化平行趋势

图 3-5　安慰剂检验结果

六、异质性分析

(一) 区域异质性分析

当下中国的发展依然存在巨大的区域差异，为探究区域之间存在的异质性影响，借鉴张云龙（2000）、易淑昶和孙久文（2022）等的研究，并结合官方文件，本书分别对东部、中部、西部和东北地区城市的政策效应进行分析，具体结果见表 3-8。由表 3-8 可知，产业结构正向影响着 4 个区域的经济，显著地影响着东、中、西部。产业结构对四大区域生态环境的影响存在差异，显著影响东、中部，不明显影响西部、东北。相对于西部和东北而言，产业结构调整政策对东部和中部产生了更大的经济效应和环境效应，对其经济增长和环境污染的边际影响更为明显。随着产业结构调整政策的经济发展效应和生态环保效应的逐步增强，产业结构调整政策的驱动效应已经在区域上得到了验证。可能的原因是，结构调整政策后，东部和中部地区在禀赋条件、经济实力等方面拥有优势，产业结构调整政策往往更能激发创新主体的活力，从而对经济增长和环境改善起到促进作用。

表 3-8 区域异质性分析结果

变量	东部		中部		西部		东北	
	ISU	*ISR*	*ISU*	*ISR*	*ISU*	*ISR*	*ISU*	*ISR*
ATT	0.404*** (6.03)	-0.234*** (-4.22)	0.397*** (7.79)	-0.237** (-2.62)	0.139*** (2.75)	0.026 (0.20)	0.018 (1.50)	-0.069 (-0.89)
个体效应	是	是	是	是	是	是	是	是
时间效应	是	是	是	是	是	是	是	是
样本数	4 828	4 828	4 828	4 828	4 828	4 828	4 828	4 828

(二) 城市群异质性分析

城市群是国家参与全球竞争和国际地域分工的重要空间载体，中国 95% 以上的城市群同时处于“一带一路”规划区间，是“一带一路”建设的主阵地。在这种背景下，研究城市群产业结构调整有助于提高城市群资源配置效率，引领城市群产业在价值链中的地位提升，实现城市群高质量发展。

城市群是城市化进程发展到一定阶段后，在具备特定地理条件的区域内出现的空间再组织现象。而空间组织的变迁则是以产业在不同等级的城市内进行重组为主要内容的，因而城市群产业结构以及地域分工的调整与优化成为城市群实力的决定性因素。城市群的形成过程也是其内部不同规模、不同等级城市产业特色形成的过程，各城市根据自身的情况和特色，承担不同的职能分工，从而使得城市群具有区域综合职能和产业协作优势。

截至 2022 年 2 月 18 日，国务院共先后批复了 10 个国家级城市群，分别是：长江中游城市群、哈长城市群、成渝城市群、长江三角洲城市群、中原城市群、北部湾城市群、关中平原城市群、呼包鄂榆城市群、兰西城市群、粤港澳大湾区。表 3-9 展示了这 10 个城市群的具体城市信息及批复时间。在这 10 个城市群中，有 3 个东部城市群（长江三角洲城市群、北部湾城市群、粤港澳大湾区）、4 个中部城市群（哈长城市群、呼包鄂榆城市群、长江中游城市群、中原城市群）、3 个西部城市群（成渝城市群、关中平原城市群、兰西城市群）。

表 3-9　城市群具体信息

城市群	城市名单（县级市以上）	批复时间	国务院批复和国家发展改革委印发资料文件
长江中游城市群	武汉、黄石、鄂州、黄冈、孝感、咸宁、仙桃、潜江、天门、襄阳、宜昌、荆州、荆门、长沙、株洲、湘潭、岳阳、益阳、常德、衡阳、娄底、南昌、九江、景德镇、鹰潭、新余、宜春、萍乡、上饶、抚州、吉安	2015-03-26	《国务院关于长江中游城市群发展规划的批复》《国家发展改革委关于印发长江中游城市群发展规划的通知》
哈长城市群	哈尔滨、大庆、齐齐哈尔、绥化、牡丹江、长春、吉林、四平、辽源、松原、延边	2016-02-23	《国务院关于哈长城市群发展规划的批复》《国家发展改革委关于印发哈长城市群发展规划的通知》
成渝城市群	成都、重庆、自贡、泸州、德阳、遂宁、内江、乐山、南充、眉山、宜宾、广安、资阳、绵阳、达州、雅安	2016-04-12	《国务院关于成渝城市群发展规划的批复》《国家发展改革委关于印发成渝城市群发展规划的通知》

续表

城市群	城市名单（县级市以上）	批复时间	国务院批复和国家发展改革委印发资料文件
长江三角洲城市群	上海、南京、无锡、常州、苏州、南通、盐城、扬州、镇江、泰州、杭州、宁波、嘉兴、湖州、绍兴、金华、舟山、台州、合肥、芜湖、马鞍山、铜陵、安庆、滁州、池州、宣城	2016-05-22	《国务院关于长江三角洲城市群发展规划的批复》《国家发展改革委关于印发长江三角洲城市群发展规划的通知》《长江三角洲区域一体化发展规划纲要》
中原城市群	郑州、洛阳、开封、南阳、安阳、商丘、新乡、平顶山、许昌、焦作、周口、信阳、驻马店、鹤壁、濮阳、漯河、三门峡、济源、长治、晋城、运城、邢台、邯郸、聊城、菏泽、宿州、淮北、蚌埠、阜阳、亳州	2016-12-28	《国务院关于中原城市群发展规划的批复》《国家发展改革委关于印发中原城市群发展规划的通知》
北部湾城市群	南宁、北海、钦州、防城港、玉林、崇左、湛江、茂名、阳江、海口、儋州、东方	2017-01-20	《国务院关于北部湾城市群发展规划的批复》《国家发展改革委关于印发北部湾城市群发展规划的通知》
关中平原城市群	西安、宝鸡、咸阳、铜川、渭南、商洛、运城、临汾、天水、平凉、庆阳	2018-01-09	《国务院关于关中平原城市群发展规划的批复》《国家发展改革委关于印发关中平原城市群发展规划的通知》
呼包鄂榆城市群	呼和浩特、包头、鄂尔多斯、榆林	2018-02-05	《国务院关于呼包鄂榆城市群发展规划的批复》《国家发展改革委关于印发呼包鄂榆城市群发展规划的通知》
兰西城市群	兰州、西宁、海东、白银、定西	2018-02-22	《国务院关于兰州—西宁城市群发展规划的批复》《国家发展改革委关于印发兰州—西宁城市群发展规划的通知》

续表

城市群	城市名单（县级市以上）	批复时间	国务院批复和国家发展改革委印发资料文件
粤港澳大湾区	香港、澳门、广州、深圳、佛山、东莞、中山、珠海、江门、肇庆、惠州	2019-02-18	《中共中央、国务院印发〈粤港澳大湾区发展规划纲要〉》

城市群作为区域协调发展的主阵地，是推动区域协调发展的重要载体。对城市群进行产业结构调整的研究，将有助于推动城市群自身绿色经济发展、资源配置效率的提高、生态环境的美化；有利于城市群不断优化升级产业，合理调度分配区域发展的资源；有利于形成集聚性城市群，以优带优，共同发展。考虑到城市群的设立时间不同，那不同时间设立的城市群的政策效应是否相同呢？由于产业结构调整政策颁布的时间点不同，因此本书增加设定虚拟变量 time，该地区在发布产业结构调整政策当年及以后对其赋值为 1，发布之前对其赋值为 0。

本书基于式（3-20），分别检验不同的城市群所产生的政策效果差异，回归结果如表 3-10 所示。由于城市群批复时间的阶段性，所以本书将表 3-10 中的模型（1）设置为 2015 年长江中游城市群设立的节点，探索长江中游城市群设立与产业结构政策共同作用结果，其结果在 5%的显著性水平上为 0.254 8，具有正向效应。将模型（2）设置为 2016 年设立哈长城市群、成渝城市群、长江三角洲城市群和中原城市群的节点，探索这 4 个城市群设立与产业结构政策共同作用结果，其结果表明这 4 个城市群都具有一定的政策正向效应。将模型（3）设置为 2017 年北部湾城市群设立的节点，探索北部湾城市群设立与产业结构政策共同作用结果，其结果在 1%的显著性水平下具有正向效应。将模型（4）设置为 2018 年关中平原城市群、呼包鄂榆城市群和兰西城市群设立的节点，探索上述 3 个城市群设立与产业结构政策共同作用结果，其结果都表现出一定的负向影响。同时囿于数据可获得性，本书未研究粤港澳大湾区的政策效应结果。综合来看，产业结构调整只在关中平原城市群、呼包鄂榆城市群和兰西城市群对经济、生态环境保持负向影响，而在其余城市群均具有一定正向效应，且产业结构调整对经济、生态环境的影响在长江中游城市群与中原城市群最为显著。

表 3-10 十大城市群政策效应结果

变量	模型（1）	模型（2）	模型（3）	模型（4）
长江中游城市群	0.254 8 ** (0.063 6)	0.230 4 *** (0.065 0)	0.644 1 *** (0.083 8)	1.244 4 *** (0.234 3)
哈长城市群	—	2.199 7 * (1.305 0)	1.004 8 (1.241 4)	0.043 9 *** (0.005 9)
成渝城市群	—	11.473 4 *** (2.014 6)	6.224 1 *** (0.860 1)	0.059 0 *** (0.007 1)
长江三角洲城市群	—	0.037 4 *** (0.006 5)	0.040 5 *** (0.006 1)	0.047 4 *** (0.006 4)
中原城市群	—	0.046 7 *** (0.007 9)	0.053 6 *** (0.007 5)	0.065 94 *** (0.008 2)
北部湾城市群	—	—	0.008 9 *** (0.002 1)	0.007 2 *** (0.002 0)
关中平原城市群	—	—	—	-0.163 3 (0.012 4)
呼包鄂榆城市群	—	—	—	-0.000 1 ** (0.000 0)
兰西城市群	—	—	—	-0.261 9 ** (0.038 8)
粤港澳大湾区	—	—	—	—
个体效应	-0.000 1 *** (0.000 0)	-0.000 1 *** (0.000 0)	-0.000 2 *** (0.000 0)	-0.000 1 *** (0.000 0)
时间效应	-0.296 8 *** (0.039 8)	-0.284 4 *** (0.040 4)	-0.237 9 *** (0.038 6)	-0.261 9 *** (0.038 8)
常数项	-2.637 6 *** (0.532 3)	-2.286 2 *** (0.570 5)	-2.639 1 *** (0.540 1)	-3.370 4 *** (0.575 7)
拟合优度	0.565 8	0.569 4	0.629 5	0.707 6

研究发现，产业结构高级化对经济、生态环境均具有正向影响，研究假设 1 得到验证；产业结构合理化对经济正向影响明显，对生态环境的影响显著为负，研究假设 2 得到验证。安慰剂检验验证了产业结构调整具有政策效应，上述实证结果具有稳健性。

产业结构调整对经济、生态环境的影响存在异质性，研究假设 3 得到验证。从区域角度看，东部和中部地区的产业结构调整对经济和生态环境的正向影响更明显。从城市群角度看，关中平原城市群、呼包鄂榆城市群和兰西城市群的产业结构调整对经济、生态环境具有负向影响，对其余城市群均具有一定正向影响，且产业结构调整对经济、生态环境的政策影响在长江中游城市群与中原城市群最为显著。

第四节　产业结构调整对经济、生态环境的空间效应分析

由于现实生活中产业结构调整的影响因地理位置与环境污染等而在空间上具有扩散的特征，因此还需进行产业结构调整对经济、生态环境的空间效应分析。本节将进行空间自相关检验，纳入空间因素，构建空间计量模型，综合分析产业结构调整对经济、生态环境的影响，进一步分析产业结构调整对经济、生态环境的空间效应。

一、空间权重矩阵

空间权重矩阵是反映个体在空间中依赖关系的矩阵。依据韩永辉、黄亮雄（2015）的研究，本书采用平均权重矩阵，它假定各邻近地区对本地区产生的影响相同。

$$\text{平均权重矩阵：}W_{ij}=\begin{cases}1,\ \text{当区域 } i \text{ 与区域 } j \text{ 相邻时}\\0,\ \text{当区域 } i \text{ 与区域 } j \text{ 不相邻时}\\0,\ \text{当 } i=j \text{ 时}\end{cases}$$

其中，W_{ij} 代表空间中个体 i 对个体 j 的影响程度。由此可知，空间权重用来

描述空间个体之间相互影响程度的大小。

二、空间自相关检验

（一）空间自相关检验指标

为了进一步挖掘隐藏在空间相互作用背后的重要信息或规律，本书通过莫兰指数检验中国区域产业结构调整的空间自相关性。莫兰指数是全局聚类检验方法，可以检验相邻区域的特征或属性是相似、相异还是相互独立的。常用的莫兰指数有两种：全局自相关莫兰指数和局部自相关莫兰指数。全局莫兰指数表示为：

$$I = \frac{N}{\sum_{i=1}^{N}\sum_{j=1}^{N}W_{ij}} \frac{\sum_{i=1}^{N}\sum_{j=1}^{N}W_{ij}(Y_i - \bar{Y})(Y_j - \bar{Y})}{\sum_{i=1}^{N}(Y_i - \bar{Y})^2} \tag{3-21}$$

其中，i 和 j 为地区，N 为地区总数，Y_i、Y_j 分别为 i、j 区域产业结构的观测值，$\bar{Y}$ 为各地区观测值的平均数，W_{ij} 为空间权重矩阵。我们采用标准统计量 Z 来检验莫兰指数的显著性水平。检验统计量的标准化 Z 值为：

$$Z = \frac{1 - E(I)}{\sqrt{VAR(I)}} \tag{3-22}$$

莫兰指数的取值范围为［-1，1］。当 $I>0$ 时，地区之间具有空间正相关性，说明产业结构水平相似的地区集聚在一起；当 $I<0$ 时，地区之间呈现出空间负相关性，说明产业结构水平相异的地区集聚在一起；当 $I=0$ 时，地区之间空间不相关。

为了明确局部地区是否存在相似或相异的观察值聚集，本书根据 Anselin（2003）的局部莫兰指数分析区域 i 和其邻近区域的关联程度，公式如下：

$$I = \frac{N(Y_i - \bar{Y})\sum_{j=1}^{N}W_{ij}(Y_j - \bar{Y})}{\sum_{i=1}^{N}(Y_i - \bar{Y})^2} \tag{3-23}$$

根据 I_i 值及其显著性，本书把局部空间自相关分成 4 种类型：高高集聚

（High-High）、高低集聚（High-Low）、低高集聚（Low-High）、低低集聚（Low-Low）。高高集聚表示高值区域被高值区域所包围，高低集聚表示高值区域被低值区域所包围，低高集聚表示低值区域被高值区域所包围，低低集聚表示低值区域被低值区域包围。高高集聚地区对周边地区有较强的正向带动作用，辐射作用较大。

（二）空间自相关检验结果

根据上述检验指标，本书计算全局莫兰指数，其中产业结构高级化莫兰指数检验结果见表 3-11。经济与生态环境的莫兰指数均大于 0 且均显著，说明产业结构高级化对经济、生态环境具有显著的空间溢出效应。

表 3-11　产业结构高级化莫兰指数检验结果

年份	莫兰指数（*ECI*）	莫兰指数（*EEI*）	*P* 值
2005	0. 284 835***	0. 834 809***	0. 458 5
2006	0. 285 757***	0. 845 34***	0. 443 6
2007	0. 322 204***	0. 161 55***	0. 156 9
2008	0. 309 941***	0. 056 914***	0. 223 6
2009	0. 340 821***	0. 336 701***	0. 084 8
2010	0. 340 309***	0. 353 52***	0. 079 8
2011	0. 322 213***	0. 190 636***	0. 142
2012	0. 370 676***	0. 611 152***	0. 305
2013	0. 401 296***	0. 909 302***	0. 093
2014	0. 410 042***	0. 991 106***	0. 066
2015	0. 402 78***	0. 939 676***	0. 082
2016	0. 412 609***	0. 035 883***	0. 054
2017	0. 346 719***	0. 491 738***	0. 48
2018	0. 400 559***	0. 929 507***	0. 085
2019	0. 409 268***	0. 985 129***	0. 067
2020	0. 331 352***	0. 575 41***	0. 135

续表

年份	莫兰指数（*ECI*）	莫兰指数（*EEI*）	*P* 值
2021	0. 393 75 ***	0. 847 717 ***	0. 119
2022	0. 402 65 ***	0. 800 522 ***	0. 441

产业结构合理化莫兰指数检验结果见表 3-12。经济与生态环境的莫兰指数均大于 0，且均显著说明产业结构合理化对经济、生态环境具有显著的空间溢出效应。

表 3-12　产业结构合理化莫兰指数检验结果

年份	莫兰指数（*ECI*）	莫兰指数（*EEI*）	*P* 值
2005	0. 179 17 ***	0. 587 22 ***	0. 116
2006	0. 127 50 ***	0. 511 67 ***	0. 194 7
2007	0. 048 33 ***	0. 371 11 ***	0. 226 5
2008	0. 999 17 ***	0. 315 56 ***	0. 241 9
2009	0. 961 67 ***	0. 303 33 ***	0. 486
2010	0. 909 17 ***	0. 261 11 ***	0. 210 8
2011	0. 734 17 ***	0. 218 89 ***	0. 276 6
2012	0. 740 83 ***	0. 115 00 ***	0. 078 67
2013	0. 681 67 ***	0. 058 33 ***	0. 092 58
2014	0. 681 67 ***	0. 017 78 ***	0. 359 7
2015	0. 659 17 ***	0. 039 44 ***	0. 064 76
2016	0. 621 67 ***	0. 026 67 ***	0. 053 85
2017	0. 640 83 ***	0. 013 89 ***	0. 054 16
2018	0. 379 17 ***	0. 587 22 ***	0. 116
2019	0. 327 50 ***	0. 511 67 ***	0. 194 7
2020	0. 348 33 ***	0. 371 11 ***	0. 226 5
2021	0. 699 17 ***	0. 315 56 ***	0. 241 9
2022	0. 582 33 ***	0. 345 1 ***	0. 051 37

2005—2022年中国各区域产业结构合理化的局部莫兰指数和产业结构高级化的局部莫兰指数分别如表3-13与表3-14所示。中国各区域产业结构调整的局部莫兰指数具体变化趋势如图3-6与图3-7所示。可以看出，产业结构合理化水平有所上升，但不明显；而产业结构高级化程度有所加深，这与上文结论相似。从空间差异的视角来看，东部、中部和西部产业结构调整呈现出显著的空间分布格局。

表3-13　产业结构合理化的局部莫兰指数

地区	2005	2006	2007	2008	2009	2010	2011	2012	2013
东部	0.214 3	0.225 9	0.227 7	0.234 1	0.256 9	0.246 7	0.234 2	0.244 6	0.219 4
中部	0.260 7	0.266 2	0.262 3	0.271 1	0.276 4	0.263 8	0.267 8	0.253 7	0.254 8
西部	0.089 7	0.011 4	0.009 7	0.005 4	0.024 1	0.001 6	0.075 7	0.048 8	0.078 8
东北	0.140 8	0.115 8	0.147 1	0.157 9	0.243 8	0.130 3	0.142 7	0.141 1	0.137 1
地区	2014	2015	2016	2017	2018	2019	2020	2021	2022
东部	0.244 6	0.252 3	0.226 9	0.244 9	0.232 6	0.239 6	0.216 3	0.223 9	0.253 6
中部	0.257 0	0.269 5	0.251 1	0.285 5	0.294 6	0.272 4	0.273 4	0.276 9	0.257 7
西部	0.076 0	0.088 1	0.074 9	0.069 9	0.081 9	0.081 4	0.071 6	0.021 3	0.091 8
东北	0.150 6	0.145 6	0.133 7	0.148 8	0.162 2	0.158 0	0.126 8	0.098 7	0.264 8

表3-14　产业结构高级化的局部莫兰指数

地区	2005	2006	2007	2008	2009	2010	2011	2012	2013
东部	0.461 1	0.425 1	0.407 8	0.419 6	0.400 1	0.392 0	0.410 1	0.400 8	0.431 5
中部	0.471 6	0.415 0	0.415 2	0.431 1	0.437 4	0.432 1	0.458 7	0.451 3	0.454 3
西部	0.147 5	0.113 4	0.117 1	0.121 8	0.107 9	0.125 4	0.123 5	0.164 6	0.116 8
东北	0.425 7	0.461 4	0.420 7	0.460 6	0.460 4	0.465 5	0.455 0	0.424 4	0.428 6
地区	2014	2015	2016	2017	2018	2019	2020	2021	2022
东部	0.415 1	0.399 6	0.436 9	0.446 4	0.441 5	0.422 8	0.458 8	0.455 1	0.843 6
中部	0.448 9	0.455 6	0.476 5	0.482 1	0.453 6	0.451 2	0.440 7	0.448 7	0.704 4
西部	0.101 9	0.136 5	0.123 9	0.101 7	0.103 7	0.186 0	0.128 6	0.103 8	0.180 8
东北	0.402 8	0.404 2	0.415 3	0.417 6	0.423 0	0.431 8	0.433 3	0.441 4	0.470 4

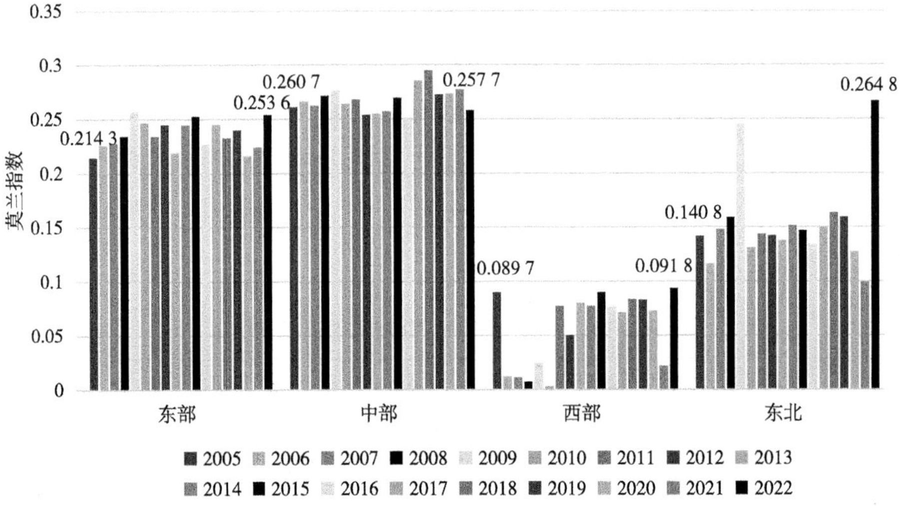

图 3-6　2005—2022 年中国各区域产业结构合理化局部莫兰指数

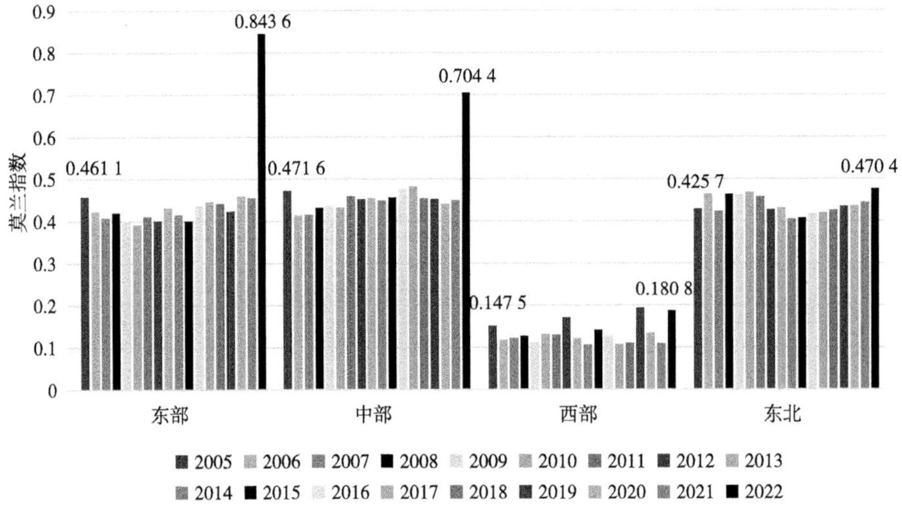

图 3-7　2005—2022 年中国各区域产业结构高级化局部莫兰指数

(三) 空间计量模型构建

各地区之间在经济、社会、文化等各方面都存在着联系，人口要素、资源要素、技术要素都保持相对流动，两地区距离越近，要素之间的流动越频繁。由于普通面板模型无法研究空间效应等问题，需通过空间计量模型，验证在空间邻近关系下产业结构调整对经济、生态环境影响的空间溢出效应。因此，本书选用空间面板计量模型，更加准确地检验产业结构调整及相关控制变量相互影响关系。在空间计量当中，用于研究空间面板数据的模型有3种，即空间滞后模型（Spatial Lag Model，SLM）、空间误差模型（Spatial Error Model，SEM）和空间杜宾模型（Spatial Durbin Model，SDM），这些模型适用于研究不同的空间问题。参考 Elhorst（2006）的研究，本书选取空间滞后模型、空间误差模型和空间杜宾模型作为备用模型，具体选取哪种模型需要进一步检验。由于空间杜宾模型既包含解释变量的空间滞后项，也包含被解释变量区域生态效率的空间滞后项，能够尽可能地考虑各变量带来的空间影响，因此本书优先选取空间杜宾模型。

借助蔡冰冰、赵威、李政旸等（2019）的研究，本书用动态空间面板模型展开实证分析，并与普通动态面板模型和静态空间面板模型的结果进行对比和稳健性检验。通过比较两个拉格朗日乘数及其稳健性，空间面板模型选取空间自回归模型及 SEM：如果 LM_LAG 比 LM_ERR 显著，Robust_LM_LAG 通过显著性检验，而 Robust_LM_ERR 没有通过显著性检验，则选择 SLM；反之，选择 SEM。动态面板模型包括差分广义矩估计和系统广义矩估计两种估计方法。由于存在着空间自相关，OLS 的参数估计将不再一致。因此，对于上述空间模型的估计一般采用广义矩（GMM）估计或者极大似然（ML）估计。

本书建立空间杜宾模型如下：

$$Y_{it} = c + \rho \sum_{j=1}^{37} W_{ij} Y_{it} + \beta X_{it} + \mu_i + \lambda_i + \varepsilon_{it} \tag{3-24}$$

其中，Y_{it} 为被解释变量，代表经济综合指数与生态环境指数；X_{it} 表示一组解释变量，包括核心解释变量产业结构合理化与高级化水平和控制变量；W_{ij} 为空间权重矩阵，本书采用能够反映两地区邻近关系的邻接矩阵；ρ 为被解释变量的空间自回归系数；β 为解释变量的回归系数，表示本地区产业结构调整及各控制变量对本地区经济、生态环境的影响；c 为常数项；i 为地区；t 为时间；μ_i 和 λ_i 分别为空间效应和时间效应；ε_{it} 为随机扰动项。

三、空间计量实证分析

（一）回归结果分析

在进行模型选择的同时，我们还需要判断空间滞后项和空间误差项是否会对被解释变量产生影响，如果影响存在，则可以使用空间杜宾模型，进行下一步检验。本书估计 OLS 模型并检验 SLM、SEM 哪个更为适合，需要检验基于 OLS 残差的 4 个统计量，即 LM_LAG、LM_ERR、Robust_LM_LAG、Robust_LM_ERR。如果 OLS 被拒绝，统计检验显示 SLM 或者 SEM 合适，或两个均合适，那么接下来不能直接进行选择，还需对 SDM 进行估计。首先分别进行 LM 检验、LR 检验、Hausman 检验、LR 双固定检验。通过以上检验，最终确定具体的空间计量模型。

1. LM 检验、LR 检验

通过 LM 检验验证变量间是否存在空间相关性，同时验证空间误差模型、空间滞后模型的稳健性。LM 检验的原假设为不存在空间误差效应和空间滞后效应，即无空间相关性。LM 检验结果如表 3-15 所示。

表 3-15　LM 检验结果

检验方法	T 统计量	*P* 值
LM-spatial error	48.31	0.000
Robust LM-spatial error	8.951	0.003
LM-spatial lag	51.726	0.000
Robust LM-spatial lag	12.367	0.000

根据表 3-15 可知，拉格朗日乘数（LM）及稳健的拉格朗日乘数（Robust LM）均在 5%以内的显著性水平上通过检验，因此拒绝原假设，变量存在强烈的空间误差效应和空间滞后效应。

但通过 LM 检验无法判别出拟合度更高的模型，因此本书采用 LR 检验进行进一步的判断，结果如表 3-16 所示。在空间杜宾模型可以简化为空间滞后模型、空间误差模型的两个假设下，LR 检验结果均拒绝原假设，表明采用空间杜宾模型的运行结果更为精确。

表 3-16 LR 检验结果

LR 检验	检验结果
Likelihood-radio test (Assumption：sar nested in sdm)	LRchi2 (5) = 11.31 Prob>chi2 = 0.045 5
Likelihood-radio test (Assumption：sem nested in sdm)	LRchi2 (5) = 11.21 Prob>chi2 = 0.047 4

2. Hausman 检验

为了对固定效应和随机效应下的空间杜宾模型实证结果进行选择，本书采用 Hausman 检验进行分析，以确定模型要选定随机效应还是固定效应。因此，在空间邻近权重矩阵下，本书针对使用的模型开展 Hausman 检验工作，Hausman 的原假设为随机效应。结果显示，Hausman 检验在 1%的显著性水平上拒绝原假设。因此，研究模型最终明确为固定效应的空间杜宾模型。

3. LR 双固定检验

固定效应可细分为 3 种，即空间固定效应、时间固定效应和空间-时间双固定效应。如表 3-17 所示，从 LR 空间-时间双固定效应检验来看，应当选择空间-时间双固定模型。

表 3-17 LR 空间-时间双固定效应检验结果

LR 检验	检验结果
Likelihood-radio test (Assumption：ind nested in both)	LRchi2 (18) = 69.51 Prob>chi2 = 0.000 1
Likelihood-radio test (Assumption：time nested in both)	LRchi2 (18) = 295.26 Prob>chi2 = 0.000 1

表 3-18 展示了使用空间计量模型得到的产业结构调整对经济、生态环境影响的估计结果。产业结构高级化对经济的影响在 10%的水平上显著为正，

产业结构高级化程度每升高 1%，经济综合指数就会上升 0.025%。产业结构合理化对经济的影响在 10%的水平上显著为正，产业结构合理化程度每升高 1%，经济综合指数就会上升 0.079%。产业结构高级化对生态环境的影响显著为正，产业结构高级化程度每升高 1%，生态环境综合指数就会上升 1.005%。产业结构合理化对生态环境的影响显著为正，产业结构合理化程度每升高 1%，生态环境综合指数就会上升 0.935%。

表 3-18　产业结构调整对经济、生态环境影响的估计结果

项目	普通动态面板模型		静态空间面板模型		动态空间面板模型	
	ECI	*EEI*	*ECI*	*EEI*	*ECI*	*EEI*
ISU	0.087	0.838**	0.026*	0.477**	0.025*	1.005***
ISR	0.055	0.045**	0.059	0.399*	0.079*	0.935***
UR	—	-0.093	—	-0.4	—	-0.084
GOV	—	-0.058	—	0.578	—	-0.033**
HCL	—	0.339*	—	0.093*	—	0.275*
τ（动态因素）	0.670***	0.663***	—	—	0.681***	0.686***
ρ（空间因素）	—	—	0.073***	0.077***	0.029***	0.034***
Adj-R^2	—	—	0.885	0.975	—	—
LM-Lag test	—	—	0.011	0.010	0.155	0.167
Robust LM-Lag test	—	—	0.617	0.702	0.322	0.334
LM-Error test	—	—	0.001	0.001	0.001	0.001
Robust LM-Error test	—	—	0.034	0.048	0.003	0.004

（二）空间溢出效应

为研究各控制变量的空间溢出效应，本书将产业结构调整及各控制变量对经济、生态环境的影响系数分解为直接效应、间接效应及总效应，其结果见表 3-19。从总效应来看，产业结构调整对本地区产生正向影响，同时也会对周边地区产生负向影响，产业结构调整对经济和生态环境总体呈现正向影响。

表 3-19 空间溢出效应估计结果

变量	ECI			EEI		
	直接效应	间接效应	总效应	直接效应	间接效应	总效应
ISU	1.897***	-0.456**	1.441**	0.494*	0.583**	1.076**
ISR	0.586**	0.044	0.630*	1.880***	2.334**	4.214***
UR	0.087***	0.092	0.178***	0.258***	0.307**	0.565***
GOV	0.202**	0.089	0.292**	0.310*	0.361*	0.671*
HCL	-0.406***	-0.041**	-0.447***	0.258**	-0.311*	-0.569**

直接效应为产业结构调整对本地经济、生态环境的影响。产业结构调整对本地经济的影响系数为 1.897，即产业结构调整水平提高 1 个单位，经济综合指标提高 1.897 个单位。产业结构调整对经济的直接效应显著为正。在整个产业结构调整过程中，一方面，能够从投入端减少资源消耗以及环境污染。人口的集聚形成了规模效应，社会的人力成本会逐渐下降，政府以及企业能够将更多的精力投入污染治理方面，通过新增环境治理设备或者污染集中治理等方式减少环境污染。同时，人口集聚会带来管理以及技术水平的进步，能够提高土地、水、能源资源的有效利用率。另一方面，能够从产出端增加经济效益产出。经济的增长依赖人口的增长，人口集聚给经济增长带来的边际效益是非常可观的。特别在近几十年，政府通过人才吸引政策引进了大批高新技术行业的人才，推动了经济的快速增长。综合这两个方面可知，产业结构调整对经济的影响表现为显著的促进作用。

间接效应为产业结构调整及控制变量对周边地区的经济、生态环境的影响，即空间溢出效应。产业结构调整对周边地区经济的影响系数为 -0.456，即本地区产业结构调整水平提高 1 个单位，周边地区经济综合指标下降 0.456 个单位。产业结构调整对经济综合指数的间接效应显著为负。城镇大量人口的涌入加剧了资源消耗，同时产生了大气、水和固体废弃物污染。污染的产生对周边地区生态环境产生了影响，加剧了周边地区生态破坏。政府作为环境影响的主导者，在环境问题治理过程中缺乏统筹考虑，往往忽略了环境污染的跨区域传播，导致即使本地区投入了大量的人力物力，仍没有取得理想的效果。久而久之，政府的环境治理投入与回报不成正比，政府会更加倾向于将资金投入城镇其他领域建设中，通过与周边地区共同承担环境污染成本来解决污染问题。这无疑增加了周边地区生态破坏治理工作的难度。

四、异质性分析

（一）区域异质性分析

接下来分别分析东部、中部、西部和东北地区的产业结构调整对经济、生态环境的空间效应，具体结果见表 3-20。由表 3-20 可知，东部地区的产业结构高级化对本地经济的影响系数为 0.096 5，即产业结构高级化指数提高 1 个单位，经济综合指标提高 0.096 5 个单位。东部地区的产业结构高级化对周边地区经济的影响系数是 0.886 3，即产业结构高级化指数提高 1 个单位，经济综合指标提高 0.886 3 个单位。东部地区的产业结构高级化对本地生态环境的影响系数显著为正，对周边地区生态环境的影响系数也为正。综合来看，东部地区产业结构高级化对经济、生态环境的总效应显著为正。东部地区的产业结构合理化对本地经济的影响系数为 0.704 6，即产业结构合理化指数提高 1 个单位，经济综合指标提高 0.704 6 个单位。东部地区的产业结构合理化对周边地区经济的影响系数是 0.054 7，即产业结构合理化指数提高 1 个单位，经济综合指标提高 0.054 7 个单位。东部地区的产业结构合理化对本地生态环境的影响系数显著为正，对周边地区生态环境的影响系数也显著为正。综合来看，东部地区产业结构合理化对经济、生态环境具有正向的总效应。

中部地区、西部地区、东北地区的产业结构高级化、合理化的空间效应相较于东部地区还存在一定的上升空间。中部地区的产业结构高级化对本地区生态环境的影响系数为 0.830 6。中部地区的产业结构合理化对周边地区经济的影响显著为负，即产业结构合理化指数提高 1 个单位，经济综合指标降低 0.036 2 个单位。中部地区的产业结构合理化对本地区生态环境的影响系数为 0.111 3。总的来说，中部地区产业结构高级化和合理化对经济、生态环境具有正向的总效应。西部地区产业结构高级化对本地生态环境的影响系数为 1.366 2，即产业结构高级化指数提高 1 个单位，生态环境综合指标提高 1.366 2 个单位。西部地区产业结构高级化、合理化对经济的总效应显著为正，产业结构高级化、合理化对生态环境的总效应不显著。东北地区只有产业结构合理化对周边地区经济的影响显著为正，系数为 0.075 1。东北地区产业结构高级化、合理化对经济具有正向影响，对生态环境存在一定的负向影响。

表 3-20　区域产业结构高级化、合理化空间效应分解

变量	空间效应	*ISU*				*ISR*			
		东部	中部	西部	东北	东部	中部	西部	东北
ECI	直接效应	0.096 5**	0.291 7	0.236 7	0.095 5	0.704 6**	0.020 0	−0.029 0	−0.013 5
	间接效应	0.886 3**	0.432 2	−1.312 5	−0.932 8	0.054 7***	−0.036 2**	0.062 6	0.075 1*
	总效应	0.789 8*	0.141 4	0.549 2**	1.028 3	0.050 1***	0.016 3	0.091 5*	0.088 6
EEI	直接效应	1.045 5**	0.830 6*	1.366 2*	−0.032 5	0.502 3**	0.111 3***	0.002 6	0.070 2
	间接效应	0.237 8	−0.075 7	−0.934 0	0.146 7	0.030 9**	−0.106 7	0.044 8	−0.015 4
	总效应	0.883 3*	0.606 3	1.300 2	−0.114 2	0.028 3	0.054 5	−0.066 4	−0.058 3

（二）城市群异质性分析

下面分别检验不同城市群的产业结构调整对经济、生态环境的空间效应差异，回归结果如表 3-21 所示。由表 3-21 可知，长江中游城市群、哈长城市群、成渝城市群、长江三角洲城市群、关中平原城市群、兰西城市群的产业结构高级化对经济的空间总效应都显著为正，即产业结构高级化指数提高，经济综合指标也会随之提高。长江中游城市群、成渝城市群、长江三角洲城市群、关中平原城市群、兰西城市群的产业结构合理化对经济的空间总效应都显著为正，即产业结构合理化指数提高，经济综合指标也会随之提高。成渝城市群、长江三角洲城市群的产业结构高级化对生态环境的空间总效应显著为正，但中原城市群的产业结构高级化对生态环境的影响系数为−0.024 4，即产业结构高级化指数提高 1 个单位，生态环境综合指标降低 0.024 4 个单位。长江三角洲城市群的产业结构合理化对生态环境的空间总效应显著为正，但北部湾城市群的产业结构合理化对生态环境的影响系数为−0.012 2，即产业结构合理化指数提高 1 个单位，生态环境综合指标降低 0.012 2 个单位。

表 3-21 城市群产业结构高级化、合理化空间效应分解

变量	城市群	ECI			EEI		
		直接效应	间接效应	总效应	直接效应	间接效应	总效应
ISU	长江中游城市群	0.938 3***	2.157 2***	3.095 5***	0.069 4	-0.419 5**	0.354 5
	哈长城市群	-0.657 7*	2.280 1***	2.937 9*	0.184 5*	-0.144 8	0.039 6
	成渝城市群	1.600 6**	3.323 7**	4.930 3**	-0.113 0	-0.584 0	0.707 0*
	长江三角洲城市群	0.456 9***	0.520 5***	0.977 4***	-0.022 6***	-0.339 2**	0.421 8**
	中原城市群	0.027 3	-0.082 5*	-0.055 2	0.002 3	-0.026 7**	-0.024 4*
	北部湾城市群	0.032 1**	-0.019 0	0.013 0	0.012 1***	-0.016 5**	-0.004 4
	关中平原城市群	-0.114 3*	-0.018 9	0.133 1*	-0.012 2	-0.025 6	0.021 5
	呼包鄂榆城市群	0.058 1*	-0.070 3	-0.012 2	-0.008 4	-0.039 0	-0.047 3
	兰西城市群	-0.499 8**	-0.177 4	0.677 2*	-0.484 6	-0.680 9	-1.165 5
	粤港澳大湾区	—	—	—	—	—	—
ISR	长江中游城市群	0.660 7**	0.599 8	1.260 6**	-0.049 2*	0.031 0	0.030 8
	哈长城市群	0.002 7	-0.007 9	-0.005 3	-0.022 4*	0.053 7*	0.031 3
	成渝城市群	-0.045 5**	-0.037 8	0.024 0**	0.036 8*	0.001 5	0.037 3
	长江三角洲城市群	0.319 9**	0.405 7***	0.931 0**	-0.630 1**	-0.638 2*	0.109 2***
	中原城市群	0.087 2	-0.417 2*	-0.519 2	0.046 1	-0.172 3**	-0.327 6
	北部湾城市群	0.615 2**	-0.181 2	0.712 4	0.523 4	-0.192 3**	-0.012 2*
	关中平原城市群	-0.332 3*	-0.650 4	0.006 5*	-0.064 0	-0.284 6	0.854 2
	呼包鄂榆城市群	0.649 3	-0.073 4	-0.826 4	-0.284 3	-0.130 4	-0.175 3
	兰西城市群	-0.027 4*	-0.473 2	0.392 6*	-0.108 4	-0.187 4	-1.101 2
	粤港澳大湾区	—	—	—	—	—	—

综上，产业结构高级化对经济、生态环境的影响具有异质性，产业结构合理化对经济、生态环境的影响具有异质性，研究假设 3 得到验证。本书将空间因素纳入模型研究，通过 LM 检验、LR 检验、Hausman 检验、LR 双固定检验，最终使用空间杜宾模型，研究发现产业结构高级化对经济、生态环境的影响具有空间溢出效应，产业结构合理化对经济、生态环境的影响也具有空间溢出效应，研究假设 4 得到验证。并且从总效应来看，产业结构高级化与合理化对经济、生态环境既会产生正向直接影响，也会产生负向间接影响，

但总体呈现正向影响。

第五节　产业结构调整对经济、生态环境的门槛效应分析

上一节将产业结构调整与生态、经济的关系拟合为线性关系的做法，忽略了对非线性关系（“门槛效应”）的考察。本节通过构建面板门槛模型，研究分析产业结构调整与经济、生态环境的非线性关系，并深入衡量门槛变量的作用，识别非线性阶段的影响因素。

一、门槛模型概述

门槛效应，顾名思义，当某个指标达到或超过一定值的时候，情况就会发生改变。联系到本书的模型，也就是在关键指标超过某个界限的情况下，模型中该指标相关的系数就会发生改变。门槛效应又叫门限效应，根据门槛存在的个数，又分为单门槛效应、双门槛效应、多重门槛效应等。

产业结构调整存在一定的地域性，尤其在经济与生态环境较为复杂的情况下，其产生的影响很可能被本地区直接消耗掉了，很难对其他地区产生影响。而当产业结构调整达到一定程度的时候，其影响效应就有可能扩散到其他地区。每个地区的经济实力、资源禀赋、能源消耗都存在差异，所以产业结构调整的影响向外扩散的临界点也会有所不同。基于以上分析，笔者推测产业结构调整对经济、生态环境存在门槛效应，或许门槛还不止一个。考察的范围与寻找的门槛变量不同，门槛效应的结果也可能存在差异。

二、变量选取与说明

（一）解释变量

本节选取产业结构高级化（*ISU*）和产业结构合理化（*ISR*）作为解释变量，详见本章第三节。

（二）被解释变量

本节采用经济、生态环境的指标体系熵权法后的综合指标作为被解释变

量，详见本章第三节。

（三）门槛变量

本节借鉴 Rupasingha（2004）、孙畅（2019）等的研究，采用产业结构作为门槛变量。产业结构（*ISn*），是各省份第一产业增加值占 GDP 的比重（*IS*1）、第二产业增加值占 GDP 的比重（*IS*2）及第三产业增加值占 GDP 的比重（*IS*3）。

（四）控制变量

城镇化率（*UR*）。城镇化是我国促进乡镇发展的一大重要方针，能够聚集生产资源，使生产要素更加集中，更好地发挥生产规模效应。通常以城市人数占人口总数的比例作为城镇化率的衡量标准。

政府干预程度（*GOV*）。政府干预是指相关部门为确保经济平稳有效运行，针对市场失灵现象进行调控，政府出台财政政策与货币政策，调节市场的资金走向，营造自由公平的经营环境。本书采用一般公共预算支出占 GDP 的比重来衡量政府干预程度。

人力资本水平（*HCL*）。人力资本与经济增长成正相关，因为投资往往会提高生产力。教育劳动力的过程是一种投资，但不属于设备等资本投资，而是人力资本投资。因此，本书采用各地区本专科人数占总人口的比重来衡量人力资本水平。

三、门槛模型构建

（一）门槛模型设定

门槛模型是用来研究变量系数是否稳定、是否呈现非线性关系的工具。Hansen（1999）最先提出面板门槛模型，其基本形式如式（3-25）所示。

$$\begin{cases} y_{it} = \mu_i + \beta_1 x_{it} + \varepsilon_{it}, & q_{it} \leqslant \gamma \\ y_{it} = \mu_i + \beta_2 x_{it} + \varepsilon_{it}, & q_{it} > \gamma \end{cases} \tag{3-25}$$

其中，γ 表示门槛值，即机制发生转换的临界点。本书主要研究产业结构调整对经济、生态环境的影响，考虑将产业结构调整作为一个门槛变量，从产业结构变动的视角研究经济、生态环境的影响机制阶段性变化规律。因此，选择门槛模型作为实证分析方法是可行的。

式（3-25）可以用示性函数表示如下：

$$y_{it}=\mu_i+\beta_1 x_{it}\cdot I(q_{it}\leqslant\gamma)+\beta_2 x_{it}\cdot I(q_{it}>\gamma)+\varepsilon_{it} \tag{3-26}$$

其中，y_{it} 为被解释变量，x_{it} 为解释变量，γ 为待估的门槛值。当门槛变量 q_{it} 小于或等于 γ 时，解释变量的系数为 β_1。当门槛变量 q_{it} 大于 γ 时，解释变量的系数为 β_2。

由于产业结构调整与经济增长、生态环境间可能存在非线性关系，因此本书借鉴 Hansen（1999）的研究方法，分别以产业结构合理化和高级化作为门槛变量，构建面板门槛模型如下：

$$\ln y_{it}=\rho_0+\rho_1 I(ISn_{it})\ln ISU_{it}+\rho_2\ln x_{it}+\varepsilon_{it} \tag{3-27}$$

$$\ln y_{it}=\rho_0+\rho_1 I(ISn_{it})\ln ISR_{it}+\rho_2\ln x_{it}+\varepsilon_{it} \tag{3-28}$$

上述模型假设只有一个门槛值；即，由于不同的门槛值，每个变量对经济和生态环境的影响被为两个阶段。但是，可能会出现多个门槛值，假设以此为双门槛构建模型如下：

$$\ln y_{it}=\rho_0+\rho_1 I(ISn_{it})\ln ISU_{it}+\rho_2\ln x_{it}+\varepsilon_{it} \tag{3-29}$$

$$\rho_1 I(ISn_{it})=\begin{cases}\alpha_{j3}(ISn_{it}\leqslant\theta_{j3})\\ \alpha_{j4}(\theta_{j3}<ISn_{it}\leqslant\theta_{j4})\\ \alpha_{j5}(ISn_{it}>\theta_{j3})\end{cases} \tag{3-30}$$

在门槛模型中，所有残差平方和最小时可以获得最优门槛值，门槛效应是否存在的原假设为“H0：$\beta_1=\beta$”，原假设成立，门槛效应不存在，不具有影响。若原假设不成立，则有“H1：$\beta_1\neq\beta$”，存在门槛效应。LR 统计量用似然比 $LR=(S_0-S_1(x))/x^2$ 检验。其中，当原假设 H0 不成立时，S_0 表示残差平方和。原假设 H0 成立时，LR 统计量服从非标准分布。因此，根据 Hansen（1999）的研究，本书选择自举法（Bootstrap），通过构建渐进分布构造 P 值，确定门槛置信区间。

（二）门槛效应检验方法

门槛检验包括门槛效应的显著性检验和门槛估计值的真实性检验。门槛效应的原假设为“H0：$A_1=A_2$”。如果原假设成立，说明不存在门槛效应；如果原假设被拒绝，说明存在单门槛效应。进一步对双重门槛效应进行检验，若检验不通过，则只存在单门槛效应；若通过，则有双门槛效应。三重门槛效应可以类推。Stata 15 增加了官方对门槛效应的检测命令 threshold。另外，对于面板数据使用，王群勇（2015）的非官方命令 xthreg 应用也非常广泛，其主要估计步骤是：首先，确定门槛数量。分别假定单一、双重、三重门槛的模型，使用 Bootstrap 方法来寻找门槛值，对于多重门槛效应的模型，剩下的门槛值则是在已确定门槛值的基础上逐步固定下来的。其次，在门槛数值确定的基础上，假定检验，由此确定门槛回归形态。最后，按照已经确定的门槛值来设置相应的门槛回归模型，并估算模型中的参数。

四、实证结果分析

（一）单位根检验

依据 Adam（2005）与 Giacomini（2013）等相关研究，本书采用了 ADF 检验。原假设为“H0：存在单位根”。

根据表 3-22 可知，变量通过了 ADF 检验，表明数据稳定，可进行后续门槛效应的研究。

表 3-22　面板数据平稳性检验

变量	ADF 检验
EEI	174.882***
ECI	154.395***
ISU	162.574***
ISR	223.681***
UR	139.743***
GOV	186.976***
HCL	98.733***

（二）门槛模型估计结果

进一步地，对门槛估计值进行检验，检验门槛估计值是否显著。第一产业增加值占 *GDP* 的比重（*IS*1）、第二产业增加值占 GDP 的比重（*IS*2）、第三产业增加值占 GDP 的比重（*IS*3）分别为门槛变量，依次假定存在 1、2 个门槛值的产业结构合理化影响经济、生态环境的门槛模型，检验结果见表 3-23（经过 300 次反复抽样，下同）。

表 3-23　产业结构合理化门槛检验

门槛变量	门槛个数	*F* 统计量	1%临界值	5%临界值	10%临界值	门槛值
*IS*1	单一门槛	3.53**	64.27	59.22	57.33	63.26
	双重门槛	8.46	68.11	59.61	56.54	65.88
*IS*2	单一门槛	3.67	42.33	40.56	44.66	—
	双重门槛	5.98	59.10	52.34	46.38	—
*IS*3	单一门槛	9.21	30.15	35.43	39.31	—
	双重门槛	7.32	36.30	33.26	38.77	—

由表 3-23 可以看出，在产业结构调整过程中，只有第一产业增加值占 GDP 的比重作为门槛值模型来检验在 5%的水平上是显著的，即产业结构合理化的影响仅在第一产业调整的情况下呈现出单一门槛值为 63.26、双重门槛值为 65.88 的两个阶段非线性特征，即当第一产业比重超过单一门槛值时，产业结构合理化的影响将有所减弱，其对经济增长的正向影响减小，对生态环境的负向影响增大；在第一产业比重继续提高到 65.88%的情况下，产业结构合理化对经济增长的正向影响再一次减弱，产业结构合理化对生态环境的负向影响加强。将第二产业增加值与 GDP 之比、第三产业增加值与 GDP 之比作为门槛变量的模型并不显著，因此，在接受原假设（不存在门槛效应）的前提下，调整第二产业与第三产业对经济结构合理化的影响。先假定存在一个门槛值的产业结构合理化影响经济、生态环境的门槛模型，通过检验后，再假定存在两个门槛值的产业结构合理化影响经济、生态环境的门槛模型。

产业结构高级化的门槛检验见表 3-24。

表 3-24　产业结构高级化门槛检验

门槛变量	门槛个数	*F* 统计量	1%临界值	5%临界值	10%临界值	门槛值
*IS*1	单一门槛	32.21***	29.52	21.48	24.58	17.08
	双重门槛	18.40**	19.61	18.13	8.18	18.73

续表

门槛变量	门槛个数	F 统计量	1%临界值	5%临界值	10%临界值	门槛值
*IS*2	单一门槛	19.44**	16.97	11.62	9.24	21.85
	双重门槛	12.14	10.61	8.98	6.24	—
*IS*3	单一门槛	7.88***	6.95	4.93	4.70	5.79
	双重门槛	6.43	5.54	3.62	3.57	—

由表 3-24 可以看出，以第一产业增加值占 GDP 比重为门槛变量的产业结构演变过程中，单一门槛模型在 1%的水平上显著，而双重门槛模型在 5%的水平上显著；以第二产业增加值占 GDP 的比重为门槛变量，只有单一门槛模型在 5%的水平上显著；以第三产业增加值占 GDP 的比重为门槛变量，只有单一门槛模型在 1%的水平上显著。产业结构高级化的影响在第一产业调整时呈现非线性的两个阶段。其单一门槛值为 17.08，双重门槛值为 18.73，即当第一产业占比超过单一门槛值时，产业结构高级化对经济增长、生态环境的正向影响被削弱，而在第一产业占比持续提升至 18.73%的情况下再度减弱。产业结构高级化的影响在第二产业调整时表现为非线性的单阶段特征。它的单一门槛值是 21.85，不存在双重门槛，也就是说，当第二产业占比超过 21.85%时，产业结构高级化的冲击就会减弱，而不会因为第二产业占比的继续提高而减弱。产业结构高级化的影响在第三产业调整时呈现出非线性的单阶段特征。它的单一门槛值是 5.79，没有双重门槛，即当第三产业占比超过 5.79%时，产业结构高级化的冲击就会减弱，不会因为第三产业占比的继续提高而减弱。

（三）门槛效应检验

为了保证面板门槛模型的合理性及准确性，本书借鉴张子龙（2015）的做法，将两者估计的结果进行对比，进行普通面板模型回归。所有变量都经过显著性的测试，并且在基本与门槛模型一致的情况下，按照固定效应面板返回模型进行计算。门槛模型结果的稳健性得到了验证，同时也表明，利用门槛模型进行计量分析，能够更加真实地反映产业结构调整对经济和生态环境影响的具体变化。阈值确定后，进一步估计阈值参数，当 *IS*1 低于阈值时，产业结构高级化对负面影响并不显著；在 *IS*1 大于阈值的情况下，产业结构高级化对其负作用在1%的水平下显著为负。为了验证门槛估计值的准确性，图3-8给出了门槛估计值与似然比统计量的关系，产业结构合理化的单一门槛值为63.26，双重门槛值为65.88，似然比统计量小于5%水平下的临界值，门槛效应在统计学上是显著的，可以认为门槛效应估计值是真实有效的。

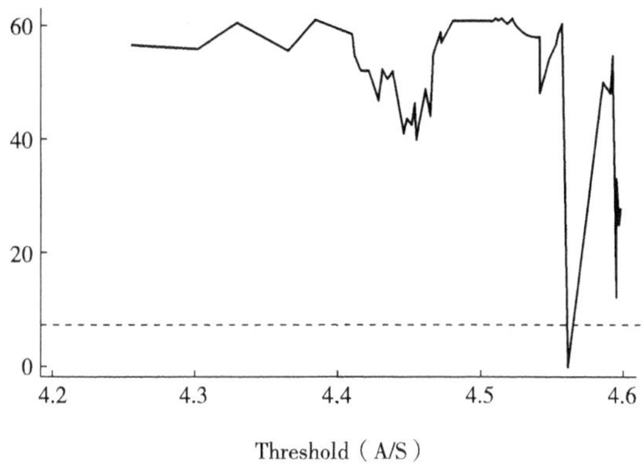

图3-8 门槛效应检验

五、异质性分析

（一）区域异质性分析

接下来分别分析东部、中部、西部和东北地区的产业结构调整对经济、生态环境的门槛效应，具体结果见表3-25。由表3-25可知，以三次产业增加值占GDP比重为门槛变量的产业结构演变过程中，东部地区、中部地区、西部地区和东北地区的产业结构高级化、合理化都具有单一门槛。而双重门槛则存在差异。在以第一产业增加值占GDP比重为门槛变量时，东部地区的产业结构高级化双重门槛值为0.719，东部地区的产业结构合理化双重门槛值为0.869，西部地区的产业结构高级化双重门槛值为0.640，东北地区的产业结构合理化双重门槛值为0.522；在以第二产业增加值占GDP比重为门槛变量时，东部地区的产业结构合理化双重门槛值为1.331，中部地区的产业结构高级化双重门槛值为0.465，中部地区的产业结构合理化双重门槛值为0.587；

在以第三产业增加值占 GDP 比重为门槛变量时，只有东部地区的产业结构合理化具有双重门槛，其值为 0.811。

表 3-25　区域门槛效应异质性分析结果

门槛变量	门槛个数	东部		中部		西部		东北	
		ISU	*ISR*	*ISU*	*ISR*	*ISU*	*ISR*	*ISU*	*ISR*
*IS*1	单一门槛	0.699	0.674	0.351	0.895	0.610	0.140	0.327	0.302
	双重门槛	0.719	0.869	—	—	0.640	—	—	0.522
*IS*2	单一门槛	0.935	0.927	0.206	0.039	0.382	0.067	0.385	0.639
	双重门槛	—	1.331	0.465	0.587	—	—	—	—
*IS*3	单一门槛	0.677	0.702	0.097	0.702	0.043	0.032	0.039	0.007
	双重门槛	—	0.811	—	—	—	—	—	—

（二）城市群异质性分析

下面分别检验不同的城市群所产生的产业结构调整对经济、生态环境的门槛效应差异，回归结果如表 3-26 所示。由表 3-26 可知，分别以第一、二、三产业占 GDP 比重作为门槛变量，除了粤港澳大湾区，其他城市群的产业结构高级化、合理化均具有单一门槛值。以第一产业增加值占 GDP 比重为门槛变量的产业结构演变过程中，长江中游城市群、哈长城市群、成渝城市群、长江三角洲城市群的产业结构高级化具有双重门槛值，长江中游城市群、哈长城市群、成渝城市群、长江三角洲城市群、中原城市群、兰西城市群的产业结构合理化具有双重门槛值。以第二产业增加值占 GDP 比重为门槛变量的产业结构演变过程中，长江中游城市群、成渝城市群、长江三角洲城市群的产业结构高级化具有双重门槛值，长江中游城市群、哈长城市群、成渝城市群、长江三角洲城市群、中原城市群的产业结构合理化具有双重门槛值。以第三产业增加值占 GDP 比重为门槛变量的产业结构演变过程中，哈长城市群、长江三角洲城市群的产业结构高级化具有双重门槛值，长江中游城市群、成渝城市群、长江三角洲城市群的产业结构合理化具有双重门槛值。

表 3-26　城市群门槛效应实证结果

变量	城市群	*IS*1		*IS*2		*IS*3	
		单一门槛	双重门槛	单一门槛	双重门槛	单一门槛	双重门槛
ISU	长江中游城市群	0.938 3	1.157 2	3.095 5	0.069 4	0.419 5	—
	哈长城市群	0.657 7	1.280 1	2.937 9	—	0.144 8	0.039 6
	成渝城市群	1.600 6	3.323 7	4.930 3	0.113 0	0.584 0	—
	长江三角洲城市群	0.456 9	0.520 5	0.977 4	0.022 6	0.339 2	0.421 8
	中原城市群	0.027 3	—	0.055 2	—	0.026 7	—
	北部湾城市群	0.032 1	—	0.013 0	—	0.016 5	—
	关中平原城市群	0.114 3	—	0.133 1	—	0.025 6	—
	呼包鄂榆城市群	0.058 1	—	0.012 2	—	0.039 0	—
	兰西城市群	0.499 8	—	0.677 2	—	0.680 9	—
	粤港澳大湾区	—	—	—	—	—	—
ISR	长江中游城市群	0.660 7	0.599 8	0.260 6	0.049 2	0.031 0	0.030 8
	哈长城市群	0.002 7	0.007 9	0.005 3	0.022 4	0.053 7	—
	成渝城市群	0.045 5	0.037 8	0.024 0	0.036 8	0.001 5	0.037 3
	长江三角洲城市群	0.319 9	0.405 7	0.931 0	0.630 1	0.638 2	0.109 2
	中原城市群	0.087 2	0.417 2	0.519 2	0.046 1	0.172 3	—
	北部湾城市群	0.615 2	—	0.712 4	—	0.192 3	—
	关中平原城市群	0.332 3	—	0.006 5	—	0.284 6	—
	呼包鄂榆城市群	0.649 3	—	0.826 4	—	0.130 4	—
	兰西城市群	0.027 4	0.473 2	0.392 6	—	0.187 4	—
	粤港澳大湾区	—	—	—	—	—	—

综上，产业结构高级化、合理化对经济、生态环境均具有门槛效应，研究假设 5 得到验证。

本章通过构建指标体系和研究模型，分析了产业结构调整对经济、生态环境的政策影响、空间溢出效应和门槛效应，得出以下研究结论：

产业结构高级化对经济、生态环境均具有正向影响；产业结构合理化对经济正向影响明显，对生态环境的影响显著为负。本章通过安慰剂检验，验证了产业结构调整具有政策效应，上述实证结果具有稳健性。

产业结构调整对经济、生态环境的影响存在异质性。从区域角度看，东部和中部地区调整产业结构对其经济增长和生态环境的正向影响更明显；从城市群角度看，关中平原城市群、呼包鄂榆城市群和兰西城市群的产业结构调整对经济、生态环境具有负向影响，其余城市群均具有一定正向效应，且产业结构调整对经济、生态环境的政策影响在长江中游城市群与中原城市群最为显著。

产业结构高级化、产业结构合理化对经济和生态环境的影响均具有空间溢出效应。从总效应来看，产业结构高级化与合理化对经济、生态环境均产生正向直接影响，同时产业结构高级化也会对经济、生态环境产生负向间接影响，但产业结构高级化与合理化对经济和生态环境总体呈现正向影响。

产业结构高级化、合理化对经济、生态环境均具有门槛效应。仅当第一产业调整时，产业结构合理化的影响呈现两阶段非线性特征，第一产业占比超过 63. 26%时，产业结构合理化的影响会减弱，当第一产业占比继续增加至 65. 88%时，产业结构合理化的影响会再次减弱。而第二产业和第三产业的调整对产业结构合理化的影响不存在门槛效应。

当第一产业调整时，产业结构高级化的影响呈现两阶段非线性特征。第一产业占比超过 17. 08%时，产业结构高级化的影响会减弱，当第一产业占比继续增加至 18. 73%时，产业结构高级化的影响会再次减弱。当第二产业调整时，产业结构高级化的影响呈现单阶段非线性特征。第二产业占比超过 21. 85%时，产业结构高级化的影响会减弱，第二产业占比继续增加不会使产业结构高级化的影响减弱。当第三产业调整时，产业结构高级化的影响呈现单阶段非线性特征。第三产业占比超过 5. 79%时，产业结构高级化的影响会减弱，第三产业占比继续增加不会使产业结构高级化的影响减弱。

第四章　京津冀产业结构、经济与生态环境耦合协调的研究

第一节　京津冀概况

京津冀协同发展成为国家重大发展战略，是面向未来打造新的首都经济圈、推进区域发展体制机制创新的需要，是探索完善城市群布局和形态、为优化开发区域发展提供示范和样板的需要，是探索生态文明建设有效路径、促进人口经济资源环境相协调的需要，是实现京津冀优势互补、促进环渤海经济区发展、带动北方腹地发展的需要。京津冀共有 13 个城市，包含北京市、天津市两个直辖市及河北省的石家庄市、廊坊市等 11 个城市。当前，京津冀地区经济社会发展正处在重要的战略机遇期。自 2014 年提出京津冀协同发展以来，京津冀三地优势互补，协同发展，区域经济发展取得积极进展。京津冀经济总量从 2013 年的 55 340 亿元提升至 2023 年的 104 442 亿元，按不变价格计算，年均增长 5.8%。人均地区生产总值 2023 年为 95 338 元，比全国平均水平高 5 980 元，占全国 GDP 的比重达到 8.3%。从表 4-1 可以看出，京津冀地区经济社会总体平稳快速发展，京津冀三地的地区生产总值、人均地区生产总值均稳步上升。“十三五”期间，北京市年均地区生产总值占京津冀地区经济总量的 37.71%；天津市年均地区生产总值占京津冀地区经济总量的 20.23%；河北省年均地区生产总值占京津冀地区经济总量的 42.06%。从人均地区生产总值看，北京市最高，“十三五”年均人均地区生产总值达到 143 302.4 元；天津市的“十三五”年均人均地区生产总值为 109 338.6 元；河北省的“十三五”年均人均地区生产总值为 46 226.6 元。

表 4-1　京津冀地区 2009—2022 年经济发展基本情况

年份	地区生产总值（亿元）			人均地区生产总值（元）		
	北京市	天津市	河北省	北京市	天津市	河北省
2009	12 153.03	7 521.85	17 235.48	70 452	62 574	24 581
2010	14 113.58	9 224.46	20 394.26	75 943	72 994	28 668
2011	16 251.93	11 307.28	24 515.76	81 658	85 213	33 969

续表

年份	地区生产总值（亿元）			人均地区生产总值（元）		
	北京市	天津市	河北省	北京市	天津市	河北省
2012	17 879. 40	12 893. 88	26 575. 01	87 475	93 173	36 584
2013	19 500. 56	14 370. 16	28 301. 41	93 213	99 607	38 716
2014	21 330. 83	15 726. 93	29 421. 15	99 995	105 231	39 984
2015	23 014. 59	16 538. 19	29 806. 11	106 497	107 960	40 255
2016	25 669. 13	17 885. 39	32 070. 45	118 198	115 053	43 062
2017	28 014. 94	18 549. 19	34 016. 32	128 994	118 944	45 387
2018	30 319. 98	18 809. 64	36 010. 27	140 211	120 711	47 772
2019	35 371. 28	14 104. 28	35 104. 52	164 220	90 371	46 348
2020	36 102. 55	14 083. 73	36 206. 89	164 889	101 614	48 564
2021	40 269. 6	15 695. 0	40 391. 3	183 980	113 732	54 172
2022	41 610. 9	16 311. 3	42 370. 4	190 313	119 235	56 995
“十三五”年均	31 095. 576	16 686. 446	34 681. 69	143 302. 4	109 338. 6	46 226. 6

资料来源：《中国统计年鉴》。

北京明确了四大功能定位，经济发展步入新常态，提出构建“高精尖”经济结构要求；城市建设与管理的精细化和规范化程度越来越高；大气污染、交通拥堵、资源紧缺等问题，仍是未来一段时间制约京津冀地区城市发展的突出难题。如表 4-2、表 4-3 所示，《“十三五”节能减排综合工作方案》对京津冀地区的能耗、污染物排放总量提出了具体要求，京津冀地区节能减排和应对气候变化工作面临更高的发展要求。

表 4-2 “十三五”京津冀地区能耗总量和强度“双控”目标

地区	“十三五”能耗强度降低目标（%）	2015 年能源消费总量（万吨标准煤）	“十三五”能耗增量控制目标（万吨标准煤）
北京市	17	6 853	800
天津市	17	8 260	1 040
河北省	17	29 395	3 390

资料来源：《“十三五”节能减排综合工作方案》。

表 4-3 “十三五”京津冀地区污染物排放总量控制计划

项目		2015 年排放量（万吨）	2020 年减排比例（%）	2020 年重点工程减排量（万吨）
北京市	化学需氧量	16.2	14.4	2.33
	氨氮	1.6	16.1	0.24
	二氧化硫	7.1	35	1.8
	氮氧	13.8	25	0.7
	挥发性有机物	23.4	25	3.5
天津市	化学需氧量	20.9	14.4	2.47
	氨氮	2.4	16.1	0.38
	二氧化硫	18.6	25	2.8
	氮氧	24.7	25	3.5
	挥发性有机物	33.9	20	4.6
河北省	化学需氧量	120.8	19.0	16.14
	氨氮	9.7	20.0	1.59
	二氧化硫	110.8	28	18.4
	氮氧	135.1	28	19.9
	挥发性有机物	154.6	20	19.5

资料来源：《“十三五”节能减排综合工作方案》。

同时，京津冀三地具有不同的人口规模和产业结构特征，所以京津冀三地又有不同的能源资源使用情况和节能减排的具体举措及效果。这是与京津冀的定位相关的。京津冀地区的整体定位是以首都为核心的世界级城市群、区域整体协同发展改革引领区、全国创新驱动经济增长新引擎、生态修复环境改善示范区。北京市的定位是全国政治中心、文化中心、国际交往中心、科技创新中心；天津市的定位是全国先进制造研发基地、北方国际航运核心区、金融创新运营示范区、改革开放先行区；河北省的定位是全国现代商贸物流重要基地、产业转型升级试验区、新型城镇化与城乡统筹示范区、京津冀生态环境支撑区。

表 4-4 和表 4-5 分别展示了 2009—2022 年京津冀地区及全国万元 GDP 能耗、能源消费的情况。可以看出，河北省的万元 GDP 能耗以及能源消费量

要高于全国平均水平，这与京津冀地区的产业结构调整和布局是有一定关系的。京津冀地区作为一个经济圈和生态圈，需要共同谋划工作。

表 4-4　2009—2022 年京津冀地区及全国万元 GDP 能耗情况

单位：吨标准煤

年份	北京市	天津市	河北省	全国
2009	0.54	0.75	1.64	1.16
2010	0.42	0.66	1.58	0.88
2011	0.4	0.63	1.3	0.86
2012	0.38	0.6	1.23	0.83
2013	0.36	0.57	1.16	0.79
2014	0.34	0.54	1.02	0.76
2015	0.27	0.5	0.96	0.63
2016	0.26	0.46	0.94	0.59
2017	0.25	0.42	1.07	0.58
2018	0.24	—	1.01	0.56
2019	0.23	—	0.95	0.55
2020	0.19	—	0.93	0.49
2021	0.18	—	0.85	0.48
2022	0.18	—	0.82	0.48

资料来源：中经网数据库。

表 4-5　2009—2022 年京津冀地区及全国能源消费结构

年份	能源消费总量（万吨标准煤）				煤炭消费实物量（万吨）			
	北京市	天津市	河北省	全国	北京市	天津市	河北省	全国
2009	6 570.34	5 874.09	25 418.79	336 126	2 664.7	4 119.65	26 515.81	325 002.92
2010	6 954.05	6 818.08	27 531.11	360 647.86	2 634.62	4 756.21	27 464.72	349 008.25
2011	6 995.4	7 598.45	29 498.29	387 043.22	2 365.53	5 202.5	30 791.75	388 961.11
2012	7 177.68	8 208.01	30 250.21	402 137.87	2 269.89	5 233.37	31 359	411 726.9
2013	6 723.9	7 881.83	29 664.38	416 913.07	2 019.23	5 278.67	31 663.27	424 425.94
2014	6 831	8 145	29 320	428 333.99	1 736.54	5 027.28	29 635.54	413 633.49

续表

年份	能源消费总量（万吨标准煤）				煤炭消费实物量（万吨）			
	北京市	天津市	河北省	全国	北京市	天津市	河北省	全国
2015	6 803	8 319	31 037	434 112.78	1 165.18	4 538.83	31 700.5	399 834.07
2016	6 917	8 078	31 458	441 491.81	847.62	4 230.16	30 863.5	388 820.32
2017	7 088	7 832	32 083	455 826.92	490.46	3 875.61	30 174.5	391 403.25
2018	7 270	7 973	32 185	471 925.15	276.19	3 832.89	29 593.75	397 452
2019	7 360.32	8 240.7	32 545	487 488	182.8	3 766.11	28 738.44	401 915
2020	6 762.1	8 104.6	32 782.76	498 314.1	134.98	3 745.28	—	404 860
2021	7 103.62	8 205.69	32 590.07	525 896.18	130.78	3 723.27	—	429 576
2022	6 896.89	8 121.77	32 538.48	541 000	91.05	3 609.57	—	—

年份	石油消费实物量（万吨）				天然气消费实物量（亿立方米）			
	北京市	天津市	河北省	全国	北京市	天津市	河北省	全国
2009	—	—	—	38 671.38	69.4	18.12	23.11	895.2
2010	—	—	—	44 101.03	74.79	22.93	29.74	1 080.24
2011	—	—	—	45 619.54	73.56	25.52	35.09	1 341.08
2012	—	—	—	47 797.26	92.07	32.05	45.13	1 497
2013	1 480.9	1 542.28	1 488.9	49 970.63	98.81	37.27	49.86	1 705.37
2014	1 538.24	1 615.26	1 423.12	51 859.36	113.7	45.09	56.08	1 870.63
2015	1 583.81	1 772.35	1 296.63	55 960.17	145.37	63.62	72.97	1 931.75
2016	1 578.47	1 658.89	1 370.5	57 692.89	160.3	74.06	80.95	2 078.06
2017	1 655.85	1 565.34	1 384.24	60 395.92	162.24	82.31	95.12	2 393.69
2018	1 707.22	1 522.54	1 460.4	62 245.1	184.85	101.92	133.07	2 817.09
2019	1 752.39	1 580.47	1 341.22	64 506.5	186.37	108.49	165.48	3 059.68
2020	—	—	—	65 369.1	189.12	117.03	—	3 339.89
2021	—	—	—	68 393.4	189.96	123.45	—	3 772.96
2022	—	—	—	—	197.95	127.52	—	—

资料来源：中经网数据库。

从表 4-6 可以看出，2022 年河北省的常住人口达到了 7 420 万人，北京市常住人口为 2 184 万人，天津市常住人口为 1 363 万人，北京市和天津市的城镇人口比例均超过80%，而河北省的城镇人口比例为61.66%。

表 4-6　2009—2022 年京津冀地区人口规模　　单位：万人

年份	常住人口			城镇人口		
	北京市	天津市	河北省	北京市	天津市	河北省
2009	1 860	1 228	7 034	1 581	958	3 077
2010	1 962	1 299	7 194	1 686	1 034	3 201
2011	2 024	1 341	7 232	1 745	1 079	3 297
2012	2 078	1 378	7 262	1 793	1 124	3 384
2013	2 125	1 410	7 288	1 836	1 160	3 500
2014	2 171	1 429	7 323	1 878	1 180	3 615
2015	2 188	1 439	7 345	1 897	1 193	3 795
2016	2 195	1 443	7 375	1 904	1 202	3 973
2017	2 194	1 410	7 409	1 907	1 178	4 130
2018	2 192	1 383	7 426	1 909	1 161	4 257
2019	2 190	1 385	7 447	1 913	1 168	4 377
2020	2 189	1 387	7 464	1 916	1 175	4 484
2021	2 189	1 373	7 448	1 916	1 165	4 554
2022	2 184	1 363	7 420	1 913	1 160	4 575

资料来源：国家统计局。

表 4-7 展示了京津冀三地的产业结构特征。与全国的产业结构特征基本一致，从 2009 年到 2017 年，京津冀三地第三产业的比重逐年上升，京津冀三地各自第一、二、三产业的比重从 2018 年到 2022 年基本持平。

表 4-7　2009—2022 年京津冀地区产业结构变化　　单位：%

年份	第一产业增加值占 GDP 比重			第二产业增加值占 GDP 比重			第三产业增加值占 GDP 比重		
	北京市	天津市	河北省	北京市	天津市	河北省	北京市	天津市	河北省
2009	0.9	2.1	13.9	21.2	49.2	46.8	77.9	48.7	39.3
2010	0.8	1.9	13.7	21.6	47.7	47	77.6	50.4	39.2
2011	0.8	1.7	12.6	20.7	46.3	48.1	78.5	52	39.3

续表

年份	第一产业增加值占 GDP 比重			第二产业增加值占 GDP 比重			第三产业增加值占 GDP 比重		
	北京市	天津市	河北省	北京市	天津市	河北省	北京市	天津市	河北省
2012	0.84	1.6	12.6	20.3	45.7	47.3	79	52.7	40.1
2013	0.83	1.6	13	19.7	44.3	46	79.5	54.1	41
2014	0.7	1.5	12.6	19.3	43.4	45.5	80	55.1	41.9
2015	0.61	1.5	11.7	17.8	41.3	43.7	81.6	57.2	44.6
2016	0.51	1.5	10.8	17.3	38	43.3	82.3	60.5	45.9
2017	0.43	1.3	10.2	16.9	36.7	41.7	82.7	62	48.1
2018	0.39	1.3	10.27	16.5	36.2	39.71	83.1	62.5	50.01
2019	0.3	1.3	10.1	16.2	35.2	38.3	83.7	63.5	51.6
2020	0.3	1.5	10.8	15.8	35.1	38.2	83.7	63.4	51
2021	0.28	1.7	9.98	18.05	36.2	40.51	81.67	62.1	49.51
2022	0.3	1.7	10.41	15.9	37	40.24	83.9	61.3	49.35

资料来源：中经网。

一般来说，第一产业即农业，指以利用自然力为主、生产不必经过深度加工就可消费的产品或工业原料的部门，包括林业、牧业、渔业等。第二产业即工业，指以对第一产业和本产业提供的产品（原料）进行加工的产业部门，包括采矿业、制造业、建筑业，以及电力、燃气及水的生产和供应业。第三产业指服务业。根据国家统计局《关于建立第三产业统计的报告》对中国三次产业划分的意见，中国第三产业包括流通和服务两大部门，具体分为四个层次：一是流通部门，包括交通运输业、邮电通信业、商业饮食业、物资供销和仓储业；二是为生产和生活服务的部门，包括金融业、保险业、地质普查业、房地产管理业、公用事业、居民服务业、旅游业、信息咨询服务业和各类技术服务业；三是为提高科学文化水平和居民素质服务的部门，包括教育、文化、广播、电视、科学研究、卫生、体育和社会福利事业；四是国家机关、政党机关、社会团体、警察、军队等，但在国内不计入第三产业产值和国民生产总值。

2022 年，北京市第三产业占比为 83.9%；河北省第一、第二产业占比分别为 10.41%、40.24%，第三产业占比为 49.35%；天津市第一、第二产业占比分别为 1.7%、37%，第三产业占比为 61.3%。根据产业结构的不同，可以看出河北省的产业结构优化任务要比北京市、天津市的任务重。要着力扩大环境容量生态空间，加强生态环境保护合作，在已经启动大气污染防治协作机制的基础上，完善防护林建设、水资源保护、水环境治理、清洁能源使用等领域合作机制。

京津冀三地的财政收入情况如表 4-8 所示。可以看到 2022 年北京市的财政收入为 5 714.36 亿元，而天津市、河北省的财政收入分别为 1 846.69 亿元、4 056.30 亿元。产业结构的调整、经济发展和生态环境都会影响财政收入的变化，财政收入的增加为经济社会的发展和民生的改善提供了强大的支撑。

表 4-8　2014—2022 年京津冀地区财政收入变化　　单位：亿元

年份	一般公共预算收入		
	北京市	天津市	河北省
2014	4 027.16	2 390.35	2 446.62
2015	4 723.86	2 667.11	2 649.18
2016	5 081.26	2 723.50	2 849.87
2017	5 430.79	2 310.36	3 233.83
2018	5 785.92	2 106.24	3 513.86
2019	5 817.10	2 410.41	3 738.99
2020	5 483.89	1 923.11	3 826.46
2021	5 932.31	2 141.06	4 167.62
2022	5 714.36	1 846.69	4 056.30
“十三五”年均	5 519.792	2 294.724	3 432.602

资料来源：《中国统计年鉴》。

从表 4-9 可以看出，京津冀地区大气环境的质量在逐年改善，二氧化硫、二氧化氮、可吸入颗粒物、细颗粒物的排放量在逐年降低。国家统计局发布的“新中国75年经济社会发展成就系列报告”指出，2023年，京津冀三地细颗粒物浓度与2013年相比分别下降64.2%、57.3%和64.3%。

表4-9　2009—2021年京津冀地区大气环境质量　单位：微克/立方米

年份	二氧化硫			二氧化氮		
	北京市	天津市	石家庄	北京市	天津市	石家庄
2009	34	56	45	53	40	35
2010	32	54	54	57	45	41
2011	28	42	52	56	38	41
2012	30	50	60	50	40	40
2013	26	59	105	56	54	68
2014	22	49	62	57	54	53
2015	14	29	47	50	42	51
2016	10	21	41	48	48	58
2017	8	16	33	46	50	54
2018	6	12	23	42	47	50
2019	4	11	16	37	42	46
2020	4	8	12	29	39	41
2021	3	8	9	26	37	32

年份	可吸入颗粒物			细颗粒物		
	北京市	天津市	石家庄	北京市	天津市	石家庄
2009	121	101	104	—	—	—
2010	121	96	98	—	—	—
2011	113	93	99	—	—	—
2012	110	100	100	—	—	—
2013	108	150	305	89	96	154
2014	116	133	206	86	83	124
2015	102	117	147	81	70	89
2016	92	103	164	73	69	99
2017	84	94	154	58	62	86
2018	78	82	131	51	52	72

续表

年份	二氧化硫			二氧化氮		
	北京市	天津市	石家庄	北京市	天津市	石家庄
2019	68	76	118	42	51	63
2020	56	68	101	38	48	58
2021	55	69	84	33	39	46

资料来源：《中国环境统计年鉴》。

京津冀协同发展的核心是京津冀三地作为一个整体协同发展，要以疏解非首都核心功能、解决北京“大城市病”为基本出发点，调整优化城市布局和空间结构，构建现代化交通网络系统，扩大环境容量生态空间，推进产业升级转移，推动公共服务共建共享，加快市场一体化进程，打造现代化新型首都圈，努力形成京津冀目标同向、措施一体、优势互补、互利共赢的协同发展新格局。

2018 年 11 月，中共中央、国务院明确要求以疏解北京非首都功能为“牛鼻子”推动京津冀协同发展，调整区域经济结构和空间结构，推动河北雄安新区和北京城市副中心建设，探索超大城市、特大城市等人口经济密集地区有序疏解功能、有效治理“大城市病”的优化开发模式。

2023 年 12 月 25 日，京津冀三地在雄安新区共同签署了《京津冀自贸试验区协同发展行动方案》，并共同发布系列协同创新成果，以务实举措推进京津冀自贸试验区协同发展。该行动方案既为京津冀三地自贸试验区发展探索出新的路径，也展示了一个跨省市协同发展的新样本，有望推动京津冀自贸试验区在制度创新联动、产出链条互补、资源要素流动等方面迈上新台阶。

第二节　京津冀产业结构-经济-生态环境复合系统

作为中国区域协调发展的重要战略之一，京津冀的协调发展可以体现区域可持续发展的状况。通过调整京津冀地区的产业结构，可以疏解北京的非首都功能，继而推动京津冀的协调发展。京津冀地区 13 个城市的产业结构、经济发展、生态环境状态存在显著差异，不同城市在区域协同发展中担任的角色不同。本节将从产业结构-经济-生态环境整个系统的角度出发，探讨京津冀13个城市产业结构与经济、生态环境复合系统的协同发展程度，分析其时空演变关系。本节的研究可以丰富区域协调发展的理论和实践，为京津冀的高质量发展提供决策参考。

一、研究方法与数据来源

（一）指标体系构建与数据来源

产业结构、经济和生态环境是相互作用、相互影响的一个复合系统，一个子系统的变化会影响其他子系统，进而影响整个系统的协调发展。产业结构的调整和优化升级是经济可持续发展和生态环境的要求。通过产业结构的调整优化，可以支撑经济可持续发展并缓解资源紧缺和环境污染。经济的可持续发展也可以促进产业结构转型升级，降低污染排放，有利于生态环境的改善。而生态环境的改善需要调整产业结构，需要经济的支撑。本节将通过构建一个产业结构-经济-生态环境复合系统，研究系统内部各子系统的协调关系。

复合系统 S 由3个子系统构成，$S=\{S_1, S_2, S_3\}$，S_1 代表产业结构子系统，S_2 代表经济子系统，S_3 代表生态环境子系统。对每个子系统评价指标的选取遵循数据的科学性、可得性等原则，构建复合系统的评价指标体系。

1. 产业结构子系统指标

产业结构子系统除了包括可以表征产业结构优化升级水平的产业结构合理化和产业结构高级化指标之外，还包括第一、二、三产业比例及比重，各产业就业人员比例，产业集聚度等12个指标。其中，产业结构高级化用第三产业与第二产业产值之比表征。产业集聚度由地区产业总产值占GDP的比重相对于全国工业总产值占GDP比重计算得来。产业结构合理化程度用泰尔指数来表征，主要用于衡量第一、二、三产业的比例是否协调、合理。

2. 经济子系统指标

经济子系统主要包含人口数量、人均GDP、城镇居民可支配收入、人均固定资产投资额、实际利用外资水平和人均公共财政支出等6个指标。

3. 生态环境子系统指标

生态环境子系统主要包括能源消费总量、工业 SO_2 排放量和工业废水排放总量等 7 个指标。

产业结构-经济-生态环境系统的协调发展评价指标体系如表 4-10 所示。

表 4-10　京津冀产业结构-经济-生态环境协调发展评价指标体系

子系统	指标	单位	权重	指标属性
产业结构子系统	第一产业比例	%	0.018 3	负
	第二产业比例	%	0.030 3	正
	第三产业比例	%	0.066 9	正
	第一产业产值	万元	0.018 1	负
	第二产业产值	万元	0.167 3	正
	第三产业产值	万元	0.211 0	正
	第一产业就业人员比例	%	0.019 7	负
	第二产业就业人员比例	%	0.026 0	正
	第三产业就业人员比例	%	0.050 9	正
	产业集聚度	1	0.215 5	正
	产业结构高级化	1	0.071 7	正
	泰尔指数	1	0.104 5	正
经济子系统	人口数量	万人	0.065 2	正
	人均 GDP	元	0.114 4	正
	实际利用外资水平	万美元	0.288 2	正
	人均固定资产投资额	万元	0.184 5	正
	人均公共财政支出	元	0.203 9	正
	城镇居民可支配收入	元	0.143 8	正
生态环境子系统	能源消费总量	万吨标准煤	0.210 9	负
	能源消费增长率	%	0.100 3	负
	单位 GDP 能耗	克/元	0.110 8	负
	工业固体废弃物综合利用率	%	0.180 3	正
	工业烟尘排放量	吨	0.180 3	负
	工业 SO_2 排放量	吨	0.107 2	负
	工业废水排放总量	万吨	0.141 9	负

本章的数据来源于《中国统计年鉴》《中国城市统计年鉴》《中国环境统计年鉴》《中国能源统计年鉴》《河北省经济年鉴》《北京统计年鉴》《天津统计年鉴》，对于个别年份缺失的数据，本书采用平均插值法填补缺失值。

（二）研究方法

1. 利用熵值法确定指标权重

本书利用客观赋值法的熵值法确定子系统中各指标的权重。每个子系统有 m 个指标，n 个地区样本，X_{ij} 是第 j 个地区第 i 项指标的数值（$i=1, 2, \cdots, m$；$j=1, 2, \cdots, n$）。具体步骤如下：

（1）数据标准化。不同指标的量纲不同，并且还有正向指标与负向指标的差别，所以要找出指标值中的最大值和最小值，对指标值进行标准化处理。X'_{ij}为标准化后的指标值。

$$X'_{ij}=\begin{cases}\dfrac{X_{ij}-\min X_{ij}}{\max X_{ij}-\min X_{ij}}，\text{正向指标}\\[2ex]\dfrac{\max X_{ij}-X_{ij}}{\max X_{ij}-\min X_{ij}}，\text{负向指标}\end{cases} \tag{4-1}$$

（2）计算第 i 项指标下第 j 个地区的比重 P_{ij}。

$$P_{ij}=\frac{X'_{ij}}{\sum_{j=1}^{n}X'_{ij}}，i=1，2，\cdots，m \tag{4-2}$$

（3）计算第 i 项指标的熵值 e_i。

$$e_i=-1/\ln(n)\sum_{j=1}^{n}P_{ij}\ln P_{ij}，i=1，2，\cdots，m \tag{4-3}$$

（4）计算第 i 项指标的差异系数 g_i。g_i 越大，该指标对评价的影响程度越大，其熵值就越小。

$$g_i=\frac{1-e_i}{m-\sum_{i=1}^{m}e_i} \tag{4-4}$$

（5）计算指标的权重 w_i。

$$w_i=\frac{g_i}{\sum_{i=1}^{m}g_i} \tag{4-5}$$

2. 综合发展指数

S_z 是某地区的第 z 个子系统的综合发展指数。

$$S_z = \sum_{i=1}^{m} w_i \times X'_{ij},\ z = 1,\ 2,\ 3 \tag{4-6}$$

3. 耦合协调度模型

耦合协调度模型包括耦合度和耦合协调度。耦合的概念源自物理学，用于描述两个及以上系统之间的相互作用及其影响。耦合度 C 用于度量系统之间的这种影响关系，表示复合系统耦合的程度。耦合度 C 的计算公式如下：

$$C = \sqrt[3]{\frac{S_1 \times S_2 \times S_3}{\left(\frac{S_1 + S_2 + S_3}{3}\right)^3}} \tag{4-7}$$

本书借鉴赵磊等的耦合度划分标准（见表 4-11），C 的值在 0 到 1 之间，越接近 1，耦合度越高，各子系统的联系越紧密。

表 4-11　耦合度划分标准

序号	耦合度区间	耦合类型
1	0~0.3	低水平耦合阶段
2	0.3~0.5	颉颃磨合阶段
3	0.5~0.8	良性耦合阶段
4	0.8~1	高水平耦合阶段

为了进一步测度复合系统整体的协同情况，本书利用耦合协调度 D 评价复合系统协同程度的高低。计算公式如下：

$$T = \alpha S_1 + \beta S_2 + \gamma S_3 \tag{4-8}$$

$$D = \sqrt{C \times T} \tag{4-9}$$

其中，T 为复合系统综合发展水平指数；α、β、γ 为各子系统对复合系统协调的重要程度的权重。本书认为产业结构、经济、生态环境 3 个子系统的重要程度是同等的，令 $\alpha = \beta = \gamma = 1/3$。

耦合协调度 D 的值在 0 到 1 之间，本书借鉴徐维祥等对耦合协调度的划分标准，将其划分为 3 个类型、4 个等级（见表 4-12）。

表 4-12　耦合协调度标准划分

类型	协调区间	协调等级
协调发展	[0.7, 1)	高级协调
转型发展	[0.6, 0.7)	中级协调
	[0.5, 0.6)	初级协调
失调衰退	[0, 0.5)	濒临失调

4. 马尔可夫链法

马尔可夫链法用于度量研究对象从一个状态转移到另一个状态的概率。通过划分的高级协调、中级协调、初级协调、濒临失调 4 个等级，离散化复合系统耦合协调度的数值，从而得到各地区耦合协调度在这 4 个等级分布的概率，以及各耦合协调度随时间平稳、向上转移和向下转移的演变情况。本书用 w_{ij} 表示在 t 年份属于类型 i 的地区在下一年份转移到 j 类型的转移概率。

$$w_{ij}=\frac{n_{ij}}{n_i} \tag{4-10}$$

其中，n_{ij} 表示在研究年份始末，由 t 年份属于 i 类型的城市在 $t+1$ 年份转移为 j 类型的地理单元数量之和；n_i 是所有年份中属于类型 i 的地理单元数量之和。

5. GM（1，1）预测模型

GM（1，1）预测模型被学者们应用于耦合协调度的预测。GM（1，1）预测模型将原始数列中规律性不明显的数据生成具有规律性的新的数列，利用微分方程挖掘数据本质。常用的生成数列的方法有累加生成、累减生成和均值生成等。

本章采用累加生成法。具体步骤如下：

设原始数列 $x^{(0)}=\{x^{(0)}(1), x^{(0)}(2), x^{(0)}(3), \cdots, x^{(0)}(n)\}$，利用累加生成法将原始数据转化为递增数列，得到新序列 $x^{(1)}(i)=\sum_{j=1}^{i}x^{(0)}(j)$，$i=1, 2, \cdots, n$。

设 $x^{(1)}$ 满足一阶常微分方程 $\frac{dx^{(1)}}{dt}+ax^{(1)}=b$，其中 a 为发展灰数，b 为内

生控制灰数。

通过最小二乘法拟合得到 $\begin{bmatrix} a \\ b \end{bmatrix} = (B^{T}B)^{-1}B^{T}Y$；$Y = [x^{(0)}(2)x^{(0)}(3)\cdots x^{(0)}(n)]^{T}$，$B$ 为构造数据矩阵，$B = \begin{bmatrix} -1/2[x^{(1)}(1)+x^{(1)}(2)] & 1 \\ -1/2[x^{(1)}(2)+x^{(1)}(3)] & 1 \\ \vdots & \vdots \\ -1/2[x^{(1)}(n-1)+x^{(1)}(n)] & 1 \end{bmatrix}$。

微分方程对应的时间响应函数为：

$$x^{(1)}(t+1) = \left(x^{(0)}(1) - \frac{b}{a}\right)e^{-at} + \frac{b}{a},\ t = 1,\ 2,\ 3,\ \cdots \tag{4-11}$$

时间响应函数得到的结果为累加数列，进一步计算

$$x^{(0)}(k+1) = x^{(1)}(k+1) - x^{(1)}(k) \tag{4-12}$$

得到耦合协调度的预测值 $x^{(0)}(k+1)$。

6. Dagum 基尼系数

本书采用 Dagum 基尼系数测算京津冀地区产业结构-经济-生态环境复合系统协调度的地区相对差异及来源。总体基尼系数如下：

$$G = \frac{\sum_{j=1}^{k}\sum_{h=1}^{k}\sum_{i=1}^{n_j}\sum_{r=1}^{n_h}|Y_{ji} - Y_{hr}|}{2n^2\bar{Y}} \tag{4-13}$$

其中，k 为划分的地区数，n 为城市数，Y_{ji}（Y_{hr}）为 j（h）地区内 i（r）城市的产业结构-经济-生态环境复合系统的协调度，n_j（n_h）为 j（h）地区内的城市数，$\bar{Y}$ 为所有城市的产业结构-经济-生态环境复合系统协调度的均值。

$$G_{jj} = \frac{\frac{1}{2\bar{Y}_j}\sum_{i=1}^{n_j}\sum_{r=1}^{n_h}|Y_{ji} - Y_{jr}|}{n_j^2} \tag{4-14}$$

$$G_{jh} = \frac{\sum_{i=1}^{n_j}\sum_{r=1}^{n_h}|Y_{ji} - Y_{hr}|}{n_j n_h(\bar{Y}_j + \bar{Y}_h)} \tag{4-15}$$

其中，G_{jj} 为 j 地区的基尼系数，G_{jh} 为 j 地区与 h 地区间的基尼系数，$\bar{Y}_j(\bar{Y}_h)$ 为 j（h）地区协调度的平均值。

定义变量：$P_j = \frac{n_j}{n}$，$S_j = \frac{n_j \bar{Y}_j}{n\bar{Y}}$，则

$$M_{jh} = \int_0^{\infty} \mathrm{d}F_j(Y) \int_0^{Y} (Y - x)\, \mathrm{d}F_h(x) \tag{4-16}$$

$$N_{jh} = \int_0^{\infty} \mathrm{d}F_h(Y) \int_0^{Y} (Y - x)\, \mathrm{d}F_j(x) \tag{4-17}$$

$$D_{jh} = \frac{M_{jh} - N_{jh}}{M_{jh} + N_{jh}} \tag{4-18}$$

其中，D_{jh} 为 j、h 地区间协调度的相对影响；$F_j(F_h)$ 为 j（h）地区的累计密度分布函数；M_{jh} 为地区间协调度的差值，即地区 j、h 中所有的 $Y_{ji} - Y_{hr} > 0$ 的数学期望；N_{jh} 为超变一阶矩，即所有的 $Y_{hr} - Y_{ji} > 0$ 的数学期望。

本书将基尼系数分解为地区内差距（G_w）、地区间差距（G_{nb}）和超变密度（G_t），表征地区样本重叠对地区差距的影响，$G = G_w + G_{nb} + G_t$。

$$G_w = \sum_{j=1}^{k} G_{jj} P_j S_j \tag{4-19}$$

$$G_{nb} = \sum_{j=2}^{k} \sum_{h-1}^{j-1} G_{jh} D_{jh} (P_j S_h + P_h S_j) \tag{4-20}$$

$$G_t = \sum_{j=2}^{k} \sum_{h=1}^{j-1} G_{jh} (P_j S_h + P_h S_j)(1 - D_{jh}) \tag{4-21}$$

7. Kernel 密度估计法

本书利用 Kernel 密度估计法描述京津冀地区产业结构–经济–生态环境复合系统协调的分布动态。作为一种非参数估计方法，Kernel 密度估计法利用连续的密度曲线描述随机变量的分布。

设 f（x）是产业结构–经济–生态环境复合系统协调度 x 的密度函数：

$$f(x) = \frac{1}{N_h} \sum_{i=1}^{N} K\left(\frac{X_i - x}{h}\right) \tag{4-22}$$

其中，N 为观测值的个数，X_i 为独立同分布的观测值，x 为观测值的均值，K 为核密度函数，h 为带宽，h 越小，估计精度越高。本书利用高斯核密度函数

分析京津冀地区产业结构-经济-生态环境复合系统协调的分布动态演进，高斯核密度函数为：

$$K(x)=\frac{1}{\sqrt{2\pi}}\exp(-\frac{x^2}{2}) \quad (4-23)$$

二、结果分析

（一）京津冀产业结构-经济-生态环境系统综合发展指数

1. 京津冀产业结构子系统综合发展指数

2009—2019 年京津冀 13 个城市的产业结构子系统综合发展指数见图 4-1。

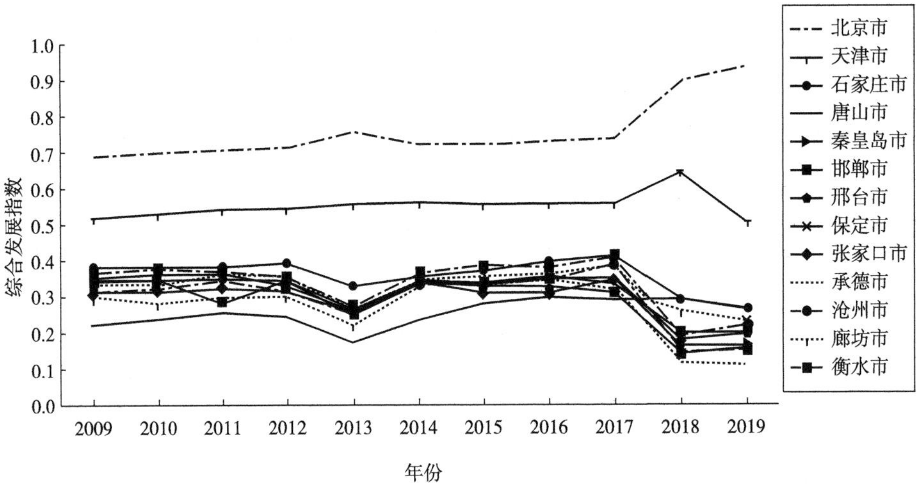

图 4-1　京津冀 2009—2019 年产业结构子系统综合发展指数

从整体看，2009—2017 年京津冀地区的产业结构子系统综合发展指数呈略有上升趋势，2009 年京津冀地区产业结构子系统发展指数均值为 0.37，2017 年均值为 0.40，增长幅度为 7.6%。到了 2018 年和 2019 年，除了北京市仍上升（2019 年为 0.94）、天津市先升（0.64）后降（0.51）外，其他 11 个城市的产业结构子系统综合发展指数均下降，2018 年和 2019 年为 0.1～0.3。2019 年京津冀地区的均值为 0.27。从整体均值看，北京市为 0.75，天津市为

0.55，石家庄市为0.36，衡水市为0.32，位列最后的唐山市为0.25，其余城市为0.28~0.31。这说明京津冀13个城市的产业结构发展水平存在明显的差异，除了北京市和天津市的产业结构子系统综合发展指数较高外，京津冀其他城市的产业结构还有待进一步优化。

2. 京津冀经济子系统综合发展指数

2009—2019年京津冀13个城市的经济子系统综合发展指数见图4-2。

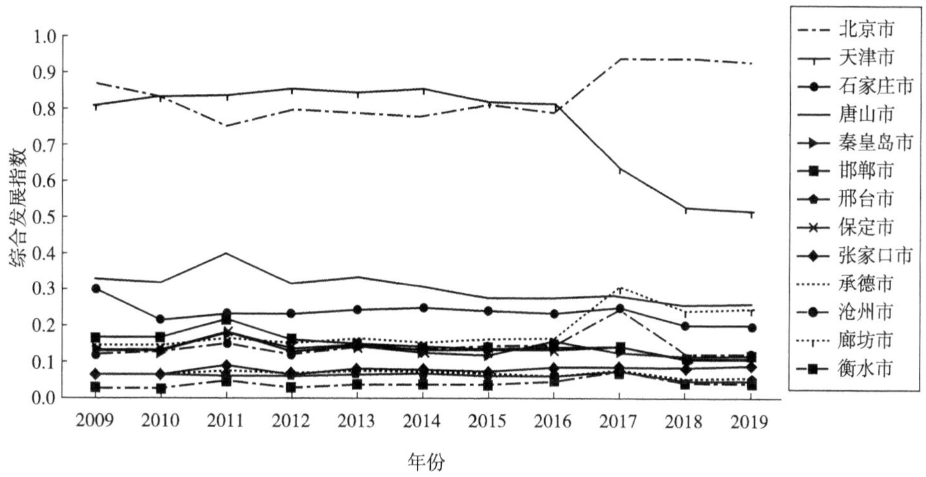

图4-2　京津冀2009—2019年经济子系统综合发展指数

由图4-2可以看出，京津冀13个城市的经济子系统综合发展指数分为两个梯队，第一梯队包括北京市（经济发展指数均值为0.84）和天津市（均值为0.76），其余11个城市组成第二梯队，指数均值为0.03~0.3，京津冀地区各城市的经济发展水平差异比较大。2009年京津冀经济子系统综合发展指数均值为0.25，2019年均值为0.22。天津市的指数变化较大，2009—2016年均在0.8以上，2017—2019年降到0.5~0.6。北京市和天津市的指数位居前两位，位居第三、四位的分别为唐山市（0.30）和石家庄市（0.23），位列末尾的为承德市（0.064）、邢台市（0.058）和衡水市（0.038），其余城市的经济指数为0.1~0.2，说明经济发展空间还很大。

3. 京津冀生态环境子系统综合发展指数

2009—2019 年京津冀 13 个城市的生态环境子系统综合发展指数见图 4-3。

由图 4-3 可以看出，除了天津市（0.371）、唐山市（0.390）和北京市（0.598）的生态环境子系统综合发展指数较低外，其余 10 个城市的指数均较高，数值在 0.6～1。京津冀地区秦皇岛市、保定市、承德市和沧州市 2009—2019 年的指数有所下降，其余城市的指数在波动中上升。除天津市、唐山市、承德市的指数波动幅度较大外，其余 10 个城市的波动幅度不大。2009 年京津冀地区生态环境子系统综合发展指数均值为 0.69，2019 年均值为 0.71，增幅较小，在评价期始末较稳定。衡水市和廊坊市的指数位居前两位，均值为 0.92。2009—2019 年京津冀城市群的生态环境子系统综合发展指数均值位于 0.7 左右，说明近几年京津冀生态环境改善成效显著。

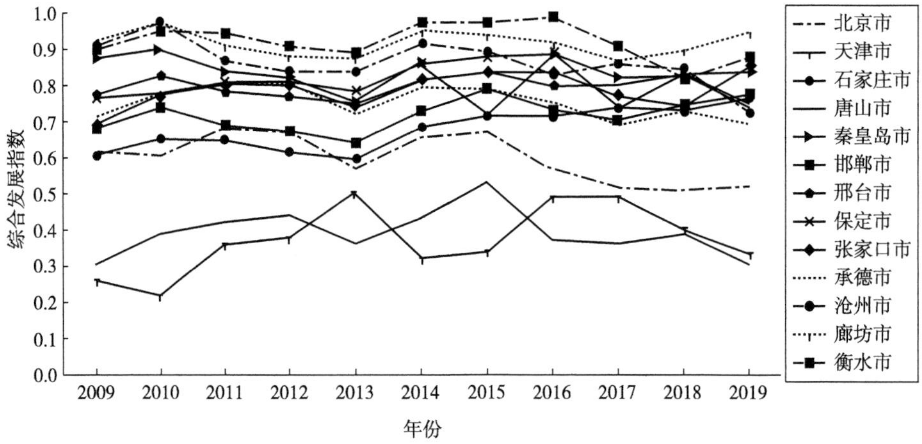

图 4-3　京津冀 2009—2019 年生态环境子系统综合发展指数

4. 京津冀产业结构-经济-生态环境复合系统综合发展指数

2009—2019 年京津冀 13 个城市的产业结构-经济-生态环境复合系统综合发展指数见图 4-4。

由图 4-4 可以看出，京津冀地区产业结构-经济-生态环境复合系统综合发展指数变化趋势不大。2009 年京津冀地区复合系统综合发展指数均值为

0.47，2019 年均值为 0.400。北京市和天津市的复合系统综合发展指数均值分列前两位，均值分别为 0.730 和 0.560，其余 11 个城市的复合系统综合发展指数均值为 0.37~0.47，唐山市、承德市、张家口市的均值位列最后，分别为 0.32、0.37、0.38。

从产业结构、经济、生态环境子系统和三元复合系统的综合发展指数来看，京津冀 13 个城市具有不同的产业结构、经济、生态环境特征。北京市的产业结构和经济子系统以及复合系统综合发展指数均值在京津冀地区是最高的，生态环境子系统综合发展指数的均值为 0.60，还有待提升。京津冀地区是互相影响、互相作用的经济圈和生态圈，评价周期内京津冀地区的三元复合系统综合发展指数均值为 0.4~0.5，说明京津冀地区的复合系统综合发展还有待进一步提升。

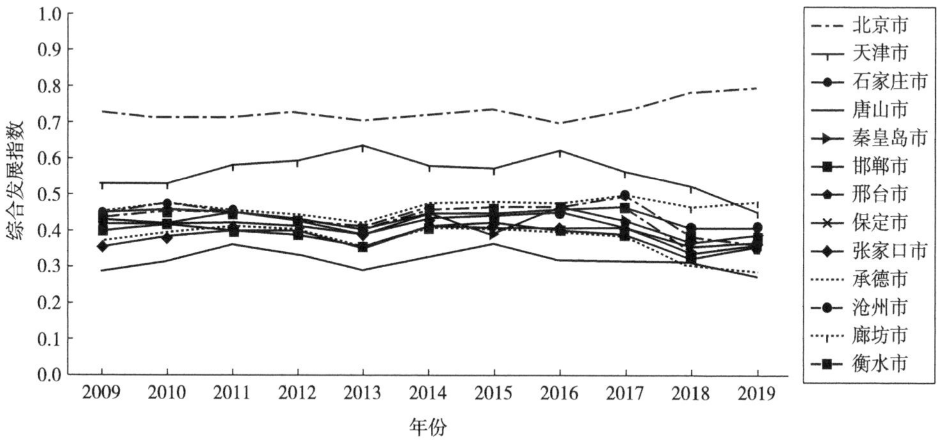

图 4-4　京津冀 2009—2019 年产业结构-经济-生态环境复合系统综合发展指数

（二）京津冀产业结构-经济-生态环境系统耦合度

耦合度用于测度系统联系的强弱关系，耦合协调度则用于度量系统之间的协调效应。京津冀 13 个城市 2009—2019 年产业结构-经济-生态环境复合系统耦合度的情况，包括产业结构-经济子系统、产业结构-生态环境子系统、经济-生态环境子系统的双系统及产业结构-经济-生态环境系统的耦合度，分别如图 4-5、图 4-6、图 4-7、图 4-8 所示。

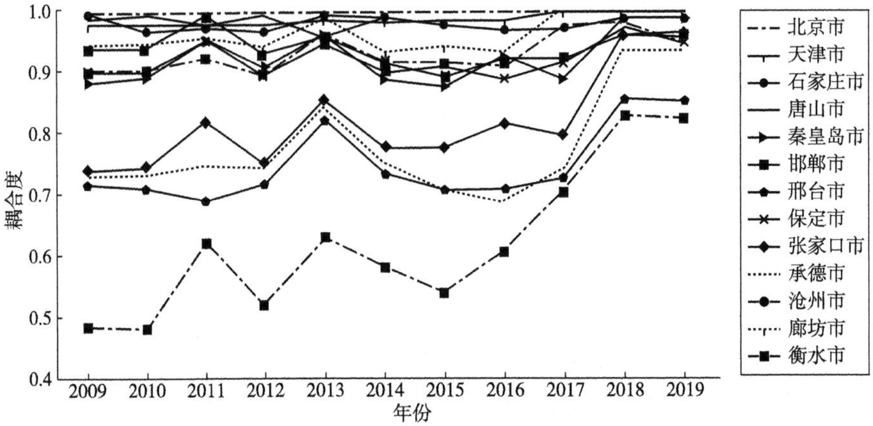

图 4-5　产业结构-经济子系统的耦合度

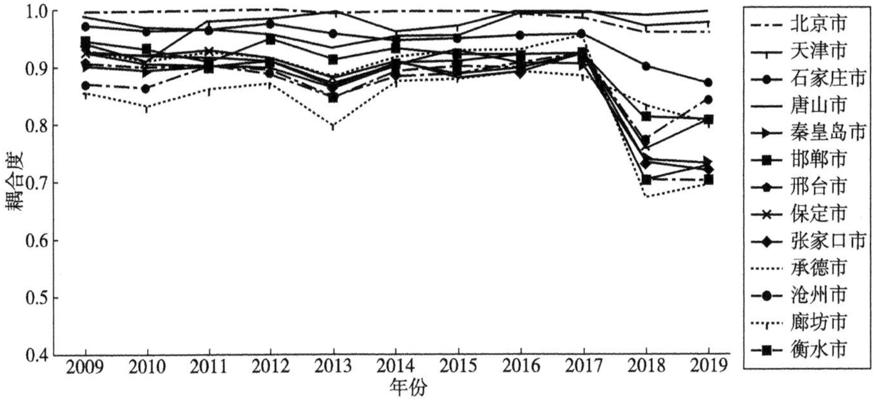

图 4-6　产业结构-生态环境子系统的耦合度

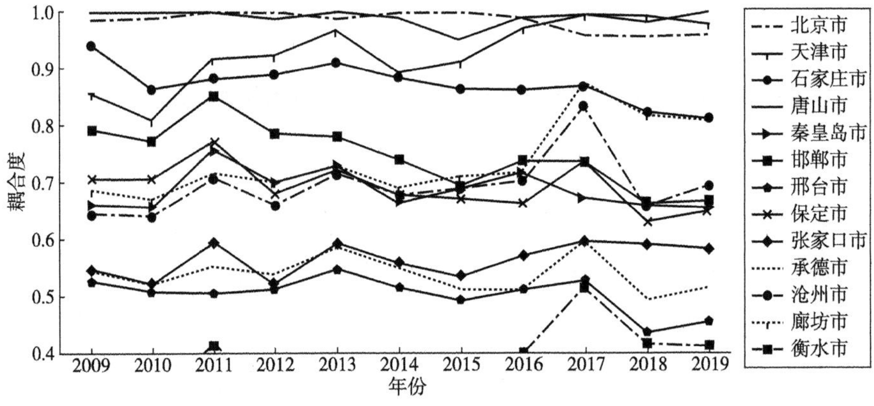

图 4-7　经济-生态环境子系统的耦合度

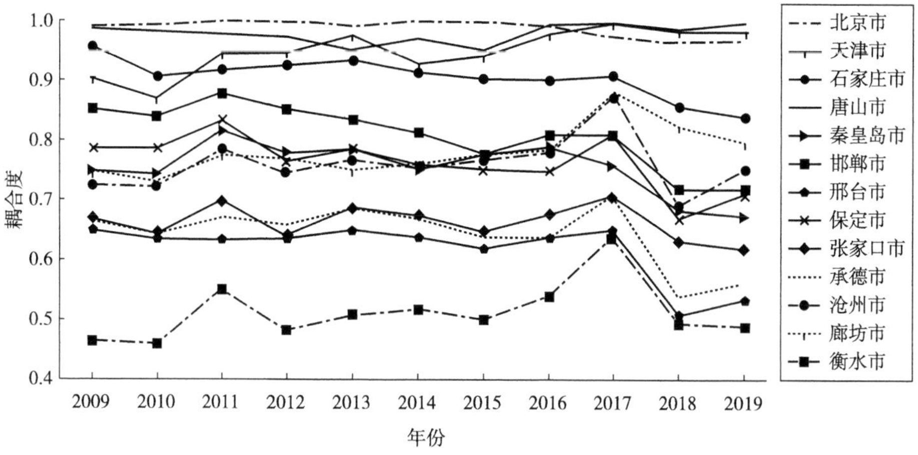

图 4-8　京津冀 2009—2019 年产业结构-经济-生态环境系统的耦合度

由图 4-5 可以看出，产业结构-经济子系统的耦合度可以分为 3 个梯队，北京市、天津市、石家庄市、廊坊市、沧州市、保定市、邯郸市、秦皇岛市、唐山市这 9 个城市处于第一梯队，耦合度处于 0. 88～1；张家口市、承德市、邢台市这 3 个城市处于第二梯队，耦合度处于 0. 70～0. 85；衡水市处于第三梯队，耦合度处于 0. 48～0. 70。由图 4-6 可以看出，产业结构-生态环境子系统的耦合度较高，集中在 0. 80～1。由图 4-7 可以看出，经济-生态环境子系统的耦合度数值差别最大，北京市、唐山市、天津市、石家庄市 4 个城市的耦合度在 0. 8～1，其中天津市增长幅度最大；邯郸市、保定市、秦皇岛市、廊坊市、沧州市 5 个城市的耦合度在 0. 63～0. 80，廊坊市、沧州市的耦合度增长幅度较大，邯郸市、秦皇岛市的耦合度小幅下降；张家口市、承德市、邢台市 3 个城市的耦合度在 0. 50～0. 60，稳中有升；衡水市的耦合度最低，从 0. 32 增长到 0. 51。由图 4-8 可以看出，京津冀 13 个城市产业结构-经济-生态环境系统的耦合度处于上升状态，但增幅较小。耦合度处于 0. 80～1 的有北京市、唐山市、天津市、石家庄市和邯郸市等 5 个市，耦合状态较稳定，基本处于高水平耦合阶段；耦合度处于 0. 60～0. 80 的有保定市、秦皇岛市、廊坊市、沧州市、张家口市、承德市、邢台市等 7 个市，处于良性耦合阶段；衡水市的耦合度最低，处于 0. 45～0. 64，2009 年、2010 年、2012 年处于颉颃磨合阶段，2013年后逐渐进入良性耦合阶段。

（三）京津冀产业结构-经济-生态环境系统耦合协调度

在耦合度的基础上，本书进一步计算出京津冀13个城市2009—2019年产业结构-经济-生态环境复合系统耦合协调度的情况，包括产业结构-经济、产业结构-生态环境、经济-生态环境之间的双系统以及产业结构-经济-生态环境三系统的协调度，分别见图4-9、图4-10、图4-11、图4-12。

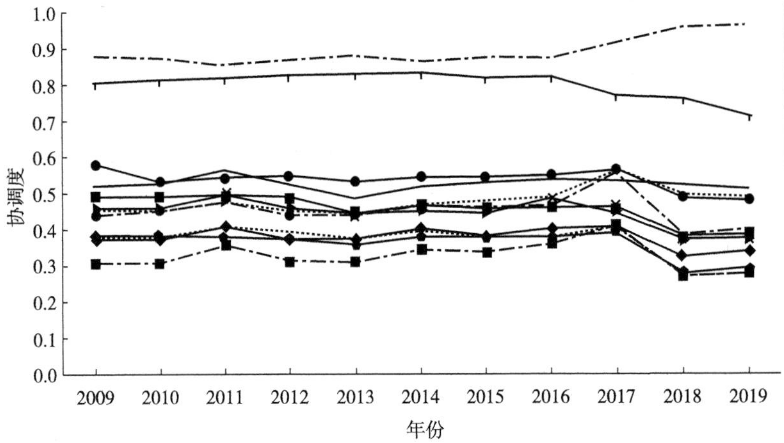

图4-9 京津冀2009—2019年产业结构-经济双系统协调度

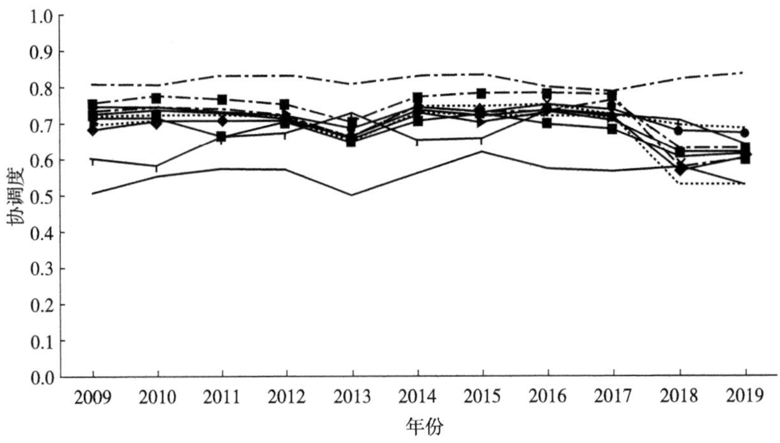

图4-10 京津冀2009—2019年产业结构-生态环境双系统协调度

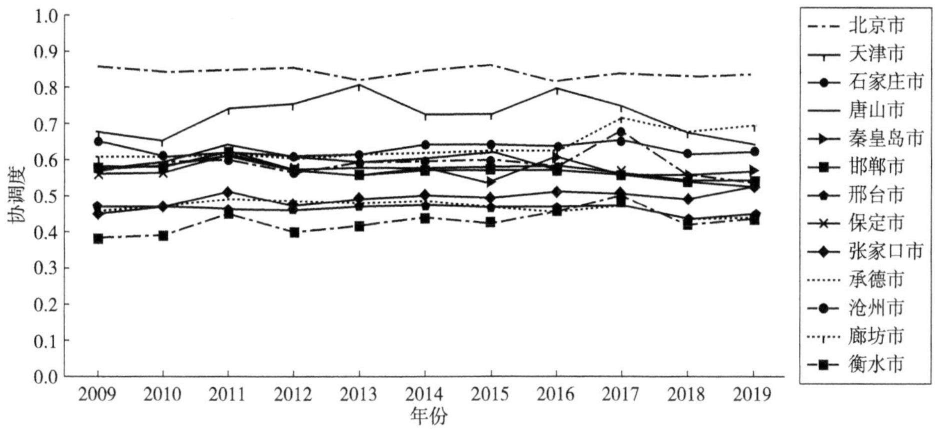

图 4-11　京津冀 2009—2019 年经济-生态环境双系统协调度

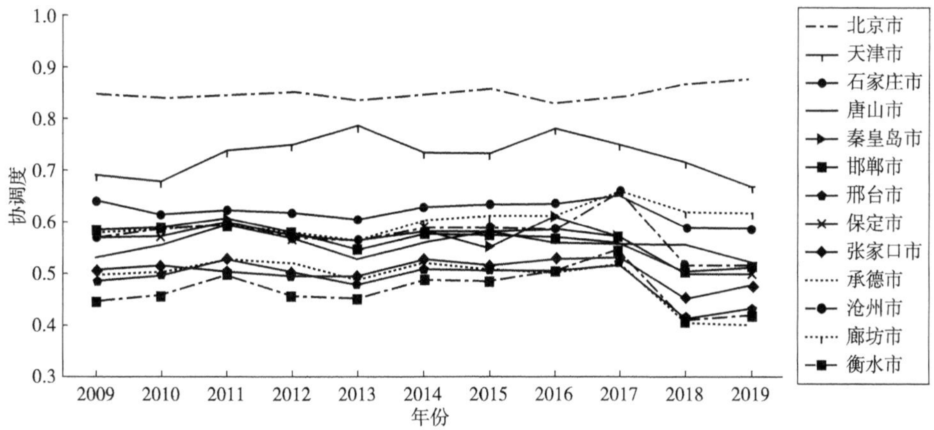

图 4-12　京津冀 2009—2019 年产业结构-经济-生态环境三系统协调度

从图 4-9 可以看出，关于产业结构-经济双系统的协调度，北京市、天津市这 2 个城市的最高，协调度的值为 0.71～1，处于高级协调阶段；石家庄市、唐山市这 2 个城市的协调度值为 0.50～0.60，处于初级协调阶段；其余 9 个城市处于濒临失调状态，衡水市的最低，均值为 0.33；京津冀地区产业结构-经济双系统的协调度均值为 0.45～0.52，整体处于濒临失调的边缘。

由图 4-10 可以看出，关于京津冀 13 个城市产业结构-生态环境双系统的协调度，北京市的最高，在0.79至0.84之间变化，处于高级协调阶段；除了唐山市的最低（均值为0.56），处于初级协调阶段之外，其余12个城市的产业结构-生态环境双系统均处于中级协调和高级协调阶段；京津冀地区产业结构-生态环境双系统的协调度均值为0.63~0.73，整体处于中级协调阶段。

由图4-11可以看出，对于经济-生态环境双系统的协调度，北京市的最高，在0.81至0.86之间变化，其次是天津市（均值为0.72）、廊坊市（均值为0.64）、石家庄市（均值为0.63），均处于高级协调阶段；唐山市、秦皇岛市、邯郸市、沧州市、保定市处于初级协调状态；衡水市（均值为0.43）、邢台市（均值为0.46）、承德市（均值为0.47）、张家口市（均值为0.49）处于濒临失调阶段；京津冀地区经济-生态环境双系统的协调度均值为0.56-0.61，整体处于初级协调阶段。

从图4-12可以看出，关于产业结构-经济-生态环境三元复合系统的协调度，北京市是唯一一直处于高级协调阶段的城市，北京市的三元系统处于协调发展的状态。天津市2009—2010年和2019年处于中级协调阶段，2011—2018年处于高级协调阶段；2009—2019年，天津市三元系统的均值为0.73，完成了转型发展，处于高级协调阶段。石家庄市（均值为0.62）的耦合协调度处于中级协调阶段，处于转型发展的状态。廊坊市2009—2013年处于初级协调阶段，2014—2019年处于中级协调阶段，均值为0.60，表明廊坊市正在转型发展。邢台市（均值为0.49）、承德市（均值为0.49）、衡水市（均值为0.47）处于濒临失调的边缘。其余6个城市的协调度基本处于初级协调阶段，三元系统处于转型发展的状态。2009—2019年，京津冀产业结构-经济-生态环境三元系统的平均协调度为0.58，整体处于初级协调转型发展的状态。从整体看，京津冀三元复合系统的协调度是上升的，产业结构-经济-生态环境三元系统的耦合协调度高于双系统的耦合协调度，三元系统的耦合协调关系更好。

（四）京津冀耦合协调度的差异分析

表4-13展示了2009—2019年京津冀各城市产业结构-经济-生态环境系统耦合协调度的差异性。

表 4-13　京津冀产业结构-经济-生态环境系统耦合协调度的差异性

城市	2009	2010	2011	2012	2013	2014	2015	2016	2017	2018	2019
北京市	高级协调	高级协调	高级协调	高级协调	高级协调	高级协调	高级协调	高级协调	高级协调	高级协调	高级协调
天津市	中级协调	中级协调	高级协调	高级协调	高级协调	高级协调	高级协调	高级协调	高级协调	高级协调	中级协调
石家庄市	中级协调	中级协调	中级协调	中级协调	中级协调	中级协调	中级协调	中级协调	中级协调	初级协调	初级协调
唐山市	初级协调	初级协调	初级协调	初级协调	初级协调	初级协调	初级协调	初级协调	初级协调	初级协调	初级协调
秦皇岛市	初级协调	初级协调	中级协调	初级协调	初级协调	初级协调	初级协调	中级协调	初级协调	濒临失调	初级协调
邯郸市	初级协调	初级协调	初级协调	初级协调	初级协调	初级协调	初级协调	初级协调	初级协调	初级协调	初级协调
邢台市	初级协调	初级协调	初级协调	濒临失调	濒临失调	初级协调	初级协调	初级协调	初级协调	濒临失调	濒临失调
保定市	初级协调	初级协调	中级协调	初级协调	初级协调	初级协调	初级协调	初级协调	初级协调	濒临失调	濒临失调
张家口市	濒临失调	濒临失调	初级协调	初级协调	濒临失调	初级协调	初级协调	初级协调	初级协调	濒临失调	濒临失调
承德市	濒临失调	初级协调	初级协调	初级协调	濒临失调	初级协调	初级协调	濒临失调	初级协调	濒临失调	濒临失调
沧州市	初级协调	初级协调	初级协调	初级协调	初级协调	初级协调	初级协调	初级协调	中级协调	初级协调	初级协调
廊坊市	初级协调	初级协调	初级协调	初级协调	初级协调	中级协调	中级协调	中级协调	中级协调	中级协调	中级协调
衡水市	濒临失调	濒临失调	濒临失调	濒临失调	濒临失调	濒临失调	濒临失调	初级协调	初级协调	濒临失调	濒临失调

由表 4-13 可以看出，京津冀 13 个城市 2011 年、2014 年、2015 年、2016 年这几年的协调状态比较好，京津冀 13 个城市中，除了有一个城市处于濒临

失调状态，其他 12 个城市分别处于高级协调状态、中级协调状态、初级协调状态。2017 年京津冀 13 个城市分别处于高级协调状态、中级协调状态、初级协调状态。从耦合协调度的空间分布上看，北京市的协调度显著高于其他城市，2009—2019 年均处于高级协调状态。天津市的协调水平也高于其他 11 个城市，2009—2019 年处于高级协调、中级协调状态。2009 年，除北京市处于高级协调状态，天津市和石家庄市处于中级协调状态外，其他城市都处于初级协调状态或濒临失调状态。到了 2019 年，北京市处于高级协调状态，天津市和廊坊市处于中级协调状态，其他城市都处于初级协调或濒临失调状态。这主要是因为京津冀城市圈的协调发展相对薄弱，产业结构、经济发展过于依赖能源消耗从而带来环境污染问题，复合系统的耦合协调度不均衡。部分城市在经济规模、产业结构水平和生态环境的耦合协调性方面缺乏有效的调节方法，致使京津冀地区协调发展不平衡问题比较明显。

（五）京津冀产业结构-经济-生态环境系统耦合协调度的演进

本书利用马尔可夫链方法研究产业结构-经济-生态环境复合系统的耦合协调度随着时间演进转变的特征。分别用 1、2、3、4 编码濒临失调、初级协调、中级协调、高级协调 4 个协调状态。编码越大，代表耦合协调度越大，复合系统越协调。京津冀地区 2009—2019 年复合系统耦合协调度的状态转移概率矩阵见表 4-14。

表 4-14　京津冀 2009—2019 年复合系统耦合协调度的状态转移概率

	1	2	3	4
1	0.500 0	0.500 0	0.000 0	0.000 0
2	0.071 4	0.771 4	0.128 6	0.028 6
3	0.000 0	0.166 7	0.625 0	0.208 3
4	0.000 0	0.000 0	0.000 0	1.000 0

复合系统的协调状态保持不变的概率，用马尔可夫转移概率矩阵对角线上的数值表征；不同协调状态之间转变的概率，用非对角线上的数值反映；n 代表各种协调状态的城市的个数，对应的每年每个城市算一个。

由表 4-15 可知：①非对角线上有不为零的数分布在对角线两边，这表示复合系统的协调度会在相邻的年度转变为较高或较低一级的协调发展水平，而不可能存在协调水平跨越转变的情况（如从初级协调直接演化到高级协调），区域协调的演化具有连续性；②对角线上的数值大于非对角线上的数值，表明京津冀地区的协调发展水平保持高级协调、中级协调和初级协调这几个协调类型不变的概率较大，保持高级协调的可能性为100%，如北京市（均值为0.85）和天津市（均值为0.73）将保持高级协调发展；③保持濒临失调不变的概率为50%，上升为初级协调的可能性为50%，比如衡水市（均值为0.47）、邢台市（均值为0.49）、承德市（均值为0.49）等接近濒临失调边缘的城市；④保持初级协调的概率是77.14%，向濒临失调转移的概率是7.14%，向中级协调转移的概率是12.86%，比如唐山市（均值为0.55）、秦皇岛市（均值为0.56）、邯郸市（均值为0.56）、保定市（均值为0.56）、张家口市（均值为0.50）、沧州市（均值为0.57）等城市；⑤保持中级协调的概率是62.50%，向高级协调类型转变的概率是20.83%，向初级协调转变的概率是16.67%，比如石家庄市（均值为0.62）、廊坊市（均值为0.60）等城市。

（六）京津冀产业结构-经济-生态环境系统耦合协调度的预测

本书利用GM（1.1）模型，预测京津冀地区13个城市2020—2030年的产业结构-经济-生态环境复合系统耦合协调度，预测结果见图4-13。

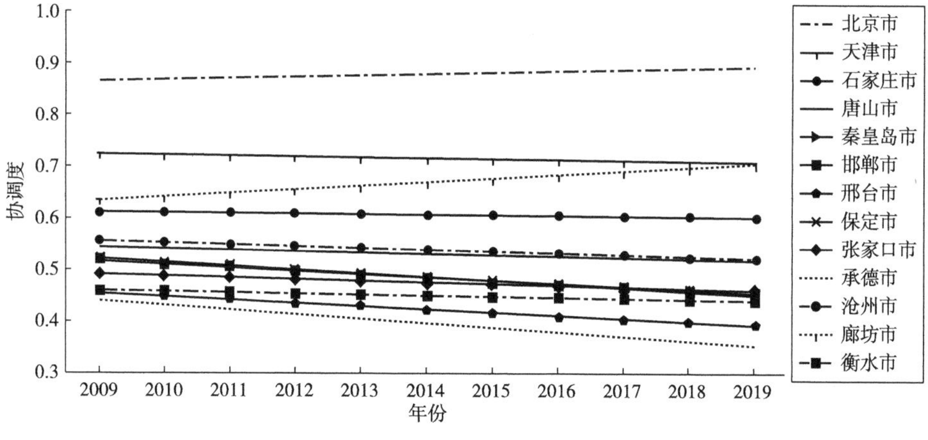

图4-13　京津冀产业结构-经济-生态环境系统耦合协调度预测

由图 4-13 可以看出，京津冀地区产业结构-经济-生态环境系统未来的耦合协调度与 2009—2019 年的趋势大致相似。其中北京市和天津市的协调度将基本持平，均值分别在 0.88 和 0.71 左右，仍属于高级协调水平。除了廊坊市的协调度均值从 0.60 提高到 0.66 之外，剩余 10 个城市的协调度均有不同程度的下降。除了石家庄市（均值为 0.60）和廊坊市（均值为 0.66）将处于中级协调状态、唐山市（均值为 0.53）和沧州市（均值为 0.54）将处于初级协调状态之外，剩余 7 个城市产业结构-经济-生态环境系统的协调度均值在 0.40 至 0.49 之间，将处于濒临失调状态。因此，京津冀城市群进行产业结构调整时，一定要结合当地的经济和生态环境状态，避免出现污染行业过度转移而影响当地经济和生态环境的情况，产业结构-经济-生态环境复合系统的协调度关系到京津冀整个区域的协调发展。

（七）京津冀产业结构-经济-生态环境系统协调度的地区差异

图 4-14 展示了京津冀产业结构-经济-生态环境系统协调度的地区差异。

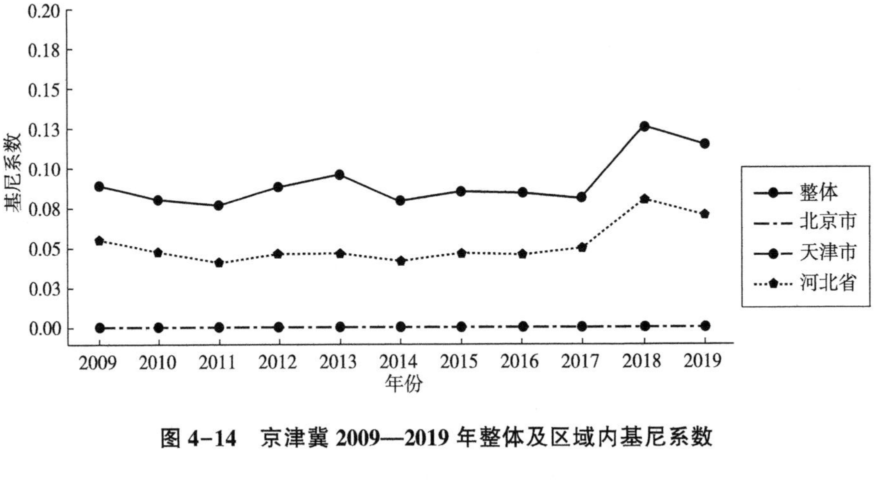

图 4-14　京津冀 2009—2019 年整体及区域内基尼系数

由图 4-14 可以看出，北京市和天津市的区域内基尼系数都为 0，因为本书并未对两个城市内部进行细分，故不作分析。河北省和京津冀整体的区域内基尼系数均小于 0.15，说明其内部差异很小，且河北省内部差异小于京津冀地区整体的差异。因为北京市始终处于高级协调水平，天津市 2011—2018

年处于中级协调水平，其协调度明显高于河北省 11 个城市的协调度，差距较大；而河北省 11 个城市的协调度大部分围绕 0.5 波动，处于濒临失调和初级协调水平，仅有少数城市部分年份的协调度高于 0.6，因此相对京津冀 13 个城市而言，河北省内部差异较小。值得注意的是，相对前几年，2018 年基尼系数突增，因为北京市的协调度一直在增加，而河北省地级城市的协调度出现下降趋势，致使协调水平差距增大；2019 年基尼系数下降，因为与 2018 年相比，协调度有所回升，差距减小。

图 4-15 展示了北京市、天津市和河北省两两区域间差异的演变趋势。

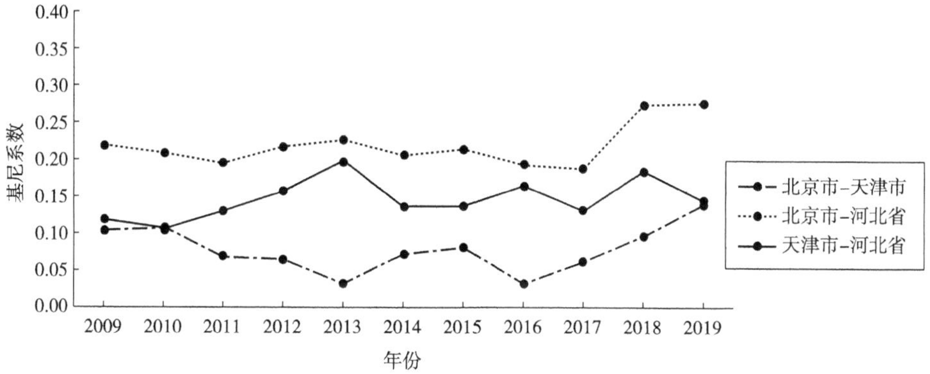

图 4-15 京津冀 2009—2019 年区域间基尼系数

京津冀地区的区域间差异从大到小依次为：北京市-河北省、天津市-河北省、天津市-北京市。北京市一直处于高级协调水平且近几年的协调度一直在增加，天津市的协调度始终低于北京市，围绕 0.7 波动，而河北省地级城市协调度在 2017 年及之前一直处于 0.45~0.7，因此北京市和河北省区域间差异要大于天津市和河北省区域间差异。天津市 2011—2018 年一直处于高级协调水平，与北京市差异不大；2018 年和 2019 年，北京市的协调度在增加，而天津市和河北省地级城市的协调度有增有减，这也是北京市-河北省、天津市-北京市区域间基尼系数增加的原因。

图 4-16 展示了京津冀 2009—2019 年产业结构、经济发展和生态环境协调发展水平区域差异的来源。

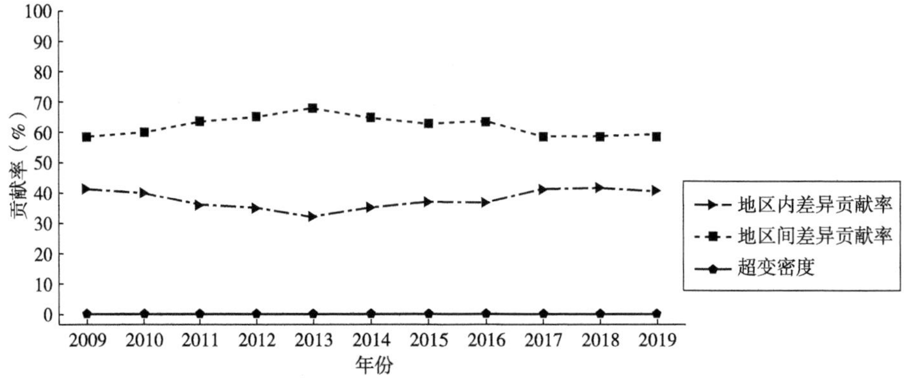

图 4-16　京津冀 2009—2019 年基尼系数差异贡献率

整体来看，协调发展水平的区域差异主要源于区域间差异，平均贡献率高达 62%；区域内差异的平均贡献率为 38%，表明区域内差异并不是造成区域差异的主要原因；超变密度为 0，表明区域样本间并不存在交叉重叠问题。从时序演变的角度看，区域间差异的贡献率整体呈上升趋势，贡献率为 58.26%~67.83%，2019 年的区域间差异贡献率较 2009 年增长幅度为 1.61%，说明区域间差异是协调发展水平差异化的主要原因。其中，2013 年的区域间差异贡献率达到最大，为 67.83%，但近几年的区域间差异贡献率有所下降；区域内差异贡献率为 32.17%~41.74%，2019 年与 2009 年相比下降幅度达 2.27%。因此，要缩小北京市、天津市和河北省地级城市间的协调水平差异，就需要缩小三大区域间的差异，以促进北京市、天津市和河北省的产业结构、经济发展和生态环境的协调发展。

（八）京津冀地区产业结构-经济-生态环境系统协调度的动态演进

图 4-17 展示了京津冀 13 个城市 2009—2019 年的产业结构、经济发展和生态环境协调发展水平分布动态演进情况。

由图 4-17 可以看出，主峰高度呈现“上升—下降—上升—下降”的趋势，2018 年和 2019 年的核密度曲线明显向左移动且峰度达到最低，表明这两年部分城市的协调水平在下降且协调度集中于 0.4~0.5，而 2018 年之前的城市协调度集中于 0.5~0.6，总体协调水平较高；存在两极化现象，因为北京市和天津市的协调度围绕 0.8 波动，并且两个城市的协调水平远高于河北省的 11 个地级城市，这也是核密度曲线的侧峰在 0.8 处的原因；核密度曲线变宽，说明京津冀 13 个城市的协调水平差异程度变大，与基尼系数分析结果保持一致。

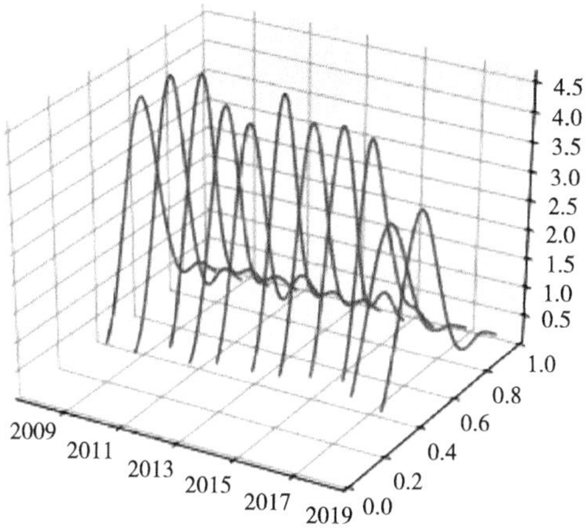

图 4-17　京津冀 2009—2019 年核密度曲线

区域产业结构、经济与生态环境相互作用、相互制约，构成了一个具有耦合特征的复杂系统。本章构建了区域产业结构-经济-生态环境系统协调发展的综合评价指标体系，运用耦合协调度模型分析了京津冀地区 13 个城市 2009—2019 年产业结构-经济-生态环境系统协调发展的时空差异特征，同时利用马尔可夫链和 GM（1，1）模型对复合系统的协调发展进行了演化分析和预测。得出以下结论：

京津冀地区产业结构和经济子系统的综合发展指数逐渐增大，13 个城市的产业结构和经济发展水平存在明显的地级差异性，北京市和天津市的产业结构和经济发展指数位居前两位。2009—2017 年京津冀地区的生态环境发展指数均值为 0.7 左右，京津冀整体的生态环境发展较好。京津冀地区的产业结构-经济-生态环境复合系统综合发展指数呈上升趋势。京津冀 13 个城市具有不同的产业结构、经济、生态环境特征，京津冀地区的复合系统综合发展还有待进一步提升。

产业结构-经济子系统的耦合度可以分为 3 个梯队。产业结构-生态环境子系统的耦合度较高，集中在0.80~1。经济-生态环境子系统的耦合度数值差别最大。京津冀13个城市产业结构-经济-生态环境三元复合系统的耦合度处于上升状态，但增幅较小。三元复合系统耦合度处于0.80~1的有北京、唐山、天津、石家庄和邯郸等5个市，耦合状态较稳定，基本处于高水平耦合阶段。

产业结构-经济双系统的协调度可以分为3个梯队，北京、天津处于高级协调阶段，石家庄和唐山处于初级协调阶段，其余9个城市处于濒临失调阶段。产业结构-生态环境双系统的协调度，北京的最高，在0.79至0.84之间变化；唐山市的最低，在0.50至0.62之间变化。经济-生态环境双系统的协调度数值比较分散，北京的最高，在0.81至0.86之间变化。京津冀产业结构-经济-生态环境三元系统的平均协调度为0.58，整体处于初级协调转型发展的状态。三元系统的协调度高于双系统的协调度，三元系统的协调关系更好。

从耦合协调度的空间分布上看，北京市和天津市的产业结构-经济-生态环境复合系统的协调度显著高于其他城市，2017年均处于高级协调状态，廊坊、沧州、石家庄处于中级协调状态，其余8个城市处于初级协调状态。从整体看，2009—2017年京津冀地区的产业结构-经济-生态环境系统协调度从初级协调状态转向中级协调状态，京津冀地区的协调发展逐渐变好。区域协调的演化具有连续性，京津冀地区的协调发展水平保持高级协调、中级协调和初级协调这几个协调类型不变的概率较大。京津冀城市群产业结构-经济-生态环境复合系统未来11年的协调发展水平整体有所提升，将处于高级协调和中级协调发展水平。京津冀地区产业结构-经济-生态环境复合系统的时空差异需要缩小，协调发展水平还有待进一步提升。

区域城市组成的经济圈和生态圈是互相影响、互相作用的，并且产业结构-经济-生态环境系统的演化具有连续性和延迟性。因此，在制定、实施相应的产业结构调整、经济发展以及环境政策时，需要从区域整体协调发展的角度认清地区之间的差异性和功能性，达到区域整体的最优。

第五章 产业结构、经济发展和生态环境协调度分析

本章首先建立产业结构、经济发展和生态环境系统评价指标体系，通过耦合协调度模型和综合发展指数测算子系统发展系数和系统间的耦合度及协调度，来量化各省份系统间的相互作用程度和协调发展水平，同时从整体上了解各系统发展情况。其次，采用 Dagum 基尼系数研究耦合协调度的差异性，从区域内和区域间两个角度细化地区的差异性变化及主要原因。最后，利用 Kernel 密度估计法，从相对差异和绝对差异两个方面分析区域协调度分布动态演进。

第一节　产业结构、经济发展和生态环境耦合协调度模型

一、构建指标体系

（一）构建原则及数据来源

产业结构、经济发展、生态环境是在我国社会发展中起到重要作用的 3 个复杂系统，要素多，关系复杂。对其衡量没有统一指标，通常对每个系统选取多个指标，并进一步对其处理测算获得系统综合发展指数进行量化研究。产业结构-经济发展-生态环境系统指标体系是研究系统间协调关系的基础，对后面的实证分析存在影响，因此如何进行指标的选取既是基础，也是最重要的一步。指标选取须遵守以下原则：

（1）代表性。各系统涉及的相关指标很多，因此可以从各系统不同方面选择极具代表性且能够反映产业结构、经济发展和生态环境的现状和发展等问题的指标。同时，指标多并不代表系统指标全面完整。我们要遵循少而精的原则，避免指标重复，确保指标反映系统本质并具有代表性。

（2）科学性。科学的指标可以确保结果的准确性和可靠性，指标体系结构存在逻辑性，能反映系统实际情况。因此，所选指标必须存在明确的科学内涵和意义。

（3）可获得性。在选择指标时，须检查数据的来源，从权威性高和公信度高的年鉴或公报等途径获取所需数据。若存在需要计算测得的指标，计算

方法须明确；若指标存在部分数据无法获取，可以通过插值法或预测法等合理的方式进行补充替换。

在本章中，将中国30个省份（港澳台及西藏数据不易获取，故不考虑在内）2009—2020年的数据作为原始数据。数据主要来源于《中国环境统计年鉴》《中国统计年鉴》《中国能源统计年鉴》和各省份统计年鉴、中经网统计数据库及各省（自治区、直辖市）国民经济和社会发展统计公报等。对于少数缺失数据，通过插值法进行填充。

（二）指标选取及解释

本书以指标体系构建原则为基础，同时借鉴相关文献的构建指标体系经验，构建如表5-1所示的指标体系。指标体系中的正向属性表示促进系统发展，负向属性表示阻碍系统发展。

表5-1　产业结构-经济发展-生态环境系统指标体系

子系统	一级指标	二级指标	单位	属性	权重
产业结构	产业结构高级化	第二产业就业人数占比	%	+	0.236
		第三产业就业人数占比	%	+	0.150
		产业结构高级化指数	1	+	0.067
	产业结构合理化	第二产业产值比重	%	+	0.177
		第三产业产值比重	%	+	0.320
		泰尔指数	1	-	0.050
经济发展	经济效益	人均GDP	元/人	+	0.094
		城镇居民人均可支配收入	元/人	+	0.098
	贸易水平	社会消费品零售总额	亿元	+	0.160
		进出口总额	万美元	+	0.080
	经济水平	人均公共财政支出	元	+	0.103
		人均固定资产投资额	元/人	+	0.395
		R&D经费投入强度	%	+	0.069
生态环境	压力	能源消费增长率	%	-	0.026
		SO_2排放量	万吨	-	0.045
		工业固体废弃物产生量	万吨	-	0.029
		废水中化学需氧量（COD）排放量	万吨	-	0.050

续表

子系统	一级指标	二级指标	单位	属性	权重
生态环境	状态	人均公园绿地面积	米^2/人	+	0.158
		森林覆盖率	%	+	0.172
		燃气普及率	%	+	0.036
		供水普及率	%	+	0.032
	响应	城镇生活污水处理率	%	+	0.026
		生活垃圾无害化处理率	%	+	0.031
		工业污染治理投资	万元	+	0.303
		工业固体废弃物综合利用率	%	+	0.094

（1）产业结构评价指标：从产业结构高级化和产业结构合理化两个方面出发。产业结构高级化包含第二产业就业人数占比、第三产业就业人数占比和产业结构高级化指数；产业结构合理化包含第二产业产值比重、第三产业产值比重和泰尔指数。从这 6 项指标可以了解我国就业人数分配情况、产业结构合理化程度和产业发展方向。

（2）经济发展评价指标：从经济效益、贸易水平和经济水平三个方面入手。经济效益包含人均 GDP 和城镇居民人均可支配收入，反映了由经济增长得到的益处；贸易水平包含社会消费品零售总额和进出口总额，反映了我国买卖与交易水平；经济水平包含人均公共财政支出、人均固定资产投资额和 R&D 经费投入强度，反映了经济增长水平。

（3）生态环境评价指标：根据理论已成熟的 PSR 模型即“压力-状态-响应”框架构建指标体系。压力指生态环境的负载，该类指标对生态环境有着负面影响，包含能源消费增长率、SO_2 排放量、工业固体废弃物产生量和废水中化学需氧量排放量 4 个指标，反映了排污和能耗；状态指当前生态环境的状况，主要对生态存在正面影响，包含人均公园绿地面积、森林覆盖率、燃气普及率和供水普及率，反映了绿化、燃气及水资源普及情况；响应指环保的具体措施，包含城镇生活污水处理率、生活垃圾无害化处理率、工业污染治理投资和工业固体废弃物综合利用率，反映了我国的环保力度。

二、构建耦合协调度模型

(一) 利用熵权法确定指标权重

指标权重的确定方法包含主观方法和客观方法。主观确权法根据决策者或专家对指标进行打分，依赖的是人为主观判断和喜好。为消除这种人为因素，本书选择客观确权法。客观确权法采用数理统计分析对提供的原始数据进行计算测得指标权重，具有规范性、科学性和较强的理论支撑等特点。本书选择客观确权法中被广泛应用的熵权法计算产业结构、经济发展和生态环境评价指标的权重，以确保研究结果可信且准确。

设有 m 个指标，n 个样本量，x_{ij} 为第 i 个样本第 j 个指标的原始数据值。

由于指标量纲不同，故先采用最大—最小值法进行标准化处理，公式如下：

属性为正的指标标准化：

$$x'_{ij}=\frac{x_{ij}-\min(x_j)}{\max(x_j)-\min(x_j)} \tag{5-1}$$

属性为负的指标标准化：

$$x'_{ij}=\frac{\max(x_j)-x_{ij}}{\max(x_j)-\min(x_j)} \tag{5-2}$$

其中，max（x_j）和 min（x_j）分别为第 j 个指标的最大值和最小值；x'_{ij}为标准化后的值，若 $x'_{ij}=0$，令 $x'_{ij}=0.000\,1$，避免后续计算出错。

计算第 i 个样本指标 j 的比重：

$$P_{ij}=\frac{x'_{ij}}{\sum_{i=1}^{n}x_{ij}} \tag{5-3}$$

计算 j 指标的信息熵 e_j 及冗余度 g_j：

$$e_j=\frac{-1}{\ln(n)}\sum_{j=1}^{m}(P_{ij}\ln P_{ij}) \tag{5-4}$$

$$g_j=1-e_j \tag{5-5}$$

确定 j 指标权重：

$$W_j = \frac{g_j}{\sum_{j=1}^{m} g_j} \tag{5-6}$$

（二）综合发展指数

指标体系及其权重已经计算完毕（见表 5-1），下面通过线性加权法测算子系统综合发展水平：

$$S = \sum_{j=1}^{m} W_j x'_{ij} \tag{5-7}$$

$$T = \alpha S_1 + \beta S_2 + \gamma S_3 \tag{5-8}$$

其中，S_1、S_2、S_3 分别为产业结构、经济发展和生态环境子系统发展指数；m 代表各系统的指标数量，即 m 相对应分别为 6、7、12；T 表示复合系统综合发展指数；α、β、γ 分别为 3 个子系统的重要程度，笔者假设 3 个子系统的重要性相同，即 $\alpha = \beta = \gamma = 1/3$。

（三）耦合协调度模型

耦合度由 3 个系统的所有指标共同决定，表示产业、经济和生态环境 3 个子系统的关联程度。耦合度计算公式如下：

$$C = \sqrt[3]{\frac{S_1 \times S_2 \times S_3}{\left(\frac{S_1 + S_2 + S_3}{3}\right)^3}} \tag{5-9}$$

为了清晰地了解 3 个子系统间的耦合程度，需对耦合度进行等级划分。本书采用赵磊等（2020）的耦合度划分标准，见表 5-2。

表 5-2　耦合度划分标准

序号	耦合度区间	耦合类型
1	0~0.3	低水平耦合阶段
2	0.3~0.5	颉颃磨合阶段
3	0.5~0.8	良性耦合阶段
4	0.8~1	高水平耦合阶段

耦合度仅仅代表了系统间相互影响与作用程度的强弱，无法展现系统间是否协调发展，而耦合协调度可以反映系统间的协调发展阶段，因此引入耦

合协调度来量化系统间的协调程度。耦合协调度计算公式如式（5-10）所示，耦合协调度划分标准见表 5-3。

$$D = \sqrt{C \times T} \tag{5-10}$$

表 5-3　耦合协调度划分标准

耦合协调度	划分等级	协调阶段
0～0.1	极度失调	萌芽阶段
0.1～0.2	严重失调	
0.2～0.3	中度失调	
0.3～0.4	轻度失调	
0.4～0.5	濒临失调	起步阶段
0.5～0.6	勉强协调	
0.6～0.7	初级协调	稳定阶段
0.7～0.8	中级协调	
0.8～0.9	良好协调	成熟阶段
0.9～1.0	优质协调	

第二节　产业结构、经济发展和生态环境发展指数

一、产业结构综合发展指数

本书利用综合发展指数模型测算出中国省域产业结构综合发展指数，结果见表 5-4。

表 5-4　中国省域产业结构综合发展指数（2009—2020 年）

地区	2009	2010	2011	2012	2013	2014	2015	2016	2017	2018	2019	2020
东部												
北京	0.611	0.605	0.617	0.622	0.63	0.639	0.668	0.679	0.687	0.695	0.708	0.723
天津	0.41	0.42	0.444	0.449	0.461	0.458	0.46	0.474	0.48	0.482	0.484	0.503

续表

地区	2009	2010	2011	2012	2013	2014	2015	2016	2017	2018	2019	2020
上海	0. 488	0. 479	0. 494	0. 504	0. 522	0. 521	0. 541	0. 562	0. 556	0. 557	0. 555	0. 592
河北	0. 27	0. 274	0. 282	0. 294	0. 303	0. 307	0. 32	0. 327	0. 335	0. 344	0. 357	0. 381
江苏	0. 372	0. 384	0. 37	0. 378	0. 388	0. 398	0. 406	0. 417	0. 42	0. 424	0. 431	0. 431
浙江	0. 402	0. 411	0. 428	0. 437	0. 439	0. 439	0. 444	0. 451	0. 457	0. 459	0. 472	0. 489
福建	0. 321	0. 32	0. 328	0. 336	0. 34	0. 339	0. 345	0. 35	0. 358	0. 359	0. 359	0. 379
山东	0. 258	0. 272	0. 288	0. 301	0. 315	0. 326	0. 34	0. 352	0. 361	0. 37	0. 38	0. 386
广东	0. 336	0. 342	0. 377	0. 383	0. 39	0. 391	0. 398	0. 41	0. 416	0. 412	0. 419	0. 449
海南	0. 216	0. 241	0. 233	0. 249	0. 3	0. 304	0. 314	0. 332	0. 339	0. 362	0. 379	0. 412
均值	0. 368	0. 375	0. 386	0. 395	0. 409	0. 412	0. 424	0. 435	0. 441	0. 446	0. 454	0. 475
西部												
内蒙古	0. 212	0. 211	0. 212	0. 213	0. 231	0. 241	0. 247	0. 243	0. 249	0. 251	0. 249	0. 265
广西	0. 196	0. 193	0. 181	0. 189	0. 205	0. 212	0. 223	0. 233	0. 241	0. 248	0. 254	0. 34
重庆	0. 293	0. 309	0. 276	0. 284	0. 294	0. 301	0. 317	0. 332	0. 34	0. 345	0. 351	0. 359
四川	0. 212	0. 216	0. 23	0. 24	0. 248	0. 261	0. 274	0. 295	0. 314	0. 328	0. 333	0. 327
贵州	0. 183	0. 192	0. 137	0. 144	0. 157	0. 164	0. 179	0. 192	0. 214	0. 23	0. 237	0. 327
云南	0. 149	0. 15	0. 159	0. 169	0. 18	0. 192	0. 203	0. 219	0. 238	0. 245	0. 249	0. 272
陕西	0. 206	0. 22	0. 233	0. 155	0. 172	0. 182	0. 208	0. 214	0. 217	0. 224	0. 234	0. 294
甘肃	0. 166	0. 159	0. 134	0. 145	0. 16	0. 172	0. 204	0. 221	0. 235	0. 241	0. 249	0. 294
青海	0. 272	0. 277	0. 283	0. 288	0. 288	0. 295	0. 31	0. 309	0. 301	0. 3	0. 303	0. 333
宁夏	0. 26	0. 265	0. 186	0. 195	0. 206	0. 227	0. 234	0. 239	0. 246	0. 254	0. 257	0. 335
新疆	0. 161	0. 139	0. 159	0. 172	0. 204	0. 209	0. 237	0. 243	0. 251	0. 253	0. 277	0. 283
均值	0. 21	0. 212	0. 199	0. 199	0. 213	0. 223	0. 24	0. 249	0. 259	0. 265	0. 272	0. 312
中部												
山西	0. 224	0. 218	0. 216	0. 235	0. 254	0. 262	0. 302	0. 306	0. 294	0. 299	0. 286	0. 338
安徽	0. 255	0. 257	0. 236	0. 25	0. 265	0. 278	0. 299	0. 312	0. 324	0. 336	0. 34	0. 369
江西	0. 235	0. 238	0. 25	0. 262	0. 273	0. 282	0. 299	0. 314	0. 325	0. 343	0. 349	0. 374
河南	0. 199	0. 208	0. 224	0. 238	0. 255	0. 255	0. 269	0. 279	0. 291	0. 309	0. 313	0. 35
湖北	0. 278	0. 288	0. 2	0. 205	0. 226	0. 245	0. 261	0. 273	0. 288	0. 300	0. 309	0. 352
湖南	0. 216	0. 215	0. 230	0. 236	0. 245	0. 251	0. 260	0. 274	0. 290	0. 301	0. 297	0. 354

续表

地区	2009	2010	2011	2012	2013	2014	2015	2016	2017	2018	2019	2020
均值	0.235	0.237	0.226	0.238	0.253	0.262	0.282	0.293	0.302	0.315	0.316	0.356
东北												
辽宁	0.26	0.259	0.269	0.280	0.302	0.314	0.325	0.334	0.333	0.328	0.329	0.338
吉林	0.229	0.234	0.226	0.235	0.255	0.266	0.274	0.288	0.302	0.325	0.327	0.278
黑龙江	0.173	0.179	0.188	0.199	0.206	0.225	0.258	0.274	0.287	0.297	0.320	0.308
均值	0.221	0.224	0.228	0.238	0.254	0.268	0.286	0.299	0.307	0.317	0.325	0.308
全国均值	0.269	0.273	0.270	0.276	0.290	0.299	0.314	0.325	0.333	0.341	0.347	0.375

中国的产业结构综合发展指数呈现逐年上升的趋势，从 2009 年的 0.269 上升到 2020 年的 0.375。这表明中国的产业结构优化程度逐年提高，经济结构趋于合理化和高级化。从区域分布来看，东部地区的产业结构综合发展指数一直处于领先地位；中部地区和东北地区的产业结构综合发展指数虽然逐年提高，但与东部地区的发展水平还有一定的差距；而西部地区一直处于相对滞后的状态。这说明各区域产业结构优化还存在差异，针对不同区域需采取不同的产业结构调整措施。

东部地区整体产业结构发展较好，但不同省份和不同时间段存在一定的差异。北京市、天津市、上海市、浙江省的产业结构综合发展指数始终高于其余地区，均处于 0.4 以上，其第三产业占比高，高新技术服务业集聚程度高；河北省、福建省和山东省的产业结构综合发展指数相对较低；江苏省、广东省和海南省的产业结构综合发展指数在研究时期内前期较低，后期增至 0.4 以上，其中海南省由于自然资源丰富，产业以农业为主。西部地区以资源和能源产业作为推动产业结构优化的驱动力，科技创新水平低下，高新技术产业数量少，产业结构发展水平明显较低，多数处于 0.2~0.4。中部地区与西部地区的产业发展水平相当，以粮食生产为主，为优化产业结构，还需加快农业现代化，利用现代化建设和设备确保粮食产量稳定。东北地区是我国重工业发展基地，以重工业和资源型产业为主，而这些产业相对于现代服务业和高新技术产业而言，技术含量低，对环境的破坏较大，受市场波动影响较大。同时，传统产业过度发展、结构调整缓慢等问题也导致了东北地区产业结构转型困难。

二、经济发展综合发展指数

本书利用综合发展指数模型测算出中国省域经济发展综合发展指数，结果见表 5-5。

表 5-5 中国省域经济发展综合发展指数（2009—2020 年）

地区	2009	2010	2011	2012	2013	2014	2015	2016	2017	2018	2019	2020
东部												
北京	0.229	0.276	0.337	0.367	0.397	0.41	0.409	0.421	0.462	0.52	0.537	0.504
天津	0.164	0.19	0.235	0.265	0.298	0.321	0.336	0.351	0.321	0.327	0.339	0.334
上海	0.268	0.312	0.369	0.383	0.404	0.434	0.46	0.48	0.525	0.568	0.576	0.59
河北	0.065	0.082	0.105	0.122	0.14	0.157	0.158	0.168	0.184	0.202	0.22	0.231
江苏	0.26	0.322	0.39	0.421	0.45	0.481	0.502	0.513	0.571	0.626	0.639	0.654
浙江	0.19	0.222	0.278	0.304	0.335	0.364	0.389	0.406	0.444	0.49	0.526	0.548
福建	0.104	0.129	0.17	0.198	0.222	0.245	0.266	0.281	0.313	0.344	0.369	0.379
山东	0.157	0.194	0.24	0.269	0.3	0.326	0.334	0.352	0.382	0.401	0.403	0.422
广东	0.349	0.431	0.509	0.557	0.614	0.631	0.642	0.639	0.685	0.739	0.75	0.744
海南	0.024	0.036	0.059	0.075	0.089	0.101	0.112	0.122	0.131	0.143	0.151	0.159
均值	0.181	0.219	0.269	0.296	0.325	0.347	0.361	0.373	0.402	0.436	0.451	0.457
西部												
内蒙古	0.073	0.091	0.12	0.141	0.162	0.184	0.183	0.198	0.198	0.196	0.211	0.215
广西	0.035	0.048	0.067	0.083	0.096	0.109	0.124	0.135	0.153	0.166	0.183	0.189
重庆	0.057	0.075	0.106	0.134	0.154	0.182	0.197	0.211	0.233	0.252	0.272	0.285
四川	0.058	0.073	0.094	0.117	0.137	0.155	0.164	0.181	0.208	0.237	0.261	0.276
贵州	0.018	0.027	0.043	0.057	0.069	0.084	0.104	0.118	0.136	0.153	0.17	0.176
云南	0.026	0.038	0.056	0.074	0.091	0.105	0.116	0.131	0.153	0.173	0.194	0.203
陕西	0.052	0.068	0.09	0.11	0.13	0.149	0.164	0.176	0.198	0.222	0.237	0.245
甘肃	0.027	0.036	0.051	0.066	0.082	0.095	0.107	0.117	0.108	0.119	0.129	0.136

续表

地区	2009	2010	2011	2012	2013	2014	2015	2016	2017	2018	2019	2020
青海	0.039	0.064	0.09	0.111	0.127	0.144	0.159	0.17	0.18	0.195	0.216	0.215
宁夏	0.044	0.056	0.077	0.096	0.112	0.126	0.14	0.154	0.167	0.17	0.173	0.18
新疆	0.035	0.05	0.072	0.092	0.111	0.126	0.138	0.143	0.162	0.162	0.171	0.174
均值	0.042	0.057	0.079	0.098	0.116	0.133	0.145	0.158	0.172	0.186	0.202	0.209
中部												
山西	0.051	0.062	0.08	0.097	0.114	0.123	0.128	0.132	0.124	0.139	0.152	0.163
安徽	0.052	0.072	0.091	0.114	0.135	0.152	0.177	0.194	0.219	0.244	0.271	0.286
江西	0.045	0.059	0.077	0.094	0.112	0.13	0.146	0.161	0.184	0.207	0.231	0.246
河南	0.06	0.074	0.098	0.123	0.142	0.161	0.182	0.199	0.221	0.244	0.266	0.274
湖北	0.068	0.086	0.114	0.135	0.158	0.182	0.208	0.225	0.245	0.271	0.299	0.279
湖南	0.055	0.066	0.092	0.112	0.133	0.151	0.171	0.188	0.213	0.237	0.265	0.279
均值	0.055	0.07	0.092	0.113	0.132	0.15	0.169	0.183	0.201	0.224	0.247	0.255
东北												
辽宁	0.113	0.14	0.172	0.195	0.223	0.226	0.197	0.176	0.191	0.209	0.216	0.216
吉林	0.053	0.067	0.083	0.103	0.115	0.129	0.14	0.155	0.157	0.161	0.163	0.174
黑龙江	0.05	0.066	0.083	0.098	0.112	0.115	0.118	0.125	0.135	0.138	0.153	0.159
均值	0.072	0.091	0.113	0.132	0.15	0.157	0.152	0.152	0.161	0.169	0.177	0.183
全国均值	0.094	0.117	0.148	0.170	0.192	0.210	0.222	0.234	0.253	0.275	0.291	0.298

全国经济发展综合发展指数均值逐年增长，由2009年的0.094上升至2020年的0.298，2009—2013年的增长幅度均在10%以上，2014年之后增幅均处于10%以下，且在近两年中只有5%左右的增长幅度，说明我国经济水平正不断提高的同时，经济发展从曾经的高速增长阶段进入高质量发展阶段。东部地区一直是中国经济的主要发展区域，其经济总量和发展速度远高于其余三大地区，这主要由东部地理位置优越、人口密集、产业基础雄厚等因素所致。相比之下，西部和中部地区相对落后，但近年来也在快速发展，相比于2009年，2020年的经济发展综合发展指数分别增长了397.62%和

363.64%，这些地区的政府也在加大对本地区的扶持力度，鼓励当地企业和产业发展。而东北地区则因为历史原因、资源短缺和产业结构转型缓慢等，发展相对滞后。

2020年，北京市、上海市、江苏省、浙江省和广东省的经济发展综合发展指数均高于0.5，除北京市外均属于沿海地区，地理位置优越，经济快速发展。山东省和天津市虽然同属沿海地区，贸易水平存在优势，但经济发展水平远不如北京等地区，相对来说，二者的产业主要集中于传统产业和重工业，产业结构不合理，增长潜力小，同时地区资源相对匮乏。河北省、福建省和海南省的经济发展水平最低，河北省由于围绕着天津市和北京市存在，地理位置相对劣势，缺乏高新产业发展，很难招商引资和吸引省外人才；福建省与周边省市相比，教育水平和科技水平相对较低，限制了经济发展；海南省地处南海地段，以旅游业为主导产业，产业结构单一化，同时其人才引进和基础设施方面还有待提高。西部、中部和东北地区各省份经济发展综合发展指数差别不大，2009年均处于0.1以下，经济发展水平相对于东部地区低了许多，2020年才逐渐上升至0.1~0.3，经济发展水平提高，但仍存在不足。西部地区地理位置复杂，自然资源较分散，产业以农业为主，高新技术水平低，服务业发展落后，虽然国家出台了一系列扶持西部地区经济发展的政策，但可能仍存在资金匮乏或资金不到位的情况。中部地区在国家提出中部崛起战略的条件下，经济发展取得显著效果。中部地区连南接北，交通网络发达，生产要素密集，迎来了重大机遇，但仍处于工业化中后期阶段，因为中部地区对资源和劳动力等依赖性强，产业升级比较困难，经济发展受到限制，所以中部地区的崛起仍然任重而道远。东北地区在计划经济时期曾是中国最大的工业基地之一，而现在市场经济已经取代计划经济，导致其机制不能适应市场经济的需求。同时，东北地区人口老龄化程度高，导致劳动力缺乏，企业招不到人才。

三、生态环境综合发展指数

本书利用综合发展指数模型测算出中国省域生态环境综合发展指数，结果见表5-6。

表 5-6 中国省域生态环境综合发展指数（2009—2020 年）

地区	2009	2010	2011	2012	2013	2014	2015	2016	2017	2018	2019	2020
东部												
北京	0.49	0.476	0.48	0.503	0.529	0.553	0.575	0.582	0.594	0.567	0.582	0.555
天津	0.417	0.413	0.422	0.419	0.433	0.452	0.464	0.454	0.463	0.465	0.477	0.469
上海	0.416	0.417	0.409	0.435	0.423	0.469	0.48	0.55	0.539	0.46	0.511	0.476
河北	0.33	0.316	0.293	0.299	0.37	0.462	0.417	0.391	0.417	0.566	0.436	0.366
江苏	0.409	0.393	0.409	0.43	0.489	0.469	0.503	0.54	0.487	0.571	0.522	0.505
浙江	0.519	0.509	0.514	0.545	0.617	0.643	0.628	0.646	0.602	0.606	0.608	0.643
福建	0.511	0.517	0.494	0.545	0.583	0.593	0.592	0.556	0.537	0.546	0.534	0.542
山东	0.455	0.444	0.438	0.458	0.513	0.637	0.533	0.652	0.631	0.532	0.595	0.479
广东	0.477	0.507	0.452	0.494	0.516	0.536	0.551	0.563	0.594	0.565	0.577	0.549
海南	0.409	0.411	0.406	0.444	0.457	0.452	0.464	0.469	0.459	0.456	0.475	0.483
均值	0.443	0.44	0.432	0.457	0.493	0.527	0.521	0.54	0.532	0.533	0.532	0.507
西部												
内蒙古	0.279	0.287	0.326	0.309	0.437	0.489	0.412	0.428	0.428	0.399	0.385	0.37
广西	0.397	0.401	0.394	0.427	0.458	0.451	0.482	0.462	0.457	0.454	0.462	0.439
重庆	0.411	0.426	0.43	0.442	0.474	0.474	0.493	0.49	0.499	0.497	0.487	0.497
四川	0.298	0.298	0.309	0.305	0.33	0.347	0.346	0.368	0.375	0.398	0.394	0.409
贵州	0.276	0.303	0.313	0.332	0.355	0.384	0.39	0.388	0.389	0.404	0.421	0.438
云南	0.367	0.379	0.359	0.368	0.402	0.419	0.418	0.41	0.389	0.406	0.422	0.42
陕西	0.376	0.419	0.398	0.416	0.462	0.449	0.447	0.444	0.411	0.411	0.46	0.449
甘肃	0.208	0.234	0.229	0.266	0.279	0.29	0.28	0.319	0.324	0.311	0.317	0.32
青海	0.239	0.238	0.266	0.275	0.267	0.291	0.276	0.318	0.309	0.315	0.327	0.306
宁夏	0.309	0.336	0.314	0.332	0.396	0.434	0.371	0.396	0.353	0.367	0.373	0.386
新疆	0.268	0.261	0.266	0.259	0.291	0.326	0.302	0.313	0.318	0.33	0.345	0.306
均值	0.312	0.326	0.328	0.339	0.377	0.396	0.383	0.394	0.387	0.39	0.399	0.395
中部												
山西	0.343	0.339	0.326	0.361	0.415	0.376	0.369	0.376	0.413	0.391	0.4	0.38

续表

地区	2009	2010	2011	2012	2013	2014	2015	2016	2017	2018	2019	2020
安徽	0. 356	0. 356	0. 36	0. 384	0. 461	0. 417	0. 425	0. 489	0. 468	0. 454	0. 461	0. 447
江西	0. 391	0. 407	0. 417	0. 416	0. 447	0. 446	0. 456	0. 441	0. 461	0. 493	0. 498	0. 457
河南	0. 283	0. 292	0. 293	0. 289	0. 368	0. 403	0. 369	0. 462	0. 451	0. 419	0. 432	0. 385
湖北	0. 417	0. 427	0. 379	0. 398	0. 442	0. 445	0. 421	0. 453	0. 458	0. 461	0. 467	0. 458
湖南	0. 376	0. 397	0. 369	0. 399	0. 425	0. 413	0. 445	0. 443	0. 449	0. 449	0. 447	0. 432
均值	0. 361	0. 37	0. 357	0. 375	0. 426	0. 417	0. 414	0. 444	0. 45	0. 445	0. 451	0. 427
东北												
辽宁	0. 363	0. 367	0. 335	0. 356	0. 406	0. 422	0. 376	0. 44	0. 43	0. 425	0. 428	0. 412
吉林	0. 347	0. 359	0. 354	0. 37	0. 42	0. 427	0. 424	0. 425	0. 407	0. 411	0. 434	0. 42
黑龙江	0. 35	0. 357	0. 333	0. 345	0. 4	0. 394	0. 41	0. 445	0. 413	0. 424	0. 419	0. 398
均值	0. 353	0. 361	0. 341	0. 357	0. 409	0. 414	0. 403	0. 437	0. 417	0. 42	0. 427	0. 41
全国均值	0. 370	0. 376	0. 370	0. 387	0. 429	0. 445	0. 437	0. 457	0. 451	0. 452	0. 457	0. 440

生态环境综合发展指数与产业结构和经济发展综合发展指数趋势变化不同，生态环境综合发展指数始终处于波动状态，但整体上各区域的生态环境综合发展指数都有所上升，这可能与政府的生态文明建设策略和民众对生态环境保护意识的增强有关，同时区域间存在明显差异。

在四大区域中，东部地区的生态环境综合发展指数最高，因为东部地区的产业结构优化程度较高，经济发展较快，为环境治理提供了更多的资金、技术和人力资源等，能够更好地改善生态环境。同时，东部地区城镇化程度较高，城市管理和治理能力强，也有助于生态环境的保护。但是，河北省的生态环境发展水平明显低于东部地区其他省份，这是因为河北省是全国重工业产业集群地之一，偏向钢铁和煤炭等产业的发展，污染物排放量高，生态环境严重恶化。中部和东北地区的工业化发展相对较早，由于当时的环境管理和治理水平低下，生态环境恶化严重；同时相比于东部地区，二者的产业结构优化进程较慢，且经济发展缓慢，对环保投入和技术创新有所限制，在政策方面，国家政策倾向于东部地区的环境污染治理，导致中部地区和东北地区的污染治理不足。西部地区的生态环境发展水平最低。首先，西部地貌复杂，生态系统比较脆弱，土地沙漠化和水土流失等问题异常严重。其次，西部地区自然资源丰富，经济发展以资源开发为主，采矿及农牧业等产业发展较好，服务业发展和工业化进程比较缓慢，资源过度开采也会导致环境恶化。

第三节　产业结构、经济发展和生态环境耦合协调度分析

一、耦合度分析

本书通过耦合协调度模型测算出 2009—2020 年全国整体和区域耦合度均值及中国省域 3 个系统的耦合度，结果分别如图 5-1 和表 5-7 所示。从分区域角度看，东部和东北地区的耦合水平始终位于高水平耦合阶段；中部和西部在 2009 年处于良性耦合阶段，而在 2010 年和 2011 年分别上升至高水平耦合阶段，说明四大区域产业结构、经济发展和生态环境的关联程度逐渐加深。

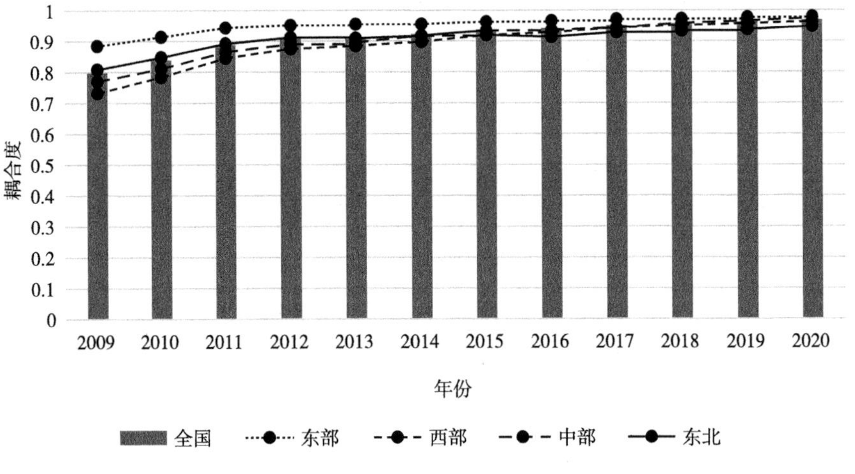

图 5-1　中国及四大区域耦合度变化趋势（2009—2020 年）

表 5-7　中国省域产业结构、经济发展和生态环境耦合度（2009—2020 年）

年份	2009	2010	2011	2012	2013	2014	2015	2016	2017	2018	2019	2020
东部												
北京	0.923	0.951	0.970	0.977	0.982	0.984	0.980	0.981	0.987	0.993	0.993	0.988
天津	0.920	0.940	0.962	0.975	0.982	0.987	0.989	0.991	0.984	0.986	0.987	0.985
上海	0.970	0.985	0.993	0.994	0.994	0.997	0.998	0.998	1.000	0.996	0.999	0.995
河北	0.809	0.859	0.906	0.926	0.924	0.912	0.926	0.941	0.946	0.917	0.962	0.976
江苏	0.982	0.996	0.999	0.998	0.996	0.997	0.995	0.994	0.992	0.987	0.987	0.985
浙江	0.920	0.944	0.969	0.972	0.969	0.972	0.979	0.980	0.990	0.993	0.995	0.994
福建	0.825	0.861	0.913	0.920	0.925	0.934	0.944	0.959	0.973	0.977	0.983	0.985
山东	0.911	0.943	0.968	0.973	0.970	0.948	0.976	0.956	0.968	0.988	0.980	0.996
广东	0.987	0.987	0.992	0.988	0.983	0.981	0.981	0.983	0.979	0.972	0.972	0.979
海南	0.590	0.668	0.762	0.791	0.816	0.841	0.855	0.867	0.883	0.896	0.898	0.900
西部												
内蒙古	0.866	0.900	0.923	0.951	0.917	0.915	0.944	0.946	0.948	0.957	0.967	0.975
广西	0.665	0.725	0.786	0.810	0.823	0.849	0.858	0.882	0.904	0.917	0.928	0.943
重庆	0.750	0.794	0.859	0.894	0.905	0.928	0.933	0.944	0.953	0.962	0.972	0.974
四川	0.816	0.856	0.892	0.927	0.939	0.948	0.955	0.959	0.971	0.978	0.986	0.987
贵州	0.611	0.667	0.746	0.787	0.809	0.827	0.864	0.887	0.911	0.924	0.931	0.935
云南	0.626	0.684	0.771	0.816	0.835	0.853	0.873	0.897	0.930	0.940	0.948	0.956
陕西	0.754	0.782	0.843	0.846	0.855	0.885	0.908	0.920	0.946	0.957	0.948	0.967
甘肃	0.728	0.773	0.840	0.860	0.887	0.904	0.929	0.923	0.909	0.928	0.935	0.936
青海	0.741	0.837	0.888	0.919	0.940	0.950	0.962	0.962	0.971	0.978	0.985	0.983
宁夏	0.744	0.781	0.858	0.885	0.878	0.883	0.926	0.929	0.955	0.952	0.953	0.950
新疆	0.744	0.812	0.875	0.918	0.928	0.930	0.951	0.951	0.963	0.959	0.960	0.971
中部												
山西	0.764	0.805	0.857	0.874	0.877	0.905	0.911	0.913	0.891	0.917	0.928	0.938
安徽	0.757	0.820	0.864	0.891	0.887	0.922	0.940	0.933	0.954	0.969	0.976	0.984
江西	0.718	0.763	0.808	0.844	0.862	0.888	0.902	0.922	0.934	0.941	0.953	0.969
河南	0.830	0.863	0.908	0.940	0.930	0.934	0.960	0.941	0.957	0.976	0.980	0.990
湖北	0.782	0.822	0.888	0.904	0.911	0.931	0.956	0.956	0.964	0.973	0.979	0.980

续表

年份	2009	2010	2011	2012	2013	2014	2015	2016	2017	2018	2019	2020
湖南	0.765	0.789	0.860	0.880	0.897	0.921	0.926	0.940	0.954	0.965	0.974	0.984
东北												
辽宁	0.898	0.928	0.964	0.971	0.971	0.969	0.965	0.934	0.947	0.960	0.963	0.966
吉林	0.770	0.808	0.850	0.880	0.876	0.892	0.907	0.922	0.929	0.930	0.925	0.939
黑龙江	0.757	0.804	0.860	0.882	0.877	0.886	0.885	0.881	0.906	0.905	0.920	0.933

除海南省外，东部地区其他省份的耦合度均处于0.8以上。海南省2009—2012年处于良性耦合阶段，自2013年开始一直处于高水平耦合阶段。其他三大区域中，前期仅有内蒙古、四川、河南和辽宁处于高水平耦合阶段，其他省份均在2010年之后依次提升至高水平耦合阶段。由此可知，近10年来，我国的产业结构、经济发展和生态环境间的关系日益密切。

二、耦合协调度分析

耦合度仅能显示子系统间的关联性强弱，不能体现系统间协调的好坏。因此，本书进一步计算出全国整体和区域耦合协调度均值及中国省域3个子系统的耦合协调度，结果分别如图5-2和表5-8所示。

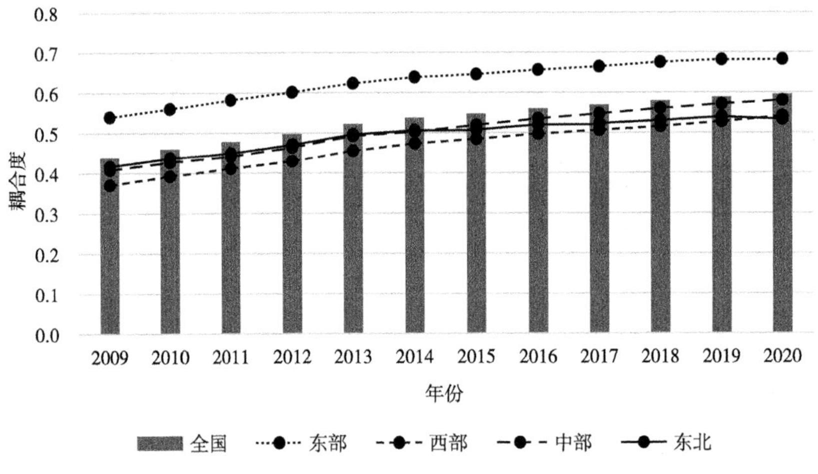

图5-2 中国及四大区域耦合协调度变化趋势（2009—2020年）

表 5-8　中国省域产业结构、经济发展和生态环境耦合协调度（2009—2020 年）

年份	2009	2010	2011	2012	2013	2014	2015	2016	2017	2018	2019	2020
东部												
北京	0.640	0.656	0.681	0.697	0.714	0.725	0.734	0.742	0.757	0.768	0.778	0.766
天津	0.551	0.566	0.594	0.607	0.625	0.637	0.644	0.650	0.644	0.647	0.654	0.655
上海	0.616	0.630	0.649	0.662	0.668	0.688	0.702	0.728	0.735	0.725	0.739	0.742
河北	0.424	0.439	0.453	0.470	0.500	0.531	0.526	0.527	0.543	0.583	0.570	0.564
江苏	0.584	0.604	0.624	0.640	0.664	0.669	0.684	0.698	0.699	0.730	0.724	0.723
浙江	0.584	0.600	0.628	0.646	0.670	0.684	0.690	0.701	0.704	0.717	0.730	0.746
福建	0.508	0.527	0.550	0.575	0.594	0.605	0.615	0.616	0.626	0.638	0.643	0.653
山东	0.514	0.535	0.558	0.578	0.604	0.638	0.627	0.657	0.666	0.655	0.671	0.654
广东	0.618	0.649	0.665	0.687	0.706	0.714	0.721	0.727	0.744	0.746	0.752	0.754
海南	0.357	0.392	0.421	0.450	0.480	0.490	0.504	0.517	0.523	0.536	0.548	0.562
西部												
内蒙古	0.404	0.421	0.450	0.458	0.504	0.528	0.515	0.524	0.526	0.519	0.522	0.525
广西	0.373	0.394	0.410	0.435	0.456	0.468	0.487	0.494	0.507	0.515	0.528	0.552
重庆	0.436	0.463	0.482	0.506	0.527	0.544	0.560	0.570	0.584	0.592	0.600	0.609
四川	0.393	0.409	0.434	0.452	0.473	0.491	0.500	0.520	0.539	0.560	0.570	0.577
贵州	0.312	0.341	0.350	0.374	0.396	0.418	0.440	0.454	0.474	0.492	0.507	0.542
云南	0.337	0.360	0.384	0.408	0.433	0.451	0.463	0.477	0.492	0.508	0.523	0.534
陕西	0.399	0.429	0.450	0.438	0.467	0.480	0.498	0.506	0.511	0.523	0.543	0.564
甘肃	0.312	0.333	0.340	0.370	0.392	0.410	0.428	0.450	0.450	0.456	0.466	0.484
青海	0.369	0.402	0.435	0.454	0.462	0.481	0.489	0.506	0.506	0.514	0.527	0.529
宁夏	0.390	0.414	0.406	0.429	0.457	0.481	0.480	0.495	0.494	0.501	0.505	0.534
新疆	0.340	0.349	0.381	0.400	0.433	0.453	0.463	0.471	0.484	0.488	0.504	0.497
中部												
山西	0.397	0.407	0.421	0.450	0.478	0.479	0.493	0.498	0.497	0.504	0.509	0.525
安徽	0.409	0.433	0.445	0.471	0.504	0.511	0.532	0.556	0.567	0.578	0.591	0.601
江西	0.401	0.423	0.448	0.466	0.489	0.504	0.521	0.531	0.549	0.572	0.585	0.590
河南	0.387	0.407	0.432	0.451	0.487	0.505	0.512	0.543	0.554	0.562	0.575	0.577
湖北	0.446	0.469	0.453	0.472	0.501	0.520	0.533	0.550	0.565	0.579	0.592	0.596

续表

年份	2009	2010	2011	2012	2013	2014	2015	2016	2017	2018	2019	2020
湖南	0.406	0.422	0.445	0.468	0.490	0.500	0.520	0.533	0.550	0.563	0.573	0.591
东北												
辽宁	0.470	0.487	0.499	0.519	0.549	0.557	0.537	0.544	0.549	0.555	0.559	0.558
吉林	0.402	0.422	0.433	0.456	0.480	0.495	0.504	0.517	0.518	0.527	0.534	0.523
黑龙江	0.380	0.402	0.416	0.435	0.458	0.466	0.481	0.498	0.502	0.509	0.523	0.519

由图 5-2 可知，从全国角度看，全国三系统耦合协调度由 2009 年的 0.439 上升至 2020 年的 0.595，上升幅度缓慢，年增长率仅为 3.2%，2020 年由濒临失调跨越至勉强协调。

就四大区域而言，东部地区协调水平明显高于其他三大区域且是唯一始终高于全国平均协调水平的，由 2009 年的勉强协调跨越至 2020 年的初级协调，协调发展水平处于稳定阶段，说明东部地区的产业结构、经济发展和生态环境间的关系改善并向好发展。西部地区是协调水平最低的区域，2009 年的耦合协调度为 0.37，处于萌芽阶段中的轻度失调，从 2011 年开始至 2016 年均处于濒临失调，协调发展正式进入起步阶段，2017 年及以后处于勉强协调，是四大区域中协调水平跨度最大的区域，2020 年的协调水平已经追赶上东北地区。中部和东北地区 2014 年前均处于濒临失调且协调度相近，之后均上升至勉强协调，但中部地区的耦合协调度明显略高于东北地区。协调发展水平增速最快的区域依次为西部、中部、东北和东部地区，平均年增速分别为 4.2%、3.83%、2.53% 和 2.39%。东部地区的自然条件和地理位置优越，起点较高，因此上升空间低。

值得注意的是，2014—2020 年的协调发展水平增速明显慢于 2009—2014 年，其原因在于，2009—2014 年正值“十一五”收官时期和“十二五”规划发展期，处于产业结构转型、完善经济体制、促进生态保护和修复的关键期，这些方面也逐渐向好发展，因此协调发展水平较快；2014 年之后，产业结构、经济发展和生态环境三系统间的关系得到改善，发展水平缓慢上升。

表 5-8 展现了中国省域 3 个系统的耦合协调度。从各区域省份角度看，东部地区中仅有北京市、上海市和广东省一直处于稳定阶段且由 2009 年的初

级协调进入2020年的中级协调；江苏省和浙江省从2009年的勉强协调进入2020年的中级协调，发展速度较快，江浙均属于长三角地带，长三角一体化的措施成效明显；天津市、福建省和山东省由2009年起步阶段中的勉强协调进入初级协调，协调发展步入稳定阶段；河北省则一直处于起步阶段，但协调发展类型由濒临失调转向勉强协调，协调水平提升；海南省在2009年处于轻度失调，2011年及之后跳出萌芽阶段，正式进入起步阶段，逐渐向协调发展阶段迈进。西部地区中，2009年重庆和内蒙古处于濒临失调，但在2020年已经分别提升至初级协调和勉强协调；相比之下，甘肃和新疆的协调发展水平由轻度失调升至濒临失调，一直处于失调状态，发展缓慢；其余省份的协调类型均由轻度失调升至勉强协调，实现了协调类型的跃迁。中部地区中，山西省和河南省情况类似，均由2009年的轻度失调进入2020年的勉强协调；湖南省、湖北省和江西省由2009年的濒临失调进入2020年的勉强协调；安徽省2009年处于濒临失调，2020年则升至初级协调，安徽省作为长三角成员之一，虽然发展程度不如江浙沪，但经过长三角一体化的政策支持与江浙沪的帮扶，协调发展逐步进入正规。东北地区的辽宁省和吉林省始终处于起步阶段，由2009年的濒临失调进入2020年的勉强协调；黑龙江则从轻度失调跨越至勉强协调，发展水平紧追辽宁省和吉林省。

为了反映不同协调等级下的省份数量变化，本书对30个省份的协调等级进行统计，结果如表5-9所示。

表5-9　2009—2020年不同协调等级的省份个数对比

协调等级	2009	2010	2011	2012	2013	2014	2015	2016	2017	2018	2019	2020
轻度失调	13	6	4	2	2	0	0	0	0	0	0	0
濒临失调	9	16	18	18	14	13	11	8	6	3	1	2
勉强协调	5	4	3	4	7	9	11	14	16	19	21	18
初级协调	3	4	5	6	5	6	5	4	4	3	3	5
中级协调	0	0	0	0	2	2	3	4	4	5	5	5

2009年中国省域产业结构、经济发展和生态环境的协调水平包含轻度失调到初级协调4个协调等级，其中轻度失调的省份数量占43.33%，是4个协

调等级中占比最高的；而仅有10%的省份处于初级协调，占比最低。2020年不存在轻度失调的省份，协调类型中占比最大的是勉强协调（60%），占比最小的为濒临失调（6.67%）。2009—2020年，处于轻度失调的省份数量逐年减少，直至为0；濒临失调和勉强协调类型的省份数量则在一定阶段内逐渐增多，随后又开始减少，这些省份正处于失调和协调的跨越阶段；初级协调的省份数量变化不明显；中级协调的省份数量由0个增至5个。由此可见，我国整体协调发展水平有明显的提升，处于失调阶段的省份逐渐较少。

三、预测

本书利用GM（1，1）预测模型，对中国东北、东部、西部、中部四大地区和全国整体2021—2030年产业结构子系统综合发展指数、经济子系统综合发展指数、生态环境子系统综合发展指数、产业结构-经济-生态环境系统协调度进行预测，结果分别如表5-10、表5-11、表5-12、表5-13所示。

表5-10 产业结构子系统综合发展指数预测

地区	2021	2022	2023	2024	2025	2026	2027	2028	2029	2030
东北	0.347	0.361	0.376	0.391	0.407	0.423	0.441	0.459	0.479	0.499
东部	0.482	0.492	0.504	0.515	0.527	0.539	0.552	0.565	0.579	0.593
西部	0.309	0.324	0.339	0.355	0.372	0.389	0.409	0.429	0.450	0.472
中部	0.359	0.375	0.391	0.409	0.427	0.446	0.465	0.486	0.507	0.530
全国	0.380	0.394	0.408	0.423	0.438	0.454	0.471	0.489	0.507	0.527

表5-11 经济子系统综合发展指数预测

地区	2021	2022	2023	2024	2025	2026	2027	2028	2029	2030
东北	0.200	0.210	0.222	0.234	0.248	0.262	0.277	0.293	0.310	0.329
东部	0.512	0.546	0.582	0.621	0.663	0.707	0.755	0.806	0.861	0.920
西部	0.251	0.279	0.309	0.344	0.382	0.424	0.472	0.526	0.585	0.652
中部	0.306	0.341	0.381	0.425	0.475	0.531	0.593	0.663	0.741	0.828
全国	0.344	0.373	0.406	0.441	0.481	0.524	0.571	0.623	0.681	0.744

表 5-12　生态环境子系统综合发展指数预测

地区	2021	2022	2023	2024	2025	2026	2027	2028	2029	2030
东北	0.445	0.453	0.461	0.470	0.478	0.486	0.496	0.505	0.514	0.523
东部	0.559	0.570	0.580	0.591	0.603	0.615	0.626	0.638	0.651	0.663
西部	0.419	0.427	0.436	0.444	0.453	0.462	0.471	0.481	0.491	0.501
中部	0.468	0.478	0.488	0.498	0.508	0.518	0.529	0.540	0.552	0.563
全国	0.478	0.487	0.497	0.506	0.517	0.527	0.537	0.548	0.559	0.570

表 5-13　产业结构-经济-生态环境系统协调度预测

地区	2021	2022	2023	2024	2025	2026	2027	2028	2029	2030
东北	0.562	0.573	0.584	0.596	0.608	0.621	0.633	0.646	0.659	0.671
东部	0.712	0.725	0.739	0.753	0.767	0.782	0.797	0.812	0.828	0.844
西部	0.567	0.584	0.602	0.621	0.640	0.660	0.680	0.701	0.723	0.746
中部	0.611	0.630	0.649	0.669	0.690	0.711	0.733	0.756	0.779	0.803
全国	0.623	0.639	0.655	0.672	0.689	0.707	0.725	0.744	0.763	0.782

可以看出，四大地区和全国产业结构子系统综合发展指数、经济子系统综合发展指数、生态环境子系统综合发展指数、产业结构-经济-生态环境系统协调度均呈现增长的趋势。其中，东北、东部、西部、中部和全国整体 2021—2030 年产业结构子系统综合发展指数的增长比例分别为 43.8%、23.0%、52.8%、47.6%、38.7%。东北、东部、西部、中部和全国整体 2021—2030 年经济子系统综合发展指数的增长比例分别为 64.5%、79.7%、159.8%、170.6%、116.3%。预计西部和中部地区的经济发展水平会大幅提升。东北、东部、西部、中部和全国整体 2021—2030 年生态环境子系统综合发展指数的增长比例分别为 17.5%、18.6%、19.6%、20.3%、19.2%。东北、东部、西部、中部和全国整体 2021—2030 年产业结构-经济-生态环境复合系统协调度的增长比例分别为 19.4%、18.5%、31.6%、31.4%、25.5%。

本节运用耦合协调度模型测算了产业结构、经济发展和生态环境子系统的发展指数，同时分析了复合系统的耦合协调度。从整体看，产业结构、经济发展和生态环境 3 个子系统的综合发展水平均呈增长趋势，产业结构、经济发展和生态环境复合系统的耦合水平从良性耦合阶段升至高水平耦合阶段，并且协调发展水平实现从失调到协调的跨越。从空间特征角度看，东北、东部、西部、中部四大区域的子系统综合发展水平和协调发展水平均存在区域差异性，不管是产业结构水平、经济发展水平还是生态环境水平，东部地区始终处于前列，而协调发展水平由高到低依次为东部、中部、东北和西部；四大区域均实现协调等级的跨越，其中，东部地区实现从勉强协调到初级协调的跨越，西部地区实现从失调到协调的跨越，中部和东北地区均从濒临失调升至勉强协调。通过区域协调度差异性的分析可知，区域间的差异是协调发展水平出现差异化的主要来源，并且除中部和东北的协调发展水平差异程度呈现“下降—上升”趋势，其余区域间的协调发展水平差异均呈现缩小的趋势。本节利用 GM（1，1）预测模型，对中国四大地区和全国整体 2021—2030 年产业结构子系统综合发展指数、经济子系统综合发展指数、生态环境子系统综合发展指数、产业结构-经济-生态环境复合系统协调度进行预测，四大地区和全国均呈现增长的趋势。

第四节　产业结构、经济发展和生态环境协调度区域差异

一、Dagum 基尼系数及分解方法

本节采用 Dagum 基尼系数对全国产业结构-经济发展-生态环境复合系统协调度的相对区域差异进行测算和分解，进一步分析协调度区域差异及来源。

Dagum 基尼系数及其分解是一种能够衡量区域协调发展水平差异性的方法，与传统的基尼系数相比，在处理区域发展水平不均衡及区域间有重叠现象的数据时，它的表现更准确。Dagum 基尼系数包含三部分：区域内差异、区域间差异和超变密度。超变密度可以有效解决样本数据间交叉重叠引起的空间差异问题，因此在各领域的空间差异研究中被广泛应用。

总体基尼系数定义如下：

$$G = \frac{\sum_{j=1}^{k}\sum_{h=1}^{k}\sum_{i=1}^{n_j}\sum_{r=1}^{n_h}|Y_{ji} - Y_{hr}|}{2n^2\bar{Y}} \tag{5-11}$$

其中，k 表示区域数量，n 表示省份数量，$Y_{ji}(Y_{hr})$ 表示 $j(h)$ 区域内 $i(r)$ 省份的协调度，$n_j(n_h)$ 表示 $j(h)$ 区域内省份数量，$\bar{Y}$ 表示所有省份协调度水平的平均值。

$$G_{jj} = \frac{\frac{1}{2Y_j}\sum_{i=1}^{n_j}\sum_{r=1}^{n_j}|Y_{ji} - Y_{jr}|}{n_j^2} \tag{5-12}$$

$$G_{jh} = \frac{\sum_{i=1}^{n_j}\sum_{r=1}^{n_h}|Y_{ji} - Y_{hr}|}{n_j n_h(\bar{Y}_j + \bar{Y}_h)} \tag{5-13}$$

式（5-12）和式（5-13）分别表示 j 区域的基尼系数 G_{jj} 和 j 区域与 h 区域之间的基尼系数 G_{jh}；其中 $\bar{Y}_j(\bar{Y}_h)$ 表示 $j(h)$ 区域协调度水平的平均值。以下变量的定义为：

$$P_j = \frac{n_j}{n} \tag{5-14}$$

$$S_j = \frac{n_j\bar{Y}_j}{n\bar{Y}} \tag{5-15}$$

$$M_{jh} = \int_0^{\infty} dF_j(Y)\int_0^{Y}(Y - x)\,dF_h(x) \tag{5-16}$$

$$N_{jh} = \int_0^{\infty} dF_h(Y)\int_0^{Y}(Y - x)\,dF_j(x) \tag{5-17}$$

$$D_{jh} = \frac{M_{jh} - N_{jh}}{M_{jh} + N_{jh}} \tag{5-18}$$

其中，D_{jh} 表示 j 区域与 h 区域之间协调水平的相对影响。M_{jh} 和 N_{jh} 分别表示区域间协调度差值和超变一阶矩，其含义分别为：在 j 区域与 h 区域中，所有 $Y_{ji} - Y_{hr} > 0$ 的样本值加总的数学期望和 $Y_{hr} - Y_{ji} > 0$ 的样本值加总的数学期望。函数 $F_j(F_h)$ 表示 j（h）区域的累计密度分布函数。

通过以上计算，可以得到区域内差异贡献率 G_w 、区域间差异贡献率 G_{nb}

和超变密度 G_t，分别表示为：

$$G_w = \sum_{j=1}^{k} G_{jj} P_j S_j \tag{5-19}$$

$$G_{nb} = \sum_{j=2}^{k} \sum_{h=1}^{j-1} G_{jh} D_{jh} (P_j S_h + P_h S_j) \tag{5-20}$$

$$G_t = \sum_{j=2}^{k} \sum_{h=1}^{j-1} G_{jh} (P_j S_h + P_h S_j)(1 - D_{jh}) \tag{5-21}$$

二、区域差异来源及贡献率分析

图 5-3 展现了全国整体和四大区域的内部差异情况。从整体角度看，中国产业结构、经济发展和生态环境耦合协调度的基尼系数由 2009 年的 0.115 下降至 2020 年的 0.072，并且在 2020 年达到最低点，研究期内协调度总体差异呈现缩小态势。从区域层面看，相对来说东部地区的基尼系数最大，即东部区域内差异最大，从 2014 年开始，区域内差异虽然不稳定，但还是处于缓慢下降状态，2020 年与 2009 年相比下降幅度为 33.33%；西部地区耦合协调度区域内差异在 2011—2015 年呈明显的下降趋势，下降幅度为 41.38%，2015 年后差异化逐渐平稳；东北地区 2014 年到 2015 年的内部差异缩小幅度最大，近几年差异程度的下降幅度逐渐减小；中部地区区域内差异波动较频繁，2010—2013 年的协调度差异逐渐缩小，但 2014 年之后区域内差异逐渐扩大，自 2018 年开始，中部地区区域内差异程度超过了东北地区区域内差异。

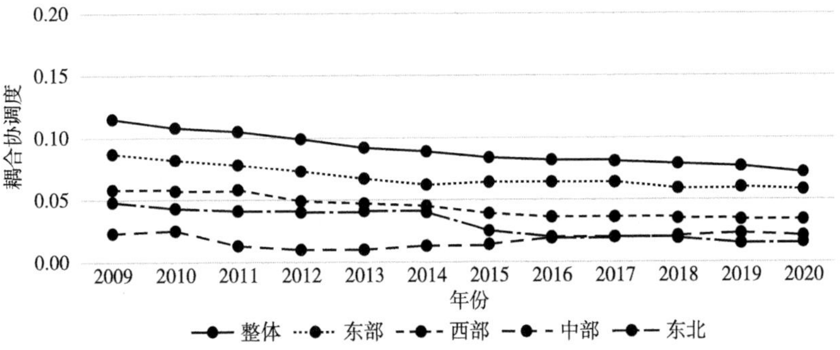

图 5-3　中国及四大区域耦合协调度总体及区域内差异（2009—2020 年）

图 5-4 描绘了四大区域相互间差异及其演进过程。可以看出，除了中部和东北区域间差异外，其余 3 个区域相互之间的差异均呈缩小趋势。其中，东部与其他三大区域的差异最大，但差异缩小的趋势也比较明显，2013 年前，区域间差异从大到小依次为东部和西部、东部和中部、东部和东北，2014—2020 年，东部和东北区域间差异程度陆续超过了东部和中部、东部和西部的区域间差异，东部和西部、东部和东北、东部和中部的区域间差异下降幅度分别为 39.38%、15.28%、41.72%，东部和东北区域间差异变化虽有波动，但整体上仍呈下降趋势。同时不难看出，西部与东北区域间差异是持续下降的，2020 年两者协调度差异最小，下降幅度为 60.27%；西部与中部的区域间差异呈现“下降—上升—下降”的趋势，最终下降幅度为 24.14%；而中部和东北协调度区域间差异呈现“下降—上升”的趋势，2015 年区域间差异最小，从 2016 年开始，协调度差异逐渐扩大，增幅为 9.76%。

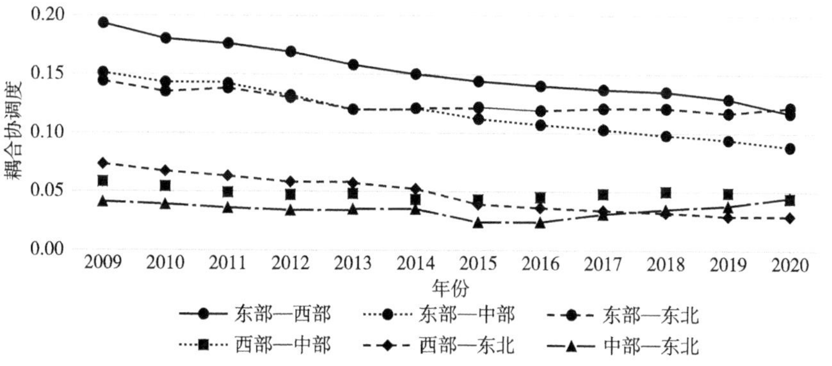

图 5-4　中国四大区域耦合协调度区域间差异（2009—2020 年）

图 5-5 展现了耦合协调度存在区域差异化的贡献率与来源。从分区域协调度差异的贡献率看，区域间差异贡献率最高，在 76.37%至 79.13%之间波动，均值为 77.86%，呈现“上升—下降”反复波动的趋势，但波动幅度较小；其次为区域内差异贡献率，均值为 16.81%；最后是超变密度贡献率，均值为 5.33%。与 2009 年相比，2020 年的区域间差异贡献率和区域内差异贡献率均上升，但幅度较小，分别为 0.5%和 0.23%，而超变密度贡献率下降了 0.41%。因此，耦合协调度差异化来源主要是区域间差异，区域内差异次之，

而区域间样本交叉重叠问题对区域协调度差异的影响很小。

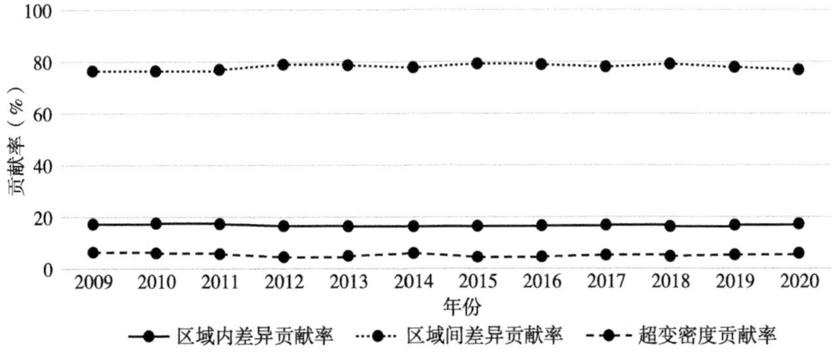

图 5-5　中国四大区域耦合协调度差异来源贡献率（2009—2020 年）

综上，通过 Dagum 基尼系数对全国产业结构-经济发展-生态环境复合系统协调度的区域协调度差异性的分析可知，区域间差异是协调发展水平出现差异化的主要来源。

第五节　产业结构、经济发展和生态环境协调度动态分布演进

一、Kernel 密度估计法

Kernel 密度估计法通过连续的概率密度曲线描述随机变量的分布，是一种非参数估计方法，模型依赖性、稳健性强，现已成为描述空间非均衡分布的主要方法。假设 $f(x)$ 是某个地区的协调度水平 x 的密度函数：

$$f(x) = \frac{1}{N_h}\sum_{i=1}^{N} K\left(\frac{X_i - x}{h}\right) \tag{5-22}$$

其中，N 为观测值数量，X_i 表示独立同分布的观测值，x 表示观测值的均值，h 为带宽，$K(x)$ 表示核密度函数。本书使用的高斯核密度函数为：

$$K(x) = \frac{1}{\sqrt{2\pi}}\exp\left(-\frac{x^2}{2}\right) \tag{5-23}$$

二、协调度分布动态演进

图 5-6 和图 5-7 分别展现了中国整体及区域耦合协调度分布动态演进趋势。由图 5-6 可知，整体耦合协调度的核密度曲线在移动方向上呈现向右的移动趋势，表明全国整体的产业结构、经济发展和生态环境协调发展水平不断提升；核密度曲线的主峰高度微微上升，同时宽度变窄，表明协调发展水平差异逐渐缩小；出现的右拖尾现象表明四大区域内部分省（自治区、直辖市）的协调发展水平程度较高；另外，研究期内，均出现“主峰+右侧峰”的情况，表明全国协调水平出现极化现象，协调度相对高的省（自治区、直辖市）变多。

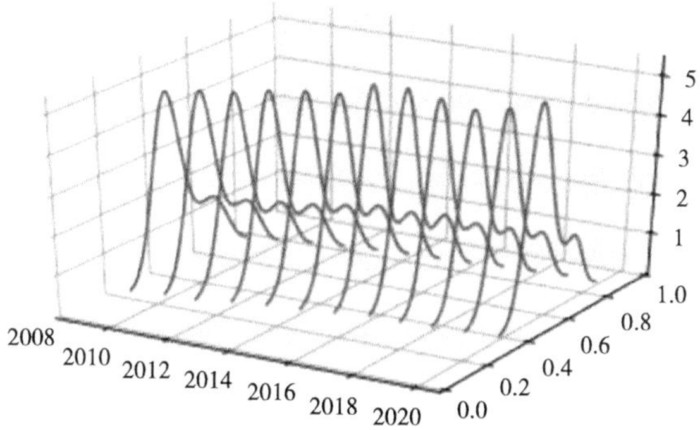

图 5-6　中国整体耦合协调度动态分布演进（2008—2020 年）

由图 5-7 可知，四大区域耦合协调度的核密度曲线均向右移动，研究期内各区域的协调发展水平呈上升趋势。东部地区 2009 年出现左侧峰，2013 年出现两极化现象，表明东部地区内协调发展水平较低的省份逐渐崛起，之后这些省份逐渐赶上主峰的发展，左侧峰逐渐消失，两极化现象减弱；主峰先增后降，宽度微微变窄，说明东部地区各省份协调发展水平的差异缩小。西部和东北地区的主峰高度整体上均处于上升态势，核密度曲线形状逐渐由“扁而宽”向“高而窄”转变，说明区域内协调发展水平的差异逐渐缩小，且处于同一发展水平的省份增多。西部地区 2017 年存在两极化现象，而其余年份的核密度曲线侧峰均不明显，说明西部地区偶尔存在发展相近的“小俱乐部”。东北地区逐渐出现双峰现象，到了 2020 年，明显存在右侧峰，出现两级分化现象；曲线右移，主峰高度变高，宽度变窄，说明东北地区协调水平提升且同一协调水平的省份出现集聚现象，区域内省份协调度差异逐渐缩小。中部地区主峰高度降低，宽度变化不明显，存在明显的两极化现象，由 2009 年的“主峰+右侧峰”转变为 2017 年和 2020 年的“主峰+左侧峰”。这表明，在前期，协调发展水平较低的省份逐渐赶上高水平发展的省份，右侧峰逐渐消失，仅有主峰；而在后期，协调发展水平较低的其他省份也在逐渐崛起，且形成发展水平相近的集聚现象。

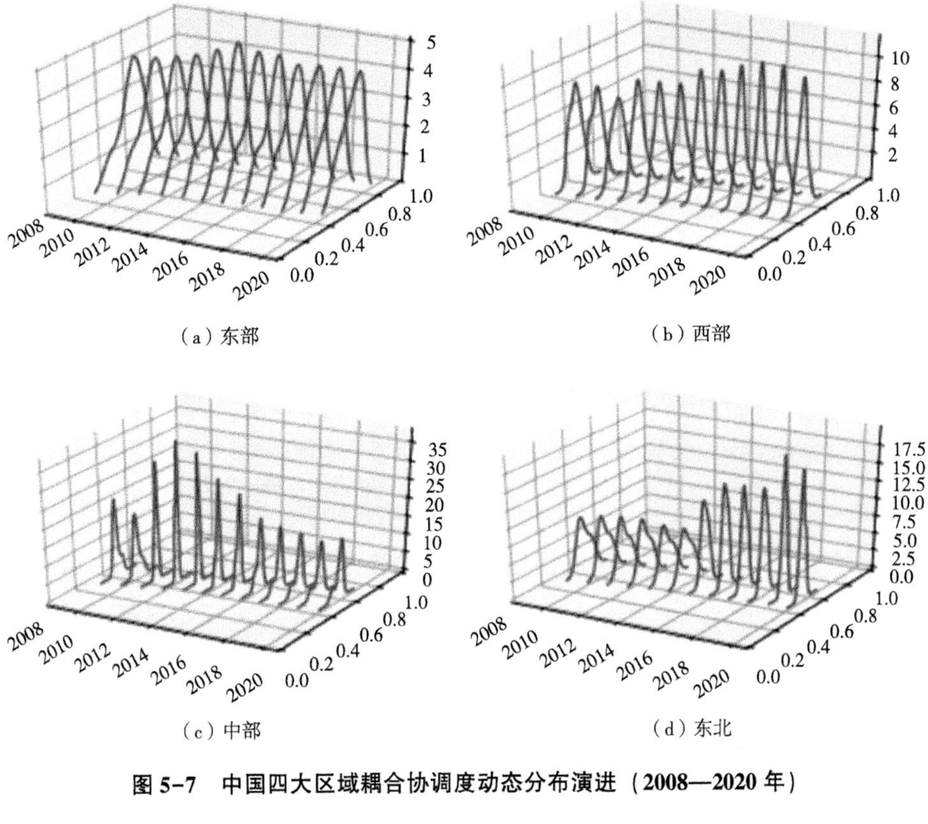

图 5-7　中国四大区域耦合协调度动态分布演进（2008—2020 年）

本书通过全国产业结构-经济发展-生态环境复合系统的协调度分布动态演进分析发现，除中部和东北地区的协调发展水平差异程度呈现“下降—上升”趋势，其余地区间的协调发展水平差异均呈现缩小的趋势。

第六章　产业结构、经济发展和生态环境协调度影响因素分析

第五章对产业结构、经济发展和生态环境间的协调发展进行了定量分析与评价。区域协调发展不仅受到系统内部因素影响，也会受到地方政府行为与文化发展水平等系统外部因素影响。因此。为了更详细地了解系统外部因素对协调发展的影响情况，本章将分析对耦合协调度可能存在影响的其他因素。首先进行空间相关性分析，明确协调度在空间上是否相关且相关程度如何；其次构建空间计量模型，分析协调度的影响因素；最后针对具体因素提出相应的建议，以提高协调发展水平。

第一节　空间自相关性分析

一、莫兰指数

在决定是否使用空间计量模型前，必须考虑协调度是否受到空间相关性或空间效应的影响。若耦合协调度不受空间效应影响，则不能使用空间计量模型，需使用不考虑空间效应的一般计量模型；反之，可以使用空间计量模型。

全局空间自相关分析正是检验是否存在空间效应的有效方法。空间自相关性是指变量在位置相近的地区的取值相似，如果高值（低值）省份和高值（低值）省份聚集，则为正空间自相关；若高值省份和低值省份聚集，则为负空间自相关；若高值省份和低值省份完全随机分布，则不存在空间自相关性。空间自相关分析最常用的指标就是莫兰指数，其计算公式如下：

$$I = \frac{n\sum_{i=1}^{n}\sum_{j=1}^{n} w_{ij}(x_i - \bar{x})(x_j - \bar{x})}{\sum_{i=1}^{n}\sum_{j=1}^{n} w_{ij}\sum_{i=1}^{n}(x_i - \bar{x})^2} \tag{6-1}$$

其中，i，$j=1$，2，…，n，$i \neq j$；w_{ij} 为空间权重矩阵（地区间的邻近矩阵）；x_i 为地区 i 的协调度；n 为地区的数量（本书中为 30）；$\bar{x}$ 为所有地区协调度的均值。$I \in [-1, 1]$，$I < 0$ 表示负空间自相关，$I > 0$ 表示正空间自相关，$I = 0$ 表示不存在空间相关性。

局部莫兰指数是全局莫兰指数在各个地区上的分解，以进一步分析各省份与邻接省份的空间差异程度。计算公式如下：

$$I_i = \frac{n(x_i - \bar{x}) \sum_{j=1}^{n} w_{ij}(x_j - \bar{x})}{\sum_{i=1}^{n} (x_i - \bar{x})^2} \tag{6-2}$$

局部莫兰指数可以用散点图分析。散点图可划分为 4 个象限：第一象限（高-高，H-H）表示高值地区周围的地区都是高值地区，形成高高集聚区；第二象限（低-高，L-H）表示低值地区周围的地区都是高值地区，形成低高集聚区；第三象限（低-低，L-L）表示低值地区周围的地区是低值地区；第四象限（高-低，H-L）表示高值地区周围的地区都是低值。H-H 和 L-L 代表地区间具有同质性，差异收敛；而 H-L 和 L-H 代表地区间具有异质性，差异发散。

二、全局自相关性分析

为了分析耦合协调度在空间上的演变情况，本书测算了产业结构、经济发展和生态环境耦合协调度指数的全局莫兰指数，见表 6-1。可以看出，2009—2020 年的数据均通过显著性检验，存在统计学意义。2009—2017 年的莫兰指数处于 0.31～0.37，表明中国产业结构、经济发展和生态环境间的耦合协调度存在显著的空间正自相关性，2018 年及以后的莫兰指数上升至 0.4 以上，说明空间集聚性在增强。总之，各省份间呈现出自身协调度值高（低）且相邻省份数值也高（低）的集聚的空间分布格局，证明了中国省域产业结构-经济发展-生态环境复合系统协调发展存在空间差异。

表 6-1　2009—2020 年耦合协调度全局莫兰指数

年份	I	z	P
2009	0.322	3.200	0.001
2010	0.314	3.130	0.002
2011	0.323	3.209	0.001
2012	0.348	3.434	0.001

续表

年份	I	z	P
2013	0.349	3.443	0.001
2014	0.338	3.339	0.001
2015	0.365	3.589	0.000
2016	0.362	3.562	0.000
2017	0.364	3.585	0.000
2018	0.411	4.008	0.000
2019	0.406	3.966	0.000
2020	0.420	4.093	0.000

三、局部自相关性分析

为了详细了解各省份的耦合协调度空间集聚现象，本书还测算了各省份2009年、2013年、2017年、2018年和2020年的产业结构、经济发展和生态环境耦合协调度的局部自相关性，结果如表6-2所示。本书只分析了通过显著性检验的省份集聚类型。

表6-2　耦合协调度地区集聚情况

集聚类型	2009年	2013年	2017年	2018年	2020年
高-高（H-H）	江苏，上海，浙江	江苏，上海，浙江，福建	江苏，上海，浙江，福建	江苏，上海，浙江，福建	江苏，上海，浙江，安徽，福建
低-低（L-L）	新疆，甘肃，青海，四川，云南	新疆，甘肃，青海，四川，云南，内蒙古，陕西	新疆，甘肃，青海，四川，宁夏，内蒙古，陕西	新疆，甘肃，青海，四川，宁夏，内蒙古，陕西	新疆，甘肃，青海，四川，宁夏，内蒙古，陕西
低-高（L-H）	—	—	—	江西，安徽	江西
高-低（H-L）	—	—	—	—	—

从空间分布角度看，高高集聚区主要分布在东部沿海区域，2020年，高

高集聚区分布较集中，但省份数量较少，只有安徽位于中部地区。低低集聚区分布在西部地区，分布集中且数量多；低高集聚区分布在中部地区，2018年有江西和安徽两个省份，2018年后仅有江西属于低高集聚区；而高低集聚类型省份在研究期内始终未出现。

从数量上看，高高集聚区省份数量由2009年的3个上升至2020年的5个。2009年，仅有江苏、上海和浙江协调水平较高，形成高高集聚区，而在之后的几年里，福建和安徽的协调水平逐渐上升，这是由于江苏、上海和浙江自身产业结构-经济发展-生态环境的协调水平高，带动了周边地区的协调发展，进而共同形成了高高集聚区。

低低集聚区主要分布在西部地区，相比于东部地区，由于地理位置和自身条件的影响，西部地区的协调水平总体较低且发展较慢，同时，自身协调水平低也会降低周边地区的协调水平。2009年有5个省份处于低低集聚区，2020年上升至7个，近几年该集聚类型分布较稳定。但通过耦合协调度的分析可知，西部地区的协调水平呈上升趋势，协调度总体情况向好发展。

低高集聚区是自身协调水平低但被协调水平高的地区包围的地区，2017年前不存在该集聚类型省份，2018年仅有江西和安徽属于该集聚类型，但由于受协调水平高的地区影响，安徽在2020年加入了高高集聚区，说明地区协调水平会受到周边地区协调水平的影响。

第二节　空间计量模型的建立

一、解释变量的选取

前文对产业结构、经济发展和生态环境的相互作用机制及现状进行了分析，并通过测算三者的耦合协调度展现了中国省域及区域的协调发展水平及其差异来源。为了进一步促进产业结构、经济发展和生态环境的协调发展，需深度探索影响三者间协调发展的因素。本书遵循数据的科学性和可获得性原则，选取6个指标作为3个系统耦合协调度的解释变量（见表6-3）。

表 6-3　耦合协调度的解释变量

变量	指标	说明	单位
X_1	城镇化率	城镇化水平	%
X_2	公共图书馆总藏量	文化发展水平	万册
X_3	地方专利申请授权数占全国比重	科技创新水平	%
X_4	高等教育机构在校生数	高等教育水平	人
X_5	移动电话普及率	信息化水平	部/百人
X_6	地方财政支出占 GDP 比重	地方政府行为	%

城镇化率 X_1 反映城镇化水平。城镇化水平越高，经济效益越高；反之，城镇化进度较慢会导致城乡差距增大，经济发展必会受到影响。在城镇化过程中，产业也由农业为主转为工业为主再转为服务业为主，经济发展水平不断提高。城镇化建设利于工业转型，优化资源配置，因此城镇化水平有利于区域协调发展。

公共图书馆总藏量（X_2）反映文化发展水平。公共图书馆书籍增多，可以提升人们的文化素养，丰富人们的精神世界，提高人们的专业水平，最终满足我国对各类专业人才的需求，促进城市经济发展。因此，公共图书馆总藏量对产业结构、经济发展和生态环境耦合协调度有着一定影响。

地方专利申请授权数占全国比重（X_3）反映科技创新水平。创新是发展的第一动力。促进技术创新，推动技术的产业化，将新技术和新方法应用于各产业的生产活动中，能够降低资源和能源的消耗量，优化生产过程，促进经济发展，利于生态环境保护。

高等教育机构在校生数（X_4）反映高等教育水平。高等教育能优化人力资本，但学校的教育方式若不合理，就会让学生厌倦，从而未学到任何知识和技能，对社会发展产生影响。目前我国高等教育机构在校生数量增多，导致部分区域劳动人员过剩，必会对经济发展产生影响，因此对高等教育机构在校生数量进行一定程度的控制是可行的。

移动电话普及率（X_5）反映信息化水平。移动电话普及率衡量了一个国家或地区的通信水平。世界正在进入以信息产业为主导的经济发展时期，无论是我国通信能力还是电信用户规模，都有了飞跃式发展，信息产业日益成为经济发展的支柱产业。

地方财政支出占 GDP 比重（X_6）反映地方政府行为。财政支出反映出地方政府的政策倾向，主要用于社会保障支出，利于扩大地方经济内需，促进经济发展。对于产业结构升级而言，利于社会资源分配、提高低收入群体收入水平，对优化产业结构有着现实意义。

二、空间计量模型的构建

时间或空间上相近的事物可能存在相关关系，在研究具有空间依赖性特征的对象的影响因素时，传统计量模型不再适用，因此本书采用空间计量模型。下面介绍 3 种空间模型：空间杜宾模型（SDM）、空间滞后模型（SLM）和空间误差模型（SEM）。

在空间杜宾模型（SDM）中，某地区的被解释变量会受到其周围地区解释变量的影响。模型如下：

$$Y = X\beta + WX\delta + \varepsilon \tag{6-3}$$

其中，$WX\delta$ 表示周围地区解释变量的影响，δ 为影响系数，ε 为误差项。

在空间滞后模型（SLM）中，某地区的被解释变量会同时受到本地区的解释变量和周围地区的被解释变量的影响。模型如下：

$$Y = \rho WY + X\beta + \varepsilon \tag{6-4}$$

其中，W 为空间权重矩阵，Y 为被解释变量，ρ 为空间自回归系数，X 为解释变量，β 为影响系数，ε 为随机误差项。

空间误差模型（SEM）指出，扰动项中存在空间依赖性，表明了对被解释变量 Y 有影响却不包含在解释变量 X 中的遗漏变量具有空间相关性，或存在不可观测的随机冲击的空间相关性。模型如下：

$$Y = X\beta + u \tag{6-5}$$

随机扰动项 u 的生成过程为：

$$u = \rho Wu + \varepsilon,\ \varepsilon \sim N(0,\ \sigma^2 I_n) \tag{6-6}$$

其中，W 为空间权重矩阵，ρ 为空间误差相关系数，β 为解释变量对被解释变量的影响系数，I_n 为 $n\times1$ 阶单位矩阵。

三、空间计量模型的选取

通过 LM 检验可知，SLM 均通过 10%的显著性检验，因此构建空间滞后模型较好；但 LM 检验没有考虑到 SDM 的适用性，需通过 LR 和 Wald 检验判断 SDM 是否能简化成 SLM。由结果（见表 6-4）可知，LR 检验和 Wald 检验结果一致，均通过 1%的显著性检验，表明拒绝原假设，即 SDM 不能简化为 SLM。综上，本书使用的空间计量模型为较为常用的空间杜宾模型。

表 6-4　空间计量模型选取的三大检验

变量	*t* 值	*P* 值	变量	*t* 值	*P* 值
LM-error	2.126	0.145	Wald-error	18.68	0.005
R-LM-error	11.153	0.001	Wald-lag	21.20	0.002
LM-lag	116.301	0.000	LR-SAR	49.3	0.000
R-LM-lag	125.328	0.000	LR-SEM	86.29	0.000

四、空间计量模型结果分析

通过以上分析，本书最终选择空间杜宾模型的时间固定模型、个体固定模型和双固定模型，并与常用的普通最小二乘法（OLS）进行对比分析。表 6-5 展示了回归结果。通过 R^2 比较可知，OLS 和时间固定模型的效果较好，而相比于 OLS 而言，时间固定模型优于 OLS。因此，本书选择时间固定模型进行协调度影响因素的结果分析。

表 6-5　OLS 和 SDM 回归结果

变量	OLS	空间固定	时间固定	双固定
$\ln X_1$	0.076**	0.22***	0.074	0.244***
$\ln X_2$	-0.005	-0.043**	-0.001	-0.016
$\ln X_3$	0.029***	0.019***	0.076***	0.014*
$\ln X_4$	0.015	-0.022	-0.109**	0.008
$\ln X_5$	0.284***	0.165***	0.28***	0.163***
$\ln X_6$	0.069***	-0.018	0.005	-0.043*

续表

变量	OLS	空间固定	时间固定	双固定
cons	-2.152***	—	—	—
Spatial：rho	—	0.301***	0.072	0.048
Variance：sigma2_e	—	0***	0.002***	0***
R^2	0.747	0.513	0.935	0.375

地方专利申请授权数占全国比重（X_3）和移动电话普及率（X_5）均通过了1%的显著性检验，并与协调度成正相关关系，说明这两个因素对协调发展有着促进作用。地方专利申请授权数占全国比重代表了地区科技创新水平，科技创新水平越高，说明产生的新工具或技术越多，创造出的新价值越多。创造发明不仅可以优化产业资源分配，还可以降低人力成本等，推动经济发展。而其中的生态技术专利越多，越利于实现生态环境保护的目标。移动电话普及率高，说明我国居民生活水平和消费水平提高了，消费的高需求对经济发展有着拉动作用，移动电话的普及也会衍生手机维修服务、手机元件制造等很多新产业，推动经济发展和产业结构转型，从而提高协调发展水平。

高等教育机构在校生数（X_4）与协调度水平成负相关关系，并通过了5%的显著性检验。高等教育可以促进人力资本的优化，但不适当的教育发展规模、陈旧的教学内容和无趣的教学方法只会让学生产生消极心理。因此，如果在校生数量较多但并未学到任何技能和知识，只会对经济发展产生消极影响。目前我国的人数规模较大，在校生数量也日益增加，虽然劳动力水平有所增加，但也会导致部分区域就业竞争激烈，劳动人员过剩，社会压力增大，间接减缓了经济发展，因此对协调发展水平会产生一定程度的负面影响。

城镇化率（X_1）和地方财政支出占GDP比重（X_6）与协调度均成正相关关系，未通过显著性检验。公共图书馆总藏量（X_2）与协调度成负相关关系，未通过显著性检验。这是因为当前我国城镇化水平、地方财政支出水平已经相对较高，公共图书馆总藏量也比较充足，对于进一步提高协调发展水平的作用不明显。另外，这些指标也需要时间和资金的积累，难以在短期内产生明显的效果。因此，这3个因素对协调发展水平的影响并不显著。

总的来说，模型结果基本与预期效果一致，地方专利申请授权数占全国比重和移动电话普及率对协调发展水平起促进作用；高等教育机构在校生数与协调发展水平呈现负相关关系；城镇化率、地方财政支出占 GDP 比重和公共图书馆总藏量对协调发展水平的影响并不显著，但也要注意这 3 个因素的长期影响。

通过空间自相关性的分析可知，中国协调发展水平在空间上存在显著的正相关性，且空间集聚性逐渐增强。高高集聚区集中在东部沿海地区，低低集聚区分布在西部地区，低高集聚类型区分布在中部地区，高低集聚类型省份始终未出现。通过对协调发展水平影响因素的研究可知，所研究的解释变量中，地方专利申请授权数占全国比重、移动电话普及率和高等教育机构在校生数对协调发展水平有着显著的影响，而城镇化率、地方财政支出占 GDP 比重和公共图书馆总藏量的影响不显著。因此，为了提高 3 个系统的协调发展水平，可以特别关注科技创新、信息化和高等教育水平，从这 3 个方面出发，制定相应的政策；城镇化率、地方财政支出和公共图书馆总藏量的影响也不可忽略，虽然不显著，但从长期发展来看，可能会产生某种影响。

第七章　结论和建议

本书通过耦合协调度模型测算中国各地区的产业结构、经济发展和生态环境的耦合协调度，并分析了耦合协调度的时序演进情况、区域协调度差异来源和空间集聚性，同时利用空间杜宾模型分析了三者间耦合协调度的影响因素；以产业结构调整作为一项准自然实验为切入点，运用广义合成控制法研究产业结构调整对于经济、生态环境的政策效应，进一步分析产业结构政策的区域异质性；利用莫兰指数测定空间自相关性，建立空间计量模型，分析产业结构调整对经济、生态环境的空间溢出效应；构建门槛模型，检验产业结构调整对经济、生态环境的门槛特征，探究产业结构调整对经济、生态环境在不同门槛条件下的门槛效应；将京津冀地区作为区域协调发展的代表，利用耦合协调度模型、马尔可夫链和 GM（1，1）模型研究京津冀 13 个城市产业结构、经济、生态环境的发展水平及协调关系的演变。

一、研究结论

根据前文分析，本书得到以下结论：

（1）我国产业结构调整政策效应显著。产业结构高级化对经济、生态环境正向政策影响明显；产业结构合理化对经济的促进作用明显，但对生态环境影响显著为负。安慰剂检验验证了实证结果具有稳健性。同时，通过异质性分析可知，从区域角度看，东部和中部地区调整产业结构对其经济增长和生态环境的正向影响更明显；从城市群角度看，关中平原城市群、呼包鄂榆城市群和兰西城市群的产业结构调整对经济、生态环境具有负向影响，其余城市群均具有一定正向效应，且长江中游城市群与中原城市群效果最为显著。

（2）产业结构调整政策对经济、生态环境具有空间效应。产业结构高级化对经济、生态环境影响均具有促进作用，而且这种作用具有空间溢出效应。产业结构合理化对生态环境的影响存在差异，但其对经济增长具有明显的促进作用，而且产业结构合理化对经济以及生态环境的影响均具有空间溢出效应。从总效应来看，产业结构高级化与合理化对经济、生态环境均产生正向直接影响，同时产业结构高级化也会对经济、生态环境产生负向间接影响，但产业结构高级化与合理化对经济和生态环境总体呈现正向影响。

（3）产业结构高级化、合理化对经济、生态环境均具有门槛效应。当第一产业调整时，产业结构合理化影响呈现两阶段非线性特征，其单一门槛值为63.26，双重门槛值为65.88。第二产业和第三产业的调整对产业结构合理化影响不存在门槛效应。当第一产业调整时，产业结构高级化影响呈现两阶段非线性特征。其单一门槛值为17.08，双重门槛值为18.73。当第二产业调整时，产业结构高级化影响呈现单阶段非线性特征。其单一门槛值为21.85，不存在双重门槛。当第三产业调整时，产业结构高级化影响呈现单阶段非线性特征。其单一门槛值为5.79，不存在双重门槛。

（4）京津冀地区产业结构子系统和经济子系统综合发展指数逐渐增大，13个城市的产业结构和经济发展水平存在明显的地域差异性，北京市和天津市的产业结构和经济发展指数位居前两位。京津冀整体的生态环境发展较好。京津冀地区的产业结构-经济-生态环境复合系统综合发展指数呈上升趋势。京津冀13个城市具有不同的产业结构、经济、生态环境特征，京津冀地区的复合系统综合发展还有待进一步提升。京津冀13个城市产业结构-经济-生态环境三元复合系统的耦合度处于上升状态，但增幅较小。从耦合协调度的空间分布上看，北京市和天津市的协调度显著高于其他城市。区域协调的演化具有连续性，京津冀地区的协调发展水平保持高级协调、中级协调和初级协调这几个协调类型不变的概率较大。京津冀城市群产业结构-经济-生态环境复合系统未来11年的协调发展水平整体有所提升，将处于高级协调和中级协调发展水平。京津冀地区产业结构-经济-生态环境复合系统的时空差异需要缩小，协调发展水平还有待进一步提升。

（5）根据耦合协调度模型测算结果可知：东部和东北地区的耦合水平始终处于高水平耦合阶段，中部地区和西部地区也由良性耦合阶段上升至高水平耦合阶段，表明我国产业结构、经济发展和生态环境间的相关性日益增强。全国整体协调发展水平由2009年的濒临失调升至2020年的勉强协调。从中国省际的角度看，处于初级协调和中级协调的省份数量显著增多，2009年30个省份的协调发展水平覆盖了轻度失调、濒临失调、勉强协调和初级协调4种类型，包含的省份数量分别为13个、9个、5个、3个；2020年，北京、上海、江苏、浙江、广东均处于中级协调发展水平，天津、安徽、福建、山东和重庆处于初级协调，甘肃和新疆处于濒临失调，其余18个省份均处于勉强协调状态，没有一个省份处于轻度失调状态。总的来说，我国协调发展水平在时间上呈现上升趋势，在空间上呈现“东高西低”格局。

（6）根据 Dagum 基尼系数和 Kernel 估计曲线测算的协调度空间差异和动态分布演进结果可知：耦合协调度差异化主要来自区域间差异，说明四大区域的协调发展并不平衡；而区域内差异是导致协调水平存在差异的次要原因；超变密度贡献率最低，说明区域间的交叉重叠不是造成耦合协调度产生差异的主要原因。在区域内差异方面，总体差异呈现缩小态势，东部、西部和东北的区域内差异明显缩小，其中东北区域内差异缩小幅度最大；中部地区协调度差异性呈现“缩小—扩大”趋势，变动幅度小。在区域间差异方面，除了中部和东北区域间差异外，其余区域间差异均呈缩小趋势，东部与其他三大区域的差异最大。整体核密度曲线向右移动，主峰高度微升，宽度变窄，存在右拖尾现象，出现“主峰+右侧峰”的情况，表明总体协调发展水平提升，差异缩小，协调发展水平较高的省份数量增多。四大区域各自协调水平均出现集聚现象，差异性与基尼系数结果一致。

（7）根据莫兰指数和空间计量模型结果分析可知：2009—2020 年，全局莫兰指数均大于 0 且随时间增长，耦合协调度存在正自相关性，空间集聚性增强，出现自身协调度值高（低）且相邻省份数值也高（低）的集聚的空间分布格局。从局部自相关性检验结果来看，高高集聚类型和低低集聚类型省份的数量较多，高高集聚类型省份中除了安徽在中部地区，其余都在东部地区，而低低集聚类型的省份全部处于西部地区。关于耦合协调度的影响因素的分析显示，地方专利申请授权数占全国比重和移动电话普及率对耦合协调度具有正向影响，高等教育机构在校生数与协调度水平成负相关关系，这 3 个解释变量均通过显著性检验；城镇化率和地方财政支出占 GDP 比重与协调度均成正相关关系，公共图书馆总藏量与协调度成负相关关系，虽然这 3 个解释变量均未通过显著性检验，但也要关注它们的长期影响。

二、建议

为了实现可持续发展，我们必须投入更多的时间和精力，关注产业结构调整对经济和生态环境的影响，提高生态环境质量，促进经济持续稳定发展。

对此，本书提出以下几点政策建议：

（1）注重产业结构调整的区域协调性。当前产业结构层次较高、经济和生态环境较好的地区仍主要集中在东部沿海地区，东部不少地区已基本完成产业结构调整，经济增长和生态环境可持续发展仍有较大空间和潜力。在实践中，不能千篇一律、一刀切式地采取产业调整政策，需要通过差异化的产业结构调整政策来推动区域产业结构调整。对于经济增长速度、改善生态环境的作用已经十分有限，产业结构层次较高的东部地区来说，在进一步激发自身低碳转型活力的同时，应重点发展对中西部地区具有支撑引领作用、实用清洁生产技术和绿色转型经验的先进制造业和高端服务业；而对于产业结构高级化、合理化水平普遍较低，经济实力较弱的中西部地区来说，存在差距也就意味着在产业结构调整上有更大的空间和选择余地，因此我们应该正视这些地区与东部地区的差距。

（2）促进产业结构调整的空间合理发展。由于产业结构合理化与高级化对生态环境有正向空间溢出效应，明确促进发展的同时，还要注意该地区与相邻地区的交互影响，将空间因素纳入考量范围，优化传统产业结构以构建良好的产业发展圈，适当利用地区之间的地理优势，采取一系列联动发展措施，以优带优，以优改次，并将与重污染相关的企业工厂布局于外围区域，减少大面积的环境污染。此外，还可以通过数字经济赋能和产业绿色转型，打造一体化的“旅游圈”和“商业圈”，从而实现整个产业结构的调整和优化。

（3）打破产业结构调整的限制条件。在第一产业和第二产业发展到不同阶段时，产业结构调整对经济、生态环境的影响存在差异。政府要把握好限度，大力调整产业结构的同时，密切关注本地第一产业和第二产业发展的门槛值，做到资源利用最大化。首先，要通过创新人才、创新科技以提升吸收能力，充分考虑当地经济、社会和环境承载力，精准引才等方式提高门槛限度。其次，要提升医疗、卫生和社会保障等服务水平，确保引进人才不流失，制定人才引进政策，激励人才创新。再次，要完善公路、通信、水利等基础设施，提高政务审批效率，营造公平、公正、竞争有序的产品市场和要素市场，打造优质的营商环境。最后，要提高对高新技术企业的支持，鼓励科技创新，加大创新驱动，促进产业结构升级，努力提升产业结构调整对经济、生态环境的门槛条件，以实现更高层次的现代化发展。

（4）改造和提升传统产业，加快产业结构转型升级。产业结构合理的省份继续推动产业结构的重心向第三产业转移，完善产业结构优化政策；产业结构不合理的省份需制定详细的产业结构优化政策，因地制宜，严格落实。产业结构转型的关键在于技术创新，主要就是引进技术，提高国家或地区创新能力，发展现代服务业和新兴产业，推动工业转型升级，增加经济效益，减少污染物的产生与排放，加强生态环境保护。针对我国存在农业优势的省份，需利用现代化农业工具提升产出效率和农作物质量，发展生态农业，促进经济发展。另外，不同区域的产业存在某种互补性和关联性，因此还可以通过区域间的联动与合作，促进资源合理配置及流动，共同实现区域协同发展。例如，东部地区可以加强与中部地区的产业合作，共同发展制造业和服务业；中部地区可以加强与西部地区的合作，共同发展绿色能源和农业等领域；东北地区可以加强与俄罗斯等国家的合作，推动跨境贸易和物流发展。

（5）增加环保投资，加大环保宣传力度，鼓励社会资本积极参与环保活动。虽然我国生态环境状况有所好转，但环保投资仅占 GDP 的 1%左右。根据发达国家实际经验可知，全社会环保投资额占比为 2%~3%时，才能提升环境质量，因此我国还需继续增加环保投资额。当前环境污染的主要来源还是工业生产，而企业基本以盈利为目的，在环境污染治理和生态环境保护方面会有所忽视。因此，政府应该加强监管，对污染物排放超标的企业加大处罚力度，对为生态环境保护做出贡献的企业进行鼓励与奖赏。同时，企业作为技术创新的主体，需以身作则，制定并贯彻落实环保标准，严格监管生产方式，通过废弃物循环再利用实现资源利用的最大化，从源头上减少污染。此外，还需利用互联网号召和动员广大群众及社会团体积极参与环境保护，共筑绿色家园，实现人与自然的和谐共生。

（6）针对各区域发展不平衡的现状，因地制宜，探索符合本地区实际的发展路径。东部地区经济基础和地理位置优越、人员密集、人才集中，是我国最发达的区域，产业结构、经济发展和生态环境间的协调程度远远优于其余三大地区。作为科技创新领头羊，东部地区应继续加快推进现代化进程，专注于高科技产业的培育和发展，加强创新能力，加快技术改造和智能化改造；同时，东部地区对自然资源的需求远远超过其供给，还需合理利用自然资源并减少其消耗量。此外，河北省和海南省的协调发展水平最低，可以分别通过京津冀协同发展和珠三角一体化来带动。

西部地区生态系统脆弱，开发强度小，发展远不如东部地区。因此，首先应该全面停止采伐林木，退耕还林，通过发展当地特色产业和利用区位优势（尤其是沿边和沿江地区的优势），推动国民经济实现循环发展。其次，继续推动“南水北调”工作，解决西北地区水资源短缺问题，加强农业科技创新和节能环保技术的应用，推动绿色农业和可持续发展。再次，利用自身自然资源丰富的优越条件，注重开发资源，发展新能源、清洁能源、矿产资源等产业，同时注重加强环境保护和生态修复。最后，大力发展电子信息等新兴产业，引导东部产业向西部有序转移，促进西部地区产业结构优化升级。

东北地区是新中国工业的摇篮和我国重要的工业与农业基地，面临着改善生态、保护环境的重要任务。首先，必须始终坚持生态文明建设，加强煤炭等资源型产业的转型升级，推动高新技术和先进制造业的发展，加强技术创新和科技投入，打造以高新技术、新能源和新材料为主的现代化产业体系，减少对资源和能源的依赖。其次，由于东北地区城镇化发展较早，因此须推动城乡一体化发展，将城市和农村的发展紧密联系起来，提高农村的经济活力和生活品质，同时避免过度城市化带来的资源和环境压力。最后，在对外贸易方面，需加强与国际接轨，发挥优势，吸引外资，扩大出口贸易，提高国际竞争力，促进东北地区的经济发展和产业升级。

中部地区是国家实施中部地区崛起战略的核心区域，具有资源丰富和得天独厚的区位优势等特点。首先，需重点构建以制造业为主的现代化产业体系，加强制造业与科技的融合，推动新兴产业的发展，推进产业升级。其次，把生态环境保护放在优先位置，推进绿色发展，采取一系列措施降低污染排放量、提高资源利用率、保护生态环境，建设生态文明示范区和生态产业园区，实现经济增长和环境保护的双赢。最后，通过对外开放开拓更广阔的市场，加强与海外市场的联系，促进内外贸的良性互动，加速内陆开放型经济的发展，提高经济发展水平。

三、研究展望

（1）由于时间的限制，本书以产业结构调整政策为切入点，对产业结构调整政策每一项措施的总体评价不够细致。期待以后的调研能够更加有的放矢地深入分析政策中的各项举措。此外，由于对设立目标可能完成的程度存在不确定性，本书缺乏针对产业结构政策变化过程中的详细信息的把控，可能导致低估产能措施带来的环境改善效果，尤其是针对未来的经济、生态环境质量改善效果。在未来的研究中，可以建立更加细致的不确定分析模型，以此来识别对于产业政策具体结果最为敏感的参数并获得更为准确的估计结果。

（2）在指标选取方面，当前的相关研究尚未明确指标选取的评价标准，同时受限于数据可获得性，无法全面考虑所有因素。未来可以根据相关文献，结合专家意见和实地考察等多方面的信息来确定指标，以确保指标的客观性和合理性，避免研究视角单一。

参考文献

［1］徐炎泽，尹成凤．禁止投资产业政策：基于《市场准入负面清单》与《产业结构调整指导目录》的比较［J］．税务与经济，2021（3）：73-79.

［2］杨莎莎，王俊俊．中国城市群产业结构优化测度及影响因素分析［J］．统计与决策，2022，38（12）：106-111.

［3］配第．政治算术［M］．陈冬野，译．北京：商务印书馆，2014.

［4］钱纳里，等．工业化和经济增长的比较研究［M］．上海：上海三联书店，1989.

［5］鲁济典．生产资料生产优先增长是一个客观规律吗？［J］．经济研究，1979（11）：16-21.

［6］杨坚白，李学曾．论我国农轻重关系的历史经验［J］．中国社会科学，1980（3）：19-40.

［7］金碚．工业的使命和价值：中国产业转型升级的理论逻辑［J］．中国工业经济，2014（9）：51-64.

［8］李江帆，蓝文妍，朱胜勇．第三产业生产服务：概念与趋势分析［J］．经济学家，2014（1）：56-64.

［9］施生旭，童佩珊．中国各地区产业结构优化评价及障碍因素研究：基于 DPSIR-TOPSIS 模型［J］．河北经贸大学学报，2020，41（2）：54-64.

［10］周昌林，魏建良．产业结构水平测度模型与实证分析：以上海、深圳、宁波为例［J］．上海经济研究，2007（6）：15-21.

［11］马远，龚新蜀．城镇化、农业现代化与产业结构调整：基于 VAR 模型的计量分析［J］．开发研究，2010（5）：88-91.

［12］原毅军，谢荣辉．环境规制的产业结构调整效应研究：基于中国省际面板数据的实证检验［J］．中国工业经济，2014（8）：57-69.

［13］杨海波，王军．就业质量与产业结构调整关系的实证检验［J］．统计与决策，2018，34（3）：107-109.

[14] 韩军，孔令丞．产业结构调整是否促进了区域创新绩效的提升？[J]．科研管理，2022，43（7）：115-123.

[15] 黄亮雄，安苑，刘淑琳．中国的产业结构调整：基于三个维度的测算 [J]．中国工业经济，2013（10）：70-82.

[16] 于斌斌．产业结构调整如何提高地区能源效率？：基于幅度与质量双维度的实证考察 [J]．财经研究，2017，43（1）：86-97.

[17] 程翔，孙迪，鲍新中．经济高质量发展视角下我国省域产业结构调整评价 [J]．经济体制改革，2020（4）：122-128.

[18] 顾建光．公共政策工具研究的意义、基础与层面 [J]．公共管理学报，2006（4）：58-61，110.

[19] 陈振明，薛澜．中国公共管理理论研究的重点领域和主题 [J]．中国社会科学，2007（3）：140-152，206.

[20] 王辉．政策工具选择与运用的逻辑研究：以四川 Z 乡农村公共产品供给为例 [J]．公共管理学报，2014，11（3）：14-23，139-140.

[21] PENEDER M. Industrial structure and aggregate growth [J]. Structural change & economic dynamics，2003，14（4）：427-448.

[22] DE SILVA G，HUBBARD P，MCCOMB P. Entry，growth and survival in the green industry [D]. In：MPRA Paper with number 34412，University Library of Munich，Germany，2011.

[23] CHEN C，HAN J，FAN P. Measuring the level of industrial green development and exploring its influencing factorts：empirical evidence from China's 30 provincess [J]. Sustainability，2016，8（2）：91-100.

[24] 梁隆斌，伏润民．我国东、中、西部地区可持续发展研究：基于产业结构和产业布局的视角 [J]．现代经济探讨，2008（3）：64-68.

[25] 张唯实，胡坚．产业结构优化与中国经济可持续发展研究 [J]．理论探讨，2011（1）：88-90.

[26] 钱争鸣，刘晓晨．中国绿色经济效率的区域差异与影响因素分析 [J]．中国人口·资源与环境，2013，23（7）：104-109.

[27] 李艳军，华民．中国城市经济的绿色效率及其影响因素研究 [J].

城市与环境研究，2014，1（2）：36-52.

［28］刘加林．环境约束视角下我国绿色经济增长区域差异性影响研究：基于省级动态面板数据分析［J］．湘潭大学学报（哲学社会科学版），2013，37（2）：69-73.

［29］陈生明，张亚斌，陈晓玲．技术选择、产业结构升级与经济增长：基于半参数空间面板向量自回归模型的研究［J］．经济经纬，2017，34（5）：87-92.

［30］BRUJIN T，HOFMAN P. Pollution prevention and industrial transformation evoking structure changes with companies［J］. Journal of cleaner production，2000，8（3）：21-33.

［31］SHEEHAN P，SUN F. Energy use and CO_2 emissions in China：retrospect and prospect［C］. Climate Change Project Working Paper Series No. 4，Centre for Strategic Economic Studies，Victoria University，2006.

［32］ZHANG H B，QI Y A. Structure decomposition analysis of China's production-source CO_2 emission：1992-2002［J］. Environment and resource economics，2011（49）：65-77.

［33］MI Z，PAN S，YU H，et al. Potential impacts of industrial structure on energy consumption and CO_2 emission：a case study of Beijing［J］. Journal of cleaner production，2014（2）：51-69.

［34］袁杭松，陈来．巢湖流域产业结构演化及其生态环境效应［J］．中国人口·资源与环境，2010（S1）：349-352.

［35］徐成龙，任建兰，巩灿娟．产业结构调整对山东省碳排放的影响［J］．自然资源学报，2014，29（2）：201-210.

［36］韩永辉，黄亮雄，王贤彬．产业结构优化升级改进生态效率了吗？［J］．数量经济技术经济研究，2016，33（4）：40-59.

［37］祝丽云，李彤，马丽岩，等．产业结构调整对雾霾污染的影响：基于中国京津冀城市群的实证研究［J］．生态经济，2018，34（10）：141-148.

［38］王祖山，姚欣雨．长江经济带的产业结构调整与生态环境发展：基于面板向量自回归模型的证据［J］．中南民族大学学报（人文社会科学版），

2022，42（6）：137-145，187.

[39] JIN B，LI G. Green economic growth from a developmental perspective [J]. China finance and economic review，2013，1（1）：1-7.

[40] PENG S，SUN X. Research on challenges and strategies for China's green economy development [J]. Chinese journal of population resources and environment，2015，13（2）：127-131.

[41] 王瑞鹏，王朋岗．城市化、产业结构调整与环境污染的动态关系：基于VAR模型实证分析 [J]. 工业技术经济，2013，32（1）：26-31.

[42] 王林梅，邓玲．论长江上游集中连片特困地区的产业结构调整：基于生态文明的视角 [J]. 云南社会科学，2014（6）：55-58.

[43] 任保平，豆渊博．碳中和目标下黄河流域产业结构调整的制约因素及其路径 [J]. 内蒙古社会科学，2022，43（1）：121-127，2.

[44] 原毅军，董晓炜，张蒙蒙．基于供应链的商业银行贸易融资模式创新 [J]. 现代管理科学，2008（8）：96-98.

[45] UPTON N，PETTY W. Venture capital investment and US family business [J]. Venture capital，2000，2（1）.

[46] KAIKA D，ZERVAS E. The environmental Kuznets curve（EKC）theory. Part B：Critical issues [J]. Energy policy，2013，62：1403-1411.

[47] PANAYOTOU T. Empirical tests and policy analysis of environmental degradation at different stages of economic development [R]. International Labour Organization，1993.

[48] 李泽众，沈开艳．城市群空间结构对经济高质量发展的影响 [J]. 广东社会科学，2020（2）：26-36.

[49] 付凌晖．我国产业结构高级化与经济增长关系的实证研究 [J]. 统计研究，2010，27（8）：79-81.

[50] 干春晖，郑若谷，余典范．中国产业结构变迁对经济增长和波动的影响 [J]. 经济研究，2011，46（5）：4-16，31.

[51] 宋冬梅，刘春晓，沈晨，等．基于主客观赋权法的多目标多属性决策方法 [J]. 山东大学学报（工学版），2015，45（4）：1-9.

［52］崔木花．中原城市群9市城镇化与生态环境耦合协调关系［J］．经济地理，2015（7）：72-78.

［53］韩冬．国家中心城市高质量发展与生态环境耦合协调度及空间格局演进研究［J］．生态经济，2021（6）：158-164.

［54］史宝娟，孟立．京津冀生态环境与经济发展耦合：基于熵权法的协调分析［J］．华北理工大学学报（社会科学版），2021（4）：41-48.

［55］ABADIE A，DIAMOND A，HAINMUELLER J. Synthetic control methods for comparative case studies：estimating the effect of California's tobacco control program［J］. Journal of the American statistical association，2010，105（490）.

［56］XU Y. Generalized synthetic control method：causal inference with interactive fixed effects models［J］. Political analysis，2017（25）：57-76.

［57］韩永辉，黄亮雄，王贤彬．产业结构升级改善生态文明了吗：本地效应与区际影响［J］．财贸经济，2015（12）：129-146.

［58］曾浩，杨天池，高苇．区域经济空间格局演化的实证分析［J］．统计与决策，2016（1）：106-109.

［59］ANTRÀS P. Firms，contracts，and trade structure［J］. Quarterly journal of economics，2003，118（4）：1375-1418.

［60］张建红，ELHORST J，WITTELOOSTUIJN A．中国地区工资水平差异的影响因素分析［J］．经济研究，2006（10）：62-71.

［61］蔡冰冰，赵威，李政旸，等．长江经济带外向型经济空间溢出效应［J］．资源科学，2019，41（10）：1871-1885.

［62］李彦龙，乔倩．宏观税负、产业结构与经济增长［J］．中国软科学，2019（6）：185-192.

［63］王文举，向其凤．中国产业结构调整及其节能减排潜力评估［J］．中国工业经济，2014（1）：44-56.

［64］黄亮雄，王鹤，宋凌云．我国的产业结构调整是绿色的吗？［J］．南开经济研究，2012（3）：110-127.

［65］李姝．城市化、产业结构调整与环境污染［J］．财经问题研究，

2011 (6): 38-43.

[66] RUPASINGHA A, GOETZ S J, DEBERTIN D L, et al. The environmental Kuznets curve for US counties: a spatial econometric analysis with extensions [J]. Papers in regional science, 2004, 83 (2): 407-424.

[67] 孙畅，吴芬．中国高端服务业与先进制造业匹配发展的空间分异及收敛性［J］．数量经济技术经济研究，2020，37（12）：3-24.

[68] HANSEN B E. Threshold eects in non-dynamic panels: Estimation, testing, and inference [J]. Journal of econometrics, 1999, 93 (2): 345-368.

[69] 易先忠，欧阳峣，傅晓岚．国内市场规模与出口产品结构多元化：制度环境的门槛效应［J］．经济研究，2014，49（6）：18-29.

[70] 薛海红，王群勇，陈冬梅，等．航空电子设备 NSEE 试验评价方法［J］．北京航空航天大学学报，2015，41（10）：1894-1901.

[71] 于斌斌．中国城市群产业集聚与经济效率差异的门槛效应研究［J］．经济理论与经济管理，2015（3）：60-73.

[72] ADAM C S, BEVAN D L. Fiscal decits and growth in developing countries [J]. Journal of public economics, 2005, 89 (4): 571-597.

[73] GIACOMINI R, POLITIS D N, WHITE H. A warp-speed method for conducting Monte Carlo experiments involving bootstrap estimators [J]. Econometric theory, 2013, 29 (3): 567-589.

[74] MART H. Guest editorial: modest dues increase proposed [J]. Professional safety, 1999, 44 (9).

[75] 张子龙，逯承鹏，陈兴鹏，等．中国城市环境绩效及其影响因素分析：基于超效率 DEA 模型和面板回归分析［J］．干旱区资源与环境，2015，29（6）：1-7.

[76] HIDALGO J, LEE J, SEO M H. Robust inference for threshold regression models [J]. Journal of econometrics, 2019.

[77] 牛文元．可持续发展理论的内涵认知：纪念联合国里约环发大会 20 周年［J］．中国人口·资源与环境，2012，22（5）：9-14.

[78] 简新华，于波．可持续发展与产业结构优化［J］．中国人口·资源

与环境，2001（1）：31-34.

［79］黄群慧．改革开放40年中国的产业发展与工业化进程［J］．中国工业经济，2018（9）：5-23.

［80］FAN C C. Rural-urban migration and gender division of labor in transitional China［J］. International journal of urban and regional research，2003，27（1）：24-47.

［81］ROGERSON R. Structural transformation and the deterioration of european labor market outcomes［J］. Journal of political economy，2008，116（2）：235-259.

［82］陶桂芬，方晶．区域产业结构变迁对经济增长的影响：基于1978—2013年15个省份的实证研究［J］．经济理论与经济管理，2016（11）：88-100.

［83］王桂军，张辉，金田林．中国经济质量发展的推动力：结构调整还是技术进步［J］．经济学家，2020（6）：59-67.

［84］吴华英，刘霞辉，苏志庆．产业结构变迁对经济增长质量的影响研究：基于修正的份额变化分析法［J］．经济学家，2021（7）：73-82.

［85］SU B，ANG B W. Multiplicative decomposition of aggregate carbon intensity change using input-output analysis［J］. Applied energy，2015，154：13-20.

［86］崔鑫磊．京津冀产业结构、经济发展和生态环境耦合协调研究［J］．经济学家，2023（297）：10-12.

［87］张伟，朱启贵，高辉．产业结构升级、能源结构优化与产业体系低碳化发展［J］．经济研究，2016（12）：62-75.

［88］GROSSMAN G M，KRUEGER A B. Economic growth and the environment［J］. The quarterly journal of economics，1995，110（2）：353-377.

［89］BRAJER V，MEAD R W，FENG X. Searching for an environmental kuznets curve in China's air pollution［J］. China economic review，2011，22（3）：383-397.

［90］宋建，王静．环境污染对产业结构变动的传导机制研究：基于国际细分行业全要素生产率视角［J］．世界经济研究，2018（6）：109-122.

［91］周迪，王雪芹．中国碳排放效率与产业结构升级的耦合度及耦合路径［J］，自然资源学报，2019，34（11）：2305-2316.

［92］戴宏伟，回莹．京津冀雾霾污染与产业结构、城镇化水平的空间效应研究［J］．经济理论与经济管理，2019（5）：4-19.

［93］沈小波，陈语，林伯强．技术进步和产业结构扭曲对中国能源强度的影响［J］．经济研究，2021（2）：157-173.

［94］逯进，李婷婷．产业结构升级、技术创新与绿色全要素生产率：基于异质性视角的研究［J］．中国人口科学，2021（4）：86-97.

［95］马丽梅，史丹．京津冀绿色协同发展进程研究：基于空间环境库兹涅茨曲线的再检验［J］．中国软科学，2017（10）：82-93.

［96］赵惠，吴金希．基于环境库兹涅茨曲线的京冀区际环境污染转移的测度研究［J］．中国人口·资源与环境，2020，30（5）：90-97.

［97］LIU K，QIAO Y，SHI T，et al. Study on coupling coordination and spatiotemporal heterogeneity between economic development and ecological environment of cities along the Yellow River Basin［J］. Environmental science and pollution research，2020，28（6）：6898-6912.

［98］张林．产业结构与生态环境系统动态耦合协调发展研究：基于广东2005—2018年的数据［J］．对外经贸，2021（1）：88-92.

［99］赵琳琳，张贵祥．京津冀生态协同发展评测与福利效应［J］．中国人口·资源与环境，2020，30（10）：36-44.

［100］逯进，常虹，郭志仪．中国省域能源、经济与环境耦合的演化机制研究［J］．中国人口科学，2016（3）：23-33.

［101］韩君，张慧楠．中国经济高质量发展背景下区域能源消费的测度［J］．数量经济技术经济研究，2019（7）：42-61.

［102］田增瑞，田颖，吴晓隽．科技孵化产业协同发展对区域创新的溢出效应［J］．科学学研究，2019，37（1）：57-69.

［103］赵磊，潘婷婷，方成，等．旅游业与新型城镇化：基于系统耦合协调视角［J］．旅游学刊，2020，35（1）：14-31.

［104］徐维祥，李露，周建平，等．乡村振兴与新型城镇化耦合协调的

动态演进及其驱动机制［J］. 自然资源学报，2020，35（9）：2044-2062.

［105］陶晓红，齐亚伟. 中国区域经济时空演变的加权空间马尔可夫链分析［J］. 中国工业经济，2013（5）：31-43.

［106］时朋飞，李星明，熊元斌. 区域美丽中国建设与旅游业发展耦合关联性测度及前景预测：以长江经济带 11 省市为例［J］. 中国软科学，2018（2）：86-102.

［107］汪永生，李宇航，揭晓蒙，等. 中国海洋科技-经济-环境系统耦合协调的时空演化［J］. 中国人口·资源与环境，2020，30（8）：168-176.

［108］PENEDER M. Industrial structure and aggregate growth［J］. Structural change and economic dynamics，2002.

［109］MADDISON A. The world economy：historical statistics［A］. Organization for Economic Co-operation and Development，2006.

［110］HIROSHI Y. Economic growth and structural change：empirical evidence and policy implications［J］. Review of development economics，2014，58（1）：1-23.

［111］CAO N，CUI X，WEN S. Exploring differences and evolution of coordination level of the industrial structure，economy and ecological environment complex system in Beijing-Tianjin-Hebei urban agglomeration［J］. Sustainability，2024，16，4828.

［112］MCGREGOR F. Economic growth and structural change in small open economies：evidence from Estonia and Slovenia［J］. Comparative economic studies，2016，22（2）：311-336.

［113］车明好，邓晓兰，陈宝东. 产业结构合理化、高级化与经济增长：基于门限效应的视角［J］. 管理学刊，2019，32（4）：12-20.

［114］衣保中，李铭洋. 中国旅游产业与区域经济发展耦合协调关系研究［J］. 社会科学战线，2021（9）：255-260.

［115］张凯，张文静，王娟. 旅游产业与区域经济耦合协调测度分析：以安徽省为例［J］. 黑龙江八一农垦大学学报，2021，33（1）：107-114.

［116］HALSETH G，RYSER L，MARKEY S. Regional patterns of industrial change and environmental quality [J]. Environment and planning A, 1998, 30 (7): 1353-1376.

[117] LLOP M. Economic growth and environmental pressure: a causality analysis for Spain [J]. Environmental and resource economics, 2007, 36 (4): 429-453.

[118] 王翌秋，张兵. 江苏省产业结构发展与环境质量的关系研究 [J]. 南京财经大学学报，2007 (6): 12-16.

[119] JALIL A, FERIDUN M. Long - run relationship between income inequality and financial development in China [J]. Journal of the asia pacific economy, 2011, 16 (2): 202-214.

[120] 卢雅珍. 关中—天水经济区产业与生态环境耦合发展研究 [D]. 兰州：兰州大学，2014.

[121] 邹伟进，李旭洋，王向东. 基于耦合理论的产业结构与生态环境协调性研究 [J]. 中国地质大学学报（社会科学版），2016，16 (2): 88-95.

[122] 吴雪玲，田欣宁，阎晓. 临汾市城市生态文明建设与旅游产业发展耦合关系及协调发展研究 [J]. 陕西理工大学学报（自然科学版），2021，37 (2): 79-86.

[123] NORGAARD R R. Economic indicators of resource scacity: a critical essay [J]. Journal of environment economics and management, 1990 (19): 25-31.

[124] ARROW K, et al. Economic growth, carrying capacity, and the environment [J]. Environ. Dev. Econ., 1996, 1 (1): 104-110.

[125] WILLIAM A, BROK M, TAYLOR S. Economic growth and the environment: a review of theory and empirics [R]. Department of Economics Discussion Paper, 2004, 14.

[126] MACHIBA T. Eco-innovation for enabling resource efficiency and green growth development of an analytical framework and preliminary analysis of industry and policy practices [J]. Int Econ Econ Policy, 2010 (7): 357-370.

[127] 邓淇中，邹雨情. 农业生态环境与经济增长耦合协调度时空分异研究：以湖南省为例 [J]. 湖南财政经济学院学报，2018，34 (1): 37-44.

［128］程广斌，陈曦，蓝庆新．丝绸之路经济带中国西北地区经济发展与生态环境耦合协调度分析：基于 DEA—熵权 TOPSIS 模型的实证研究［J］．国际商务（对外经济贸易大学学报），2018（5）：96-106，118.

［129］杨晨钰婧，薛永基．黄河流域农林经济与生态环境耦合协调性研究［J］．人民黄河，2022（4）：10-14，19.

［130］黄丽莹．云南省农业经济与农业生态环境耦合系统协调发展研究［D］．昆明：云南师范大学，2021.

［131］王治国．新型城镇化与绿色发展耦合协调度的时空演变及其影响因素研究［D］．兰州：西北师范大学，2021.

［132］赵磊，方成．中国省际新型城镇化发展水平地区差异及驱动机制［J］．数量经济技术经济研究，2019，36（5）：44-64.

［133］钟金淋．中部地区新型城镇化与生态环境耦合协调评价研究［D］．南昌：江西财经大学，2022.

［134］GOODLAND R. The concept of environmental sustainability.［J］．Annual review of ecology & systematics，1995.

［135］郭冬艳．京津冀土地生态安全与经济高质量发展耦合协调研究［D］．长春：吉林大学，2022.

［136］魏岳恒．京津冀城市群城镇化-经济发展-生态环境耦合协调评价研究［D］．保定：河北大学，2021.

［137］谭靓文．产业结构合理化、高级化与经济增长［D］．昆明：云南财经大学，2021.

［138］祝合良，叶堂林．京津冀蓝皮书：京津冀发展报告（2019）［R］．北京：社会科学文献出版社，2019.

［139］冯小丽．中国经济高质量发展与生态环境保护协调发展研究［D］．沈阳：辽宁大学，2022.

［140］陈景华，陈姚，陈敏敏．中国经济高质量发展水平、区域差异及分布动态演进［J］．数量经济技术经济究，2020，37（12）：108-126.

［141］邓俊荣，刘蓉．中国工业发展质量的区域差异及其分布动态演进［J］．统计与决策，2021，37（1）：92-96.

[142] 袁洁．中国绿色创新发展耦合协调度测算及其影响因素研究 [D]．南昌：江西财经大学，2020.

[143] 谷城．西部经济与生态环境协调的时空特征及影响机制研究 [D]．贵阳：贵州财经大学，2022.

[144] 苏玥．关中平原城市群生态环境与经济发展耦合协调研究 [D]．咸阳：西北农林科技大学，2022.

[145] 罗俊．新型城镇化与产业结构升级的耦合协调度测算及其影响因素分析 [D]．南昌：南昌大学，2021.

[146] 徐维祥，李露，周建平，等．乡村振兴与新型城镇化耦合协调的动态演进及其驱动机制 [J]．自然资源学报，2020，35 (9)：2044-2062.

[147] 吕承超，崔悦．中国高质量发展地区差距及时空收敛性研究 [J]．数量经济技术经济研究，2020，37 (9)：62-79.

[148] 廖玉林．重庆市城镇化与生态环境协调发展路径研究 [D]．重庆：重庆大学，2017.

[149] 姜磊．空间回归模型选择的反思 [J]．统计与信息论坛，2016，31 (10)：10-16.

[150] 宋颖．鄱阳湖生态经济区资源环境与社会经济发展的协调性研究 [D]．南昌：江西财经大学，2017.

[151] 王笑天．中国经济-资源-环境耦合协调发展研究 [D]．兰州：兰州大学，2021.

[152] 陈燕．准东地区资源、环境与经济耦合协调发展研究 [D]．武汉：中国地质大学，2018.

[153] 徐梦莹．中国经济-生态环境系统协调度评价与治理的系统学分析 [D]．广州：广东技术师范大学，2020.